它们的世界

Their World

黎荔 —— 著

Billson International Ltd.

Published by
Billson International Ltd
27 Old Gloucester Street
London
WC1N 3AX
Tel:(852)95619525

Website:www.billson.cn
E-mail address:cs@billson.cn

First published 2025

Produced by Billson International Ltd
CDPF/01

ISBN 978-1-80377-136-6

©Hebei Zhongban Culture Development Co.,Ltd All rights reserved.

The original content within this product remains the property of Hebei Zhongban Culture Development Co.,Ltd, and cannot be reproduced without prior permission. Updates and derivative works of the original content remain the property of Hebei Zhongban. and are provided by Hebei Zhongban Culture Development Co.,Ltd.

The authors and publisher have made every attempt to ensure that the information contained in this book is complete, accurate and true at the time of printing. You are invited to provide feedback of any errors, omissions and suggestions for improvement.

Every attempt has been made to acknowledge copyright. However, should any infringement have occurred, the publisher invites copyright owners to contact the address below.

Hebei Zhongban Culture Development Co.,Ltd
Wanda Office Building B, 215 Jianhua South Street, Yuhua District, Shijiazhuang City, Hebei province, 2207

CONTENTS

目录

它们的世界（序言）	/ 001
青蛙娘子的故事	/ 004
蝎子的天性	/ 007
五毒的蜈蚣	/ 010
想起了儿时的壁虎	/ 013
南方蟑螂与原初大地	/ 016
从蜗牛身上看到我们	/ 019
蚯蚓的生与死	/ 021
知了只叫一夏	/ 024
鸟窝中的生活	/ 027
松鼠，松鼠	/ 030
春天的蜂	/ 032
鹦鹉救火	/ 033
一只小鸟来看我	/ 036
写给一只麻雀	/ 038
用一粒鸟鸣叫醒春天	/ 041
难以理解的螳螂	/ 045
儿时的蝌蚪	/ 048
布谷鸟的传说	/ 050
鲤之为鱼	/ 052
人与鱼	/ 055
又到蚕月	/ 058
有一份童年乐趣叫钓青蛙	/ 060

割草养兔的童年	/ 063
水上的野鸭子	/ 066
蛇缘	/ 069
穿越时空的蛇文化	/ 071
鸽子：它们是不会走失的孩子	/ 076
邂逅一只乌鸦	/ 078
我要说的只是一只乌鸦	/ 080
蟋蟀的声音	/ 083
人生如空蝉	/ 086
大暑之日，萤火虫来了	/ 088
邂逅武当灵鸦	/ 090
想起了鹧鸪	/ 093
夏夜的飞蛾集体婚礼	/ 095
野生大象来到人类世界	/ 097
动物迁徙这件事	/ 099
我看见那只大象	/ 102
寄居在人类屋檐下的猫	/ 104
为什么会喜欢一只猫	/ 107
我生命中的狸花猫	/ 110
猫鸟与我	/ 115
和猫相处的时光	/ 117
一只失而复得的猫	/ 119
用猫眼当作时钟	/ 121
今夜是猫还是老虎？	/ 124
漫步在午夜屋檐上的猫	/ 126
凝望猫的背影	/ 129

凝望蝙蝠 / 131
夏日最后一只蚊子 / 134
乌龟的时间 / 136
蜉蝣的启示 / 138
濡血成紫的螺 / 140
虫子启示录 / 142
蛙跃古池内 / 146
作为还原者的甲虫 / 148
来到教室的动物们 / 151
那一只中国夜莺 / 153
养蜘蛛的古代女子 / 156
虎豹出没小考 / 160
中华民族的鸟历 / 163
中华民族的虫历 / 166
品味"羽化"二字 / 169
蛛网中的囚徒 / 172
北大的野猫 / 175
磕头虫往事 / 178
一只萤火虫可以用上很多年 / 181
黑猫进入一个黑色的夜晚 / 184
这已不是童年时代那只蜻蜓了 / 186
别了，美丽的蚂蚁公墓 / 188
坐在一张斑斓的虎皮上 / 191
在动物园长大是一种什么感受 / 194
动物的复仇 / 197
它们的不死与再生 / 201

触角上的故事　　　　　/ 205

跨物种交流的人　　　　/ 207

一匹又一匹的马　　　　/ 211

心里有匹野马　　　　　/ 213

一只掉落的鸟巢　　　　/ 216

饮水的羊　　　　　　　/ 220

蝴蝶春天　　　　　　　/ 222

鹰与诗人　　　　　　　/ 224

如果有一双翅膀　　　　/ 226

如果有一根尾巴　　　　/ 228

卡在一条鱼的身躯里　　/ 230

超级有机体形态的民族　/ 233

从其他生物的视角看人类（后记）/ 236

它们的世界（序言）

看到这样一则报道，2016年，一只名叫Inky的章鱼从新西兰国家水族馆逃出。它从鱼缸的缝隙中滑过，用腕足把自己带到几英尺高的地板上，然后再进入一条近150英尺长的排水管，通向大海——以及它的自由，成为国际头条。这不就是动物版的《越狱》或者《肖申克的救赎》吗？人们还观察到章鱼用废弃的椰子壳收集和建造庇护所，并利用水流与各种物体玩捉迷藏。你说它们的认知能力进化到什么程度了呢？我们人类真的可以理解章鱼这种智慧生命吗？

如果我们放下人类的傲慢与偏见去观察动物，动物界自有神圣的运转法则，人类轻易不要介入，更不能根据个人喜好去给它们下定论。

比如，蚂蚁在自然界中是非常特殊的物种，别看它们体积只有芝麻大点，但却能轻易举起超过其自身重量400倍以上的物体。这在人类看来几乎是难以想象的事情，如果一个体重约70公斤的正常人举起28吨重的钢铁，你会不会觉得他是超人？可这些能力在蚂蚁王国是再正常不过的现象了。小小的身体蕴藏着大大的能量，蚂蚁身体结构到底是如何形成的，这实在让人费解。

还有大象，大象本身是一个足够迷人、气质独特的物种。它们抚摸死去亲人的骨头，沉默而缓慢地行走在荒凉的大地上，与丛林中的其他生物在生存中产生奇妙的联系，活得原始又庄重，纯粹而深邃。当象群扶老携幼、在头象的带领下执意一路北上，它们内心的想法到底是什么？

此外，鸟群也很令人费解。它们是如何做到成群飞行时既保持紧凑的队形又不会互相撞上，黑压压成群的鸟儿就像合为一体一样俯冲回旋，它们为什么要这么做，是因为好玩还是因为喜欢？

自然之中充满着声音：虫鸣、鸟叫、蛙鸣，它们是处在怎样的心情，是在唱情歌，还是在宣示领地？当正午时分阳光透过树叶泛着橙色的光，小猫小狗懒洋洋地趴在墙角，带着若有所思的神情，它们往石阶上一坐，在窗棱上一趴，或在大门前思考"喵生""狗生"，我们是否知道，那毛茸茸的小脑袋在想些什么呢？虽然它们每天只是在过着简单的生活，但我觉得，它们是不会感到虚无的，因为在它们的生命里，它们的眼睛和生存都只关注着当下，比如午时倾泻在身上暖洋洋的阳光，比如在软软的垫子上那些没完没了的呼呼大睡，一个个短暂凌乱的梦掠过，犹如一串串飘起又破灭的泡沫。

对它们来说，吃饭就是吃饭，睡觉就是睡觉。你看喜鹊筑巢，那么大一个窝，每次叼一枝，每天都在重复这件事。在它们的世界里，时间和空间是并行的，只有当下和眼前，所以每一天都像是第一天，每一枝都是第一枝。因为简单，所以不急不躁，从容宁静。在和风甘露中是那样活着，在炎暑寒冬中也还是那样活着。它们决不计较生活应该是如何，决不追究生活是为着什么。对它们来说，生活自身就是方法，生活自身也就是目的。它们从不以悲伤增添生命的负担。

当春天到了，山花烂漫，其实每朵花都很奇妙，我们是否了解漫山的野花和它们的一百种香气？当秋天到了，层林尽染，秦岭鸟兽们漫无目地野游，在山间泽畔，静静地度过它们丰足而美好的秋天时光，我们是否了解它们在季节轮换中的心情？此前，我总是从人类的角度去思考动物，比如主流人类社会很长一段时间内是父权制的，我就会推论动物界可能也是这样，但其实别说父权制了，连社会性的动物都很少。以前我认为，强者建立秩序，弱者被淘汰，后来发现动物世界里弱者不甘于被淘汰，他们有很多法子活下去。人类只是生物中的一种，我恰好是人，并没有什么独特的。如果我是一只猫，也会觉得猫有伟大的文明。

当我准备好去理解它们的世界，我甚至从许许多多物体的身上，都看到了具有灵性的鲜活生命。比如，我从南方海滩上捡回家的那些石头，仰面躺在窗台上，冷冷的，长久地耽于幻想，我油然生出一种感觉：它们一定是想家了。比如，窗外的这几座公寓楼在细雨中，立正、稍息，它们懒得真是可以啊！整整一个下午，一动不动，它们肩并着肩，神情落寞，任凭风不停地吹在脸上，任凭雨不停地落在肩上。斜风细雨中，它们一定是在用暗语交谈呢！你看有些窗子，一会儿暗下去，一会儿，又亮了起来。

我决定为它们写一本随笔集，是的，这本书献给它们。虽然它们并不想读这本书,它们只在各自特定的时间秩序里作息生养,它们从不讨论时间的意义,只是按着自然的节奏,生长,发育,繁衍,老去,在该起飞时起飞,该休息时休息。它们爱着每一刻时光,任黑暗的年轮缓慢而无声地增长,它们沉浸于自己的心境,以我们人类所无法想象的,忍耐和幸福。

青蛙娘子的故事

在中国古代的志怪体系中，能够成精的动物种类极多，比较知名的有狐狸、老虎、蛇、鹿、驴、牛、狗、猿猴、老鼠、仙鹤等等，青蛙也许进不了前七，但一定能进前二十。人类崇拜青蛙的历史极为久远，可上溯到母系氏族社会时期。据考古发掘，河南省渑池县著名的仰韶村，河南三门峡市陕州区庙底沟，陕西省华阴市西关堡，西安市临潼区姜寨，甘肃马家窑，青海省乐都县柳湾，都出土了大量的蛙纹彩陶。在初民看来，蛙的肚腹和孕妇的肚腹形状相似，一样浑圆而膨大，而且其繁殖力极强，一夜春雨便可育出成群的幼体。因此，渴望生殖的先民便视蛙为生殖旺盛的象征，在它身上注入了生殖崇拜的强烈色彩。

这种崇拜不仅从商周之前的青铜器、陶器上可以找到大量踪迹，作为一种集体意识，后世生活中也不难觅到它的身影。至今，壮族某些地区仍在盛行的蛙婆节（又称蚂拐节），即为蛙神生殖崇拜的重要遗存和积淀。蛙婆节是壮族一种古老的宗教性节日，盛行于广西红水河沿岸，内容包括找青蛙、祭青蛙、葬青蛙和青蛙歌圩等。这原本是一种祭蛙求雨的活动，久而久之演变成了祭神、求雨、娱乐与择偶集于一体的传统节日。

明清两代，江南地区的青蛙之祀极为盛行。蒲松龄《聊斋志异》卷十一，有"青蛙神"的故事，开头就说：

"江汉之间，俗事蛙神最虔。祠中蛙不知几百千万，有大如笼者。或犯神怒，家中辄有异兆：蛙游几榻，甚或攀缘滑壁不得堕，其状不一，此家当凶。人则大恐，斩牲禳祷之，神喜则已。"

说的是南方长江、汉水一带，民间信奉青蛙神最虔诚。蛙神祠中的青蛙不知有几千几百万，其中有像蒸笼那样大的。有人如触犯了神，家里就会出现奇异的征兆：青蛙在桌子、床上爬来爬去，甚至爬到滑溜溜的墙壁上而不掉下来，种种不一。一旦出现这种征兆，就预示着这家要有凶事。人们便会十分恐惧，赶忙宰杀牲畜，到神祠里祷告，神一喜就没事了。说的是惹了青蛙神,要杀猪宰羊祭祀祈祷,才能避祸,否则家里会爬满大小不一的青蛙。

记得当初读到这篇《青蛙神》,那青蛙盈门、哪哪都是,床上墙上、无处不在的描述,给我留下了极其深刻的印象。《聊斋》这篇《青蛙神》说了两个故事,其中之一说的是普通人家与蛙神结为亲家。有个长得特别帅的小男孩薛昆生,这孩子长到六七岁的时候,家里来了个客人,是个穿着青衣服的老太太。到了薛家,自我介绍说自己是青蛙神的使者,来传达神仙的旨意:青蛙神想把自己的女儿嫁给薛昆生。这是强行结下的娃娃亲,薛家几次想要退婚,都遭到青蛙神的拒绝,说是要定这个女婿了。等到小薛同学成年之后,糊里糊涂地迎娶了蛙神之女,没想到女方不仅相貌"丽绝无俦",而且异常旺夫,薛家从此日渐兴旺,成为当地豪族。

唯一缺点就是,家里到处都是青蛙,家人、仆役都不敢随意踩踏,只有薛昆生年少轻狂,高兴的时候,也只是骂两句;发怒的时候,就直接踩死青蛙,毫无顾忌。蛙女十娘虽然性格谦和温顺,但是看丈夫践踏同族,也很生气,一次忍耐不住,夫妻相骂,薛昆生将十娘赶了出去。十娘走后,薛家母子大病一场。不久十娘自己回来了,母子的病便好了。接着又是婆媳矛盾,薛昆生愤怒地责骂十娘,十娘也毫不相让地争辩。薛昆生又一次要休妻,赶十娘走。十娘也动了怒,出门径自走了。第二天,薛家便遭了火灾,火势蔓延,烧毁好几间屋子。等到蛙神让四邻给薛家重盖了房子后,十娘也回来了,给婆母赔不是,她变得更加和气了,小两口连续两年没再闹别扭。

但薛昆生不消停,十娘最怕蛇,薛昆生借此戏弄她,用匣子装好小蛇,骗十娘去打开。十娘看到小蛇,脸色大变,痛骂薛昆生,薛昆生也转笑为怒,恶语相加。十娘气得径直出门走了。这一次,蛙神没有再祸害薛家,只是再也没有十娘音讯。一年多后,薛昆生思念十娘,颇为后悔,悄悄到祠堂,哀求十娘回来,却没有回应。不久之后,听说蛙神要把十娘嫁给袁家。袁家已房屋一新,就等着十娘来了。

这下轮到薛昆生又悔又气了,他急火攻心,一病不起。昏迷中的薛昆生,恍惚觉得有人抚摸自己,说:"你不是打算断绝夫妻情分吗?如今又这样惺惺作态,做什么!"睁开眼睛,正是十娘。原来十娘反复思量,还是不忍心离开,她亲自把聘礼退还袁家,回到了薛昆生身边。自此,薛昆生变得老成,不再恶作剧了,夫妻感情越来越好。不久,十娘就生下了双胞胎儿子。以前因为夫妻感情不稳,十娘不打算在人间留下儿女,如今夫妻和好,可以预见的结果是"薛氏苗裔甚繁",很快人丁兴旺,子孙满堂,人们都称呼薛家是"薛蛙子家"。附近之人不敢这么喊,远处居民经常如此称呼薛家。

给青蛙家做姑爷,这真是个有趣的故事。但小两口情感的一波三折,说明这青蛙姑爷做得不甘心,可能因为青蛙群聚生活,一动就是大小青蛙填满家里,地下、墙上都是此辈儿孙,这也够闹心的,这就是和蛙神结亲的后果。蛙神的奉祀在我国民间历代都非常普遍,在南方尤其盛行,这当然与水田耕作相关。蛙神还有社会化巫术的职能,通祸福、知休咎,甚至能司水旱如河神,其他性格亦类人,唯有形象仍保留某些动物之特征。比如蛙神派来做媒的"青衣媪"——一个穿着青衣服的老太太,带着青蛙的体貌特征,而十娘最怕蛇这一点,也符合青蛙的生活习性。蛇是青蛙的天敌,在自然界中,蛇与青蛙是水火不相容的两种动物。薛昆生以蛇来戏弄十娘,触犯到蛙女十娘的底线,难怪惹得十娘负气出走。

我想,和蛙神结亲的故事背后,其实,说的是一种乡村生活的经验吧?春夏时节,屋前屋后,蛙鸣渐起,此起彼伏。在骤雨过后的池塘中,那些挞挞跳动的青蛙,比起其他生物,和人们走得更亲近。蛙之为物,实有功于农田,它们搜食稻根诸虫,禾苗乃长,人类之所以祭祀蛙神,是因为它们保一方平安,使乡人能够种田增产,衣食不愁。当一只小小的青蛙,在几场透雨之后,蹦蹦跳跳,偶尔光临人类的宅舍,它不就是突然到来的青蛙娘子吗?它是水流中新长成的青蛙,是青蛙家族年方十六七岁的小闺女。你逗弄一下它,它蹲下小身子,鼓着圆圆的眼睛,扑通扑通,突然跳腾而去,就像一个性子倔强的小媳妇,一言不合,人家就径自出门走了。

它要沿着杂草丛生的小路,回到如镜的湿润池塘里,那里漂浮着洁白的睡莲,墨绿色的菖蒲摇曳茂密,朦胧的月光洒在大地上,透过林木空隙又散落在水面上。贴着寂静的丛丛灌木,掠过了小小的风,一身绿色的青蛙娘子,恬然地踞坐在如水的月光下……

蝎子的天性

有人给我讲了一个"青蛙与蝎子"的故事,说的是一只蝎子到了河边想过河,但不可以,因为它不能下水。之后它见到了一只青蛙,就问青蛙:"你可以背我过河吗?"青蛙说:"当然不行了!如果我背你,你就会在我背上攻击我。"蝎子说:"不!我一定不会那样做。如果我那样做,我们两个都会死的,因为我不会游泳。"青蛙听到了,就说:"好!"于是答应了蝎子,背它过河了。在过河途中,蝎子突然袭击了青蛙。当他们沉进水里的里的时候,青蛙就问蝎子了,为什么要那样做?!蝎子回答:"对不起,因为那是我的本性。"

当年在敦煌戈壁沙漠徒步时,在那片辽阔、荒凉、干涸、热浪滚滚的不毛之地,我曾见过软细的沙堆上,有几乎和黄沙可以混同的小蝎子,被烈日当头烤得一动不动。每走一小段就可以看到几只,据说一亩沙漠有上千只蝎子。虽然五月还不是最热的季节,但中午沙漠的地表温度也超过了四十度,在行走中并没有汗流浃背的感觉,因为汗刚出来就已经蒸发了。不知道这些通体淡黄半透明的小蝎子,怎么在这种极限之地生存下去的?每发现一只,我只是俯身细细观察良久,没有镊子的情况下,千万不能尝试用手直接抓它们。徒手捕蝎可是要技术的,那是在长期实践中才能练就的本领,看准了一下子抓住蝎子尾巴上的毒刺,这样才能保证不被蜇伤。据说这种沙漠蝎极其凶悍,通常毒性巨大,而且排毒量也较大。沙漠中的环境迫使它们的品种拥有残杀的习惯,即便是一母同胞的兄弟,也照吃不误。至于背仔的母蝎,亲生的仔蝎万一从背上滑落,母蝎一般会将它们吃掉,这就是它们进化的习性,物竞天择,优胜劣汰。

在中国传统文化中,"五毒"通常指青蛇、蝎子、蜈蚣、壁虎、蟾蜍。蝎子被称为五毒之首,主要是因为蝎子的外貌在五毒中是最凶狠、丑陋的,其他四个动物见到蝎子就会跑掉,惧而远之。因此,在一些民俗画中,蝎子常常成了五毒的形象代言人。"擒贼先擒王",灭五毒就先消灭蝎子。道教神符中有禁蝎符，见过陕西凤翔一带的禁蝎咒符，以木刻印制，其上印有："谷雨三月中，蝎子逞威风。神鸡叼一嘴，毒虫化为水……"画面当中雄鸡衔虫，爪下还有一只大蝎子。画上还有咒符，以"震慑五毒"。一般采用黄表纸制作，以朱砂画出，贴于墙壁或蝎穴处。中国许多地方，都习惯在谷雨节，家家墙上贴"谷雨禁蝎贴"，灶神位贴公鸡吃蝎子的画，名为"谷雨鸡"。贴画上还配以禁蝎咒："我是天上神，下界保万民，每逢谷雨日，定拿蝎子精。南斗六郎，北斗七星，太上老君急急律令！"等等。

其实，在地球这个巨型动物园中，所有正在低吠、尖叫、狂嗥、乱爬的豺狼、虎豹、坐山雕、母猎狗、蛇蝎、猴子和各种怪物之间，有一头野兽更丑陋、更狠毒、更卑劣、凌驾于一切动物之上，虽然它并不凶相毕露，也不大叫大喊，却居于错综复杂的食物链的顶端。答案自然就是我们人类。区区蝎子又何足挂齿？

蝎子被称为五毒之一，别看外表毒辣，但是吃起来却别有一番风味。我吃过袁家村美食一条街上的油炸蝎子，将活蝎倒入油锅内炸制，炸至焦脆，出锅后撒椒盐，这已经成为一道著名的街头小吃了，最大的特点就是香、酥、脆。我也吃过西安某私房菜会馆独门推出的生吃蝎子。做法是用剪刀把蝎子尾部的毒针剪掉，以免食用时被刺，然后把蝎子放在巨大的冰块盆内半个小时以上，蝎子都冻麻木了，没有一只身手矫健，都摇摇晃晃、奄奄一息的，用筷子夹着蘸芥末吃。也有将蝎子在高度白酒中泡几十分钟，被白酒泡"醉"后，蝎子停止不动，将蝎子尾部的毒针去掉后，就可以食用了。这两种生吃方法，都是要把尾刺去掉，避免蝎子突然"觉醒"，那就后果不堪设想了。在"没有什么不能洗洗吃掉"的国度，食用蝎子历史悠久源远流长，可炸、可煎、可烤，也可煲汤。其中最生猛的就是生吃，据说生吃蝎子最大的优点就是药性保留好、毒性大，有生吃活蝎子胜过吃四只熟蝎子的说法。作为常见的药用昆虫之一，蝎子除了能够提供丰富的蛋白质之外，兼有祛湿、活血、祛瘀、降压等功效。中医现代新疗法——蝎毒疗法，2018年被国家中医药管理局批准为唯一治疗疑难病的疗法项目。对了，还有一种我们常吃的食物，不是蝎子，却源于蝎子，那就是麻花。相传很久以前，毒蝎横行，人们为了诅咒，每年阴历二月二，家家户户把和好的面拉成长条，扭作毒蝎尾状，油炸后吃掉，称之为"咬蝎尾"，久而久之，这种"蝎尾"就演变成今天的麻花。

其实在自然界中，在生命的长河里，一个人被蝎子蜇到的几率大概远远低于找到真爱的几率。在今天的爬宠圈，养一只热带雨林蝎或沙漠蝎，是一件极为炫酷拉风的事，但即使再敢"装逼"的人，直接上手都是蝎迷之大忌。据说，被蝎子蜇到手指，在短短几分钟内半个身子都痛起来，仿佛有无形的手在手掌慢慢把筋往外抽，大拇指的疼痛如波浪般一阵一阵涌向全身。那种痛感是痛得想晕过去，片刻都是煎熬。蝎子的毒针是不饶人的，这是它的天性。

文章写到最后，我突然想起怎么去回应那个给我讲"青蛙与蝎子"故事的人了。我也要讲一个故事：一禅师见一蝎子掉到水里，决心救它。谁知一碰，蝎子蜇了他手指。禅师无惧，再次出手，岂知又被蝎子狠狠蜇了一次。旁有一人说：它老蜇人，何必救它？禅师答：蜇人是蝎子的天性，而善是我的天性，我岂能因为它的天性，而放弃了我的天性。

是的，蝎子不改天性，我也不会改。

五毒的蜈蚣

蜈蚣、蝎子、毒蛇、壁虎和蟾蜍，是中国民间盛传的五大毒物，都可以入药。这里要敲黑板、画重点：蜘蛛不在五毒之列！记得金庸小说中有一个"五毒教"把壁虎换成了蜘蛛，误导了很多人。中国民俗认为每年夏历五月端午日午时，五毒开始孽生。民间会用各种方法来预防五毒之害。如在衣服上缝制五毒，在饼上缀五毒图案，均含有驱除之意。有的地方人们会把彩色纸剪成五毒图案，贴在门、窗、墙、炕上，或系在儿童的手臂上，以避诸毒。

这里且说一说蜈蚣。蜈蚣，又称"百足虫"，密密麻麻的脚看着就让人头皮一紧。当这种黑褐色的多脚动物出现，两条短须左右横摆，身子蜿蜒，无声游走，很多人都觉得毛骨悚然。蜈蚣和一种叫马陆的多脚动物有些类似，两者之间的区别是，有好多张牙舞爪脚丫子的是蜈蚣，而更圆更胖、脚更小更多的则是马陆。

想起小时候捉蜈蚣的事来了。为什么要抓蜈蚣呢？因为我从小体弱多病，每月都要发一次40度高烧，每次都是因为扁桃体发炎，久治不愈，面黄肌瘦。祖母向人打听了一个治小儿扁桃体炎的偏方：一只蜈蚣，焙干研末，鸡蛋一个，磕一小口倒出一点，将蜈蚣末放入，把口封好，隔水炖熟，蒸熟也可，可加盐加糖，哄小儿吃下，永不复发。于是，我们家就开启了隔三岔五抓蜈蚣的任务。

蜈蚣是食腐动物，喜阴怕光，白天睡觉，晚上出来觅食喝水，所以抓蜈蚣都是在夜晚进行的。只要一到黄昏，日头偏斜，蜈蚣就会一条接着一条地爬出来，透透气，喝喝水，撒撒欢。我们家住在山脚下，往深山处走一走，那个时候偶尔还有土葬，山幽林密处，土坟累累处，随便掀开一块大石头，下面都有一窝蜈蚣，一个个养得肥壮壮、圆滚滚、黑油油的，不是红头就是金头。腐朽已久的树桩，枯叶杂草厚积处，凡是这种温暖潮湿的地方，都是蜈蚣喜欢藏身之所。挖蜈蚣所用的工具，是一把锄头，一双长筷子，一个塑料瓶子装上些白酒。每次见到蜈蚣，用锄头按在地上，用筷子夹进酒壶里。

回家之后，将薄篾片两头削尖，对着蜈蚣的头尾各插一个小口一撑，就将蜈蚣撑得直直的。完全阴干之后，再火焙成粉末，就可以给我做那个稀奇古怪的蜈蚣鸡蛋了。

挖蜈蚣过程充满了危险，因为蜈蚣的第一排颚爪环抱呈两个半月形，爪尖锋利，能射出毒液。蜈蚣除了吃小昆虫，甚至能杀死比自己大得多的动物如蛙、鼠、雀及蛇等。有一次，父亲在大雨之后去抓蜈蚣，在一个大石头后面发现了一条红黑相间的大蜈蚣，照例用锄头按在地上，用长筷子夹住它的后颈，准备提起来。可能是蜈蚣太滑，没夹住，泥泞的土太松软了，蜈蚣的身子全部陷进土里，已经掐不住了。父亲情急之下俯下身去掏，没料到蜈蚣从松土里抽转身回过头，狠狠地夹了他一口。父亲又疼又麻，急急提起手，一条大蜈蚣被他从土中带出来，正粘在二指头上，整个身子忽左忽右、在空中飞舞。直到父亲猛然一摆手，才将蜈蚣摔了出去。回家之后，父亲二指头上有两个红红的小爪痕，整个上半个手掌都肿了起来。从此，我再也不肯吃蜈蚣鸡蛋了。从此，只要在墙角边、枯叶堆、石头缝看见蜈蚣爬过，我就要多管闲事，捡石块把蜈蚣压住，看这条蜈蚣被按住身子后，拼命地翻转摇摆，露出泛着金黄光泽的强健肚皮，头顶上的红须左右颤动，一对颚牙不停开合，跃跃欲咬、张牙舞爪。那时候邻居家养走地鸡，一大群鸡会贪婪地围过来游走在旁边，赶都赶不走，我才一转身，大蜈蚣就给鸡们啄食个一干二净。

因为我坚决不吃蜈蚣鸡蛋了，父亲也无可奈何。后来，不知从哪里，祖母又得来了一个古怪的民间偏方，每天以壁虎一条，与绞碎的金边吊兰，一同上笼蒸煮捣烂，滤去渣滓，饮服其汁液。那时候年纪小，其繁琐的炮制过程一般也不让我观看，只记得最后是一碗碧澄澄的神秘汤汁摆放在我的面前，为了哄我喝下去还放了冰糖，我总是很听话地端起碗来一饮而尽。每天一碗，如此坚持了数月。后来果然咽喉发炎的症状少多了。记得那一年夏天蚊子特别多，记得那一年，我的眼睛渐渐浮现出幽幽的蓝光，如同一只蓝睛尖腮的暹罗猫。长大之后，我知道吊兰不但是绿色空气净化器，而且也是食疗方，清热下火，以吊兰煮水，可以呵护扁桃体，但是作为五毒之一的壁虎，本身是有微量毒性的，用壁虎入药，取其祛风、活络、散结之功效。不知道我吃了那么多的壁虎，是不是就像《天龙八部》中所写那样，段誉因为肚子里爬入了蜈蚣，从而以毒攻毒，去除了己中的剧毒，实现了百毒不侵。总之，长大之后，我倒是身体很皮实，一年到头几乎不生病，也不知和身内有百条壁虎小龙打底，有无关系？

长大之后，有一次读一本关于湘西巫傩的杂书，里面讲到放蛊。所谓放蛊，就是将一种特制的药粉投入食物之中，使误食的人吃后心智迷乱，受到投药者的控制。这种药粉的制作方法，千奇百怪，没有固定的配方，通常都是家传，有多少个草鬼婆（放蛊者的俗称），就有多少种蛊药。虽然蛊药制作方法各异，但其主要成分却大同小异。《凤凰县志》记载凤凰的草鬼婆制作蛊药的主要成分是蛇、蜈蚣、蚂蚁、蟾蜍等。草鬼婆将这些毒物收齐后阴干，研成粉，用罐子装了，在山麓之间藏匿一段时间后便成了蛊药。而《怀化大辞典》称靖州、晃州等地的造蛊者，是取蛇、蝎、蜈蚣、蟑螂、蜘蛛等藏于罐内，日晒雨露，使其自相吞食，独存者曰蛊。造蛊者将蛊晒干研粉，便成为蛊粉。——读完此书，我觉得自己分明就是一个被命运下蛊的人，也许注定拥有一份与众不同的人生。

端午时节，想起蜈蚣、蝎子、毒蛇、壁虎和蟾蜍这五毒，除了没碰过蟾蜍，我从小就吃过（做菜，吃过各种以蛇、青蛙、蝎子为食材的菜肴）和服用过（制药，蜈蚣鸡蛋，三蛇酒，壁虎吊兰羹）五毒中的另四种。五毒之中，我最喜欢的是壁虎。我总是对壁虎充满了抱歉，它们成为一个小小病童的古怪药方，其实她也不想残害那么多飞檐走壁的天龙。如果我家的粉刷过的平滑的墙上，伏着一只跃跃欲动的壁虎，我绝对不会伤害它，当然也不会像一般女孩子那样大惊小怪，而是很安然地与虎同室。强大的攀爬能力，使它能在任何陡峭的地方健步如飞。灯光下，如果白墙上有那黑豆般的小眼睛凝神望我，我会如它一样长时间一动不动，彼此亲切地对视。五毒之中，蜈蚣尤其让我心生厌憎，甚至在我的噩梦中，也会有一千条脚的蜈蚣出现，巨大地横亘在水里，一对对毛茸茸的金黄小爪，从蜈蚣身体的两侧生出来，爪子的尖深深地嵌入微风荡漾的湖面，在梦中我总是无路可走，只有这一座巨大的蜈蚣桥，阴恻恻地横在前方，一伸一缩腰肢扭摆……

想起了儿时的壁虎

远游归家，水土不服，咽喉肿痛，长夜咳嗽不已，彻夜难寐。想起小时候用壁虎来治咳嗽的事情来了。

从小体弱多病，每月都要发一次40度高烧，每次都是因为扁桃体发炎，久治不愈，面黄肌瘦。后来，家人不知从哪里得来了一个古怪的民间偏方，每天捕捉壁虎一条，与绞碎的金边吊兰一同上笼蒸煮捣烂，滤去渣滓，饮服其汁液。那时候年纪小，其繁琐的炮制过程一般也不让我观看，只记得最后是一碗碧澄澄的神秘汤汁摆放在我的面前，为了哄我喝下去还放了冰糖，我总是很听话地端起碗来一饮而尽。

每天一碗，如此坚持了半年。后来果然咽喉发炎的症状少多了。记得那一年夏天蚊子特别多，记得那一年，我的眼睛渐渐浮现出幽幽的蓝光，如同一只蓝睛尖腮的暹罗猫。长大之后，我知道吊兰具有化痰止咳，散瘀消肿，清热解毒之功效，常用于痰热咳嗽，以吊兰煮水，可以呵护扁桃体。而作为五毒之一的壁虎，在中医是可以入药的，取其祛风、活络、散结之功效。壁虎干燥全体中药称天龙。李时珍所著的《本草纲目》中，壁虎被称为"仙蟾"，有止咳定喘、镇痉祛风、补肝肾、益精血及发散消肿的功效。

要问怎么能够每晚捕捉到一条壁虎？首先，我的家乡广西梧州就是古交州首府。公元前111年，汉武帝灭南越国，并在今越南北部地方设立交趾、九真、日南三郡，实施直接的行政管理；后来又将包括交趾在内的七个郡分为交趾刺史部，后世称为交州。梧州属交趾刺史部苍梧郡。而据李时珍《本草纲目》记载，"守宫，处处人家墙壁有之。状如蛇医，而灰黑色，扁长官颈，细鳞四足。""十二时虫，一名避役，出容州、交州诸处，生人家篱壁、树木间，守宫之类也。"说明梧州就是专门出产壁虎的地方，我经常见到大可盈掌的肥硕壁虎，蜿蜒在土墙上，别处似乎没有见过那么硕大的壁虎小龙。当然，在现代生物学上，守宫和壁虎虽然都属于爬行纲，但它们在眼睛、脚趾、尾巴、皮肤和声音等方面存在显著差异，可古代好像将二者混为一谈。

其次，我家周围草木蓊郁，墙中常见壁虎寸许，蠕蠕然，昼伏夜出，有灰褐色的，有通体碧绿的，每晚的药材就手可得。壁虎是昼伏夜出的动物。白天，它潜伏在壁缝、瓦檐下、橱柜背后等隐蔽的地方，夜间则出来活动。夏、秋的晚上，壁虎常出现在灯光照射的墙壁上、屋檐下或电杆上，捕食蚊、蝇、飞蛾和蜘蛛等。在受到惊吓或者当你去捕捉它的时候，只要一碰到它，它的尾巴就会立即折断，壁虎也就乘机逃跑了。这种现象，在动物学上叫作"自割"，也称为"自切"和"自截"。因为折断的一段尾巴里有许多神经，它离开身体以后，神经并没有马上失去作用，所以还会摆动，起到吓唬的作用，有时能够达到自卫的目的。断尾后的壁虎过不太久，尾巴又会再生出来。为了能够得到一条完整的壁虎，需要手法特别利落准确，一击即中。表哥每天傍晚来我家，为我捕捉一条野生活壁虎。他准备好一个手电筒、一个捕虫网，捕虫网是一个金属环，环侧留一个长柄，金属环上固定一个尼龙网袋。晚上表哥手持手电筒沿墙壁照射，发现墙上有壁虎时，就用捕虫网环盖住壁虎，它由于受惊直接掉落在尼龙袋中，然后就被捕获了。绝大多数时候，捕到的壁虎都首尾完整，偶尔会失手断尾，断尾大多落在地上，或仍然留在墙上，还会蠕蠕摆动，扭来扭去，但已没有定向活动的能力。

壁虎是一种性情温和、谨小慎微的动物，怕人，怕热，怕光，从不会主动靠近人类，人畜无害的它，不知为何成了一个小小病童的古怪药方。长大后我总是对壁虎充满抱歉，我也不想残害那么多飞檐走壁的迷你小天龙。总觉得我和壁虎是心生亲近的。家里种过绿萝、凌霄花、爬山虎这些攀爬植物，高高地爬到窗外绿影摇曳，有时候不用回头，奇怪的第六感也会告诉我，有几只壁虎躲在最高处的凌霄花叶子后面一动不动地瞪着我呢！静静的晚上，它们会像一条条的小鳄鱼，喜欢趴在纱窗的外面，看我写字做作业，间或用闪电般的舌头将过往的蚊子彻底埋葬。

真想儿时的小伙伴出现，悄无声息地在夜里盯着蚊子，强大的攀爬能力，使它能在任何陡峭的地方健步如飞。我总感觉消失了的恐龙，可能是在进化的过程中基因突变缩小了，其实恐龙并没有灭绝。因为壁虎突然奔跑起来的样子，像极了亿年前的恐龙。虽然在这寂寥的寒冬，我知道壁虎属于爬行动物，体温不恒定，冬天气候稍微寒冷点都会冬眠，但我还是那么想与儿时的壁虎相见。灯光下，如果有那黑豆般的小眼睛凝神望我，我会如它一样长时间一动不动，彼此亲切地对视。壁虎有叫声的呢！如果随后壁虎的喉咙还滴滴嘟嘟地发出了我听不懂的乐章，我愿意努力聆听，小小的你托付般的诉说。

很多很多年前，一只壁虎闯进我的生活，从此它住在我的心墙上，有时候横着爬，有时候竖着爬，不管它怎么爬，墙都依着它。

南方蟑螂与原初大地

前两天，一条关于南北方蟑螂大小的微博蹿上了热门榜，看博主对两者的形容，画面感扑面而来，立马在网络江湖掀起了一场北方蟑螂和南方蟑螂的大论战。所谓一方水土养一方小强，据说来到南方的北方人，没有一个不对南方蟑螂产生敬畏之心！哎哎，看评论把人看得瑟瑟发抖，南方蟑螂简直不要太可怕！到底南方蟑螂是不是油光大少爷、空中小飞侠？作为一个来自蛮荒之地的南方人，我必须得站出来说几句了，我就是从这个虫瘴横行之地来的，对虫子最有发言权！以前也写过壁虎、蚯蚓、蛇什么的，这次就写写蟑螂。

在草木蓊郁的南方，我从小对蟑螂的认知就是拇指大小、乌黑油亮、展翅飞翔。有些很久没有打开过的抽屉、木盒什么的，有时一拉开就会呼呼往外冒蟑螂，红得发黑的大蟑螂以嚣张态度，从你面前大摇大摆地四窜爬过。你说，生活在小强们活蹦乱跳、四处出没的地方，当它们出列上街甚至当空起舞时，还有那闲工夫故作娇羞状尖叫什么的吗？我通常二话不说上去就把虫子给一脚踩扁了，这是一件很平常的小事情，纳闷好多人为什么怕得不要不要的。什么北方人到蛇虫出没的南方，得"笑着活下去"，其实习惯就好，这不就是家门口的惯常风景吗？作为南方人从小就要学会的技能之一，就是要有动态视力，随时发现身边会动的小虫子，拿起手边随便什么物件，小心翼翼地靠近，然后快狠准地迅速拍死它。从小到大家里养猫养狗，通常在我家收拾小强们的，是好管闲事的喵星人和汪星人。它们发现蟑螂后，会猛扑过去抓起来玩好久，玩得半死不活的，就整整齐齐地摆上一排，向主人宣示自己的战利品，这时候我施施然地拿着簸箕、笤帚去打扫就可以了。

看看这回恶搞南方蟑螂，把它们说成了飞天神武大将军，个子大、繁殖力强、移动迅速、能上天、能装死、还能主动出击，不少北方人亲测，南方蟑螂能上天！多少北方大汉都在南方领教过它们的厉害、受到了强烈惊吓。多少网友纷纷表示，对于南方的蟑螂，全国的汉子都有点承受不住，从广州到厦门，从南宁到海口……北方人的尖叫声遍布在南方很多城市！

为什么要怕小小蟑螂呢？说起来我从小就不怕虫子，那是童年时代的小小玩伴。我可以一整个炎热的下午，蹲在墙根下的金银花藤中看一只七星瓢虫的图案，一只叶子下的西瓜虫都能让我开心半天。到河边的滩涂地，高大茁壮的野蒿连绵起伏，长得密不透风、恣肆狂乱，空气中晃动着如小型龙卷风般蠕动的大群大群的小花虫。

经常发现和摘下树叶上、草杆上挂着的白色虫蛹，里面有一只过去的毛毛虫和未来的小蝴蝶，从一枚细小的卵长成一只软绵绵的毛毛虫，经历漫长的蜕皮，化蛹，破壳而出，不停扇动翅膀，直至翅膀变得干燥而坚硬，舒展开之后，才有一只蝴蝶展开彩翼、翩翩飞翔。

每逢夏季，沿着蝉的似乎永无休歇的厉声鸣叫，我到树林里找夏蝉丢弃的小房子，蝉的生存方式很独特，当它从幼虫变成成虫时，奇迹般地从原有的身躯中出走，完整地保留下一个躯壳，栩栩如生地停留在树干上。

我还特别喜欢看墙上的蚰蜒（就是俗话说的"鼻涕虫"）那一套细腻的求爱仪式——刚开始是两条蚰蜒彼此慢慢的追逐，接近之后，它们彼此缠绕，用嘴衔住对方的尾巴，进而纠缠摇摆，形成很多美丽的式样，同时身体还会放出珍珠色的光来。

还有小小的萤火虫，那是一盏盏清凉似风的小灯笼，那是明明灭灭、影影幢幢的小幽灵，三月出幼虫，经六蜕成蛹，雄虫蛹羽化后才漫天飞舞，这个时候已经是阴气开始逐渐弥漫的秋季了，萤火虫那抹淡淡的光仿佛无处可归的游魂似的，在夜晚的浓暗中不停地徘徊。

所谓穷山恶水之处，瘴气蚊虫妖冶，其实就是大自然的生态环境好，万物皆油然而生。尤其在终年常绿的岭南之地，草木虫鱼，四季都在和风甘露中活着，戾天跃渊，欣欣向荣。如果心足够大，那你在南方看到的毛毛虫也会比别处看到的更大；如果你相信自然的善意，那满山的草木都是大自然对我们的馈赠。如果眼里含着童光，越黑的夜晚，就越能看见大自然的神秘。在黑夜里，可以和昆虫一起跳舞，和鸟兽一起唱歌，参与一场森林嘉年华。只要走得远，走得幽，一个人敢往草木深处闯，所遇蹊跷和神奇也就多。

有时，我宁愿把自己看作草木虫鱼的一类，"悠然皆生，而不知其所以生；同焉皆得，而不知其所以得"，像庄子所说，如草木虫鱼一样顺着自然所赋予的那一副本性，自由自在地生活下去。绝不计较生活应该是什么，绝不追究生活是为着什么，生活自身就是方法，生活自身也就是目的，不在生活以外另求生活方法，不在生活以外另求生活目的。时而幸运丰足，时而受灾祸侵逼，这都无伤天地之和。一个人在草木深处坐痴了，就觉得自己不是一个人，有时是一只瓢虫，有时是一条河流，有时是一块石头，有时是一只山果。这也许与"天人合一"的心境有关，与早年我所体验的大自然的完整性和纯净度有关。我庆幸我见过原初的大地，比如今的儿童幸运。如今，现代人与一只野生萤火虫相遇的概率，已小于日全食。

　　其实，人为什么要害怕虫子呢？那是如此微小的生命体，小虫微弱，和鸟兽的张扬不同，其性谦怯，其态隐忍，故生命触须极细，对时令、天气、晨暮、地形的体察极敏，所以虫子的鸣声，极其细微幽邃。在更高生命体看来，我们人类也无异于小虫吧？从成人的角度看来，那些小儿童也像大肉虫子一样在摇篮里滚来滚去的。等我们走过漫长或短暂的一生，回归泥土，托体同山阿，在黑暗的地母的怀抱里，我们也被万千小虫所啃噬，在天地的公正无私中，进入下一轮的生命周流、生生不息。如佛经所云"一滴水有八千虫，人身有八万虫"，我们所面对的，根本就是一个由亿万兆虫子聚合而生的世界吧？

从蜗牛身上看到我们

谁知道蜗牛淡灰色的小房子里藏着怎样的秘密？

即使是一只小小小小的蜗牛，也是一只充满了细节的蜗牛。如果你蹲下来细细观察，就会发现，蜗牛背上的外壳是螺旋形的，它的躯体几近透明，是一种纤弱而美丽的生命。它的眼睛很特别，有两对触角：一对长，一对短，它的眼睛就长在那对长的触角上，会灵活地转动。蜗牛爬得可真是够慢呢！好半天才爬出一丁点距离，身后还拖出一条黏糊糊、湿哒哒的银痕。那一对细细的触角，总是随着身子挪动而慢慢伸长，慢慢缩短……

什么时候、什么地方最适宜观察蜗牛？蜗牛的身体最怕阳光直射，喜欢潮湿的环境。所以它一般生活在比较潮湿的地方，昼伏夜出。夏天下雨的时候，温度和湿度都非常合适蜗牛活动，也不会被阳光直晒，所以，夏日雨后，更容易看到蜗牛。在那些草木深浓的公园小路上，遍布一地幼小的蜗牛，背着个重重的壳，慢吞吞地移动。空气中散发出草和树林雨后特有的淡淡土腥气，也许那其实是蚯蚓和蜗牛的腥气吧？只有在天潮潮、地湿湿的雨后，你才能看到蜗牛这个样子：把它那粘粘的白白的身子整个从壳里钻出来，高昂着头，畅快地在薄薄雨雾中，嗅嗅，闻闻，舔舔，肆意呼吸。

温度太低或太高，蜗牛都会把自己藏在壳中，像冬眠一样休眠起来。六、七月天气很热时，蜗牛会自悬于叶下，往上慢慢攀爬升高，努力寻求一点荫凉。到了隆冬时节，蜗牛过冬时会缩回壳内，用粘液封上出口，这样就能抵御严寒。蜗牛壳内是脏器，壳对蜗牛起到保护和支撑的作用，没有壳，纵使外界条件多好，也不可能活得长久。

听说过一个蜗牛的故事，有一个英国研究人员从埃及带回两只蜗牛，把它们粘在固定板上，放进标本室收藏。等4年后拿出来研究时，发现一只已经彻底干巴了，但另一只的壳处有新近形成的粘液膜。研究人员非常奇怪，便把它从板上取下，放进温水盆里。不一会儿，这只蜗牛的躯体便从壳中钻出来，第二天便开始进食菜叶，一个月后即完全恢复以往的活力了。这只蜗牛，在4年的时间里，既无食料，又无饮水，居然能活下来，其生命力实在是太顽强了。做成了标本的蜗牛都能复活，全靠那个粘液封口的壳，庇护了它的柔弱躯体，直接进入休眠。

　　其实，我们和蜗牛有很多相似之处。我们都极其依赖和维护自己的房子，当受到敌害侵扰时，蜗牛的头和足便缩回壳内，并分泌出粘液将壳口封住；当外壳损害致残时，蜗牛能分泌出某些物质来修复外壳……我们又何尝不是呢？无论如何奋斗都想要一间遮风蔽雨的房子，即使是四面漏风的破房子，我们也不厌其烦地修修补补。蜗牛的壳里面有一大堆东西——那就是它自己。我们的房子里面有各种各样的杂物——那就是我们自己，被选择获取、搬运回家并日日环绕着我们的器物，就是我们的生活。我们都背着房子走路，背负着整个家园前行，留下一路疲惫，烦闷苦楚不能言明。我们都是谨小慎微的动物，尽可能地避开危险，因为这是弱小物种赖以生存的唯一保障。当我们对外部的世界充满恐惧和失望时，都会缩进自己的屋子里去，同时把门带上。我们都不肯相信，自己毕生信奉的壳中小家，其实是如此的脆弱，不知哪一天就会被其他的庞大物种，轻易踩碎如齑粉。

蚯蚓的生与死

昨晚，西安三年来首发暴雨红色预警，一场暴风雨猝然降临古城，多少人感受了这场暴雨的威力。雨后的清晨，手机翻看新闻，我才知道昨晚暴雨中发生多起事故导致数人逝世，风雨无情、天地不仁让我悲痛。走在路上，我还见到地上趴着一些奄奄一息的蚯蚓。大小不一，甚至还有30多厘米长的大蚯蚓。一些蚯蚓还在地表艰难地蠕动爬行，还有部分已经死掉了。

少有人为蚯蚓写点什么，这种体色黑灰或黄褐的软体动物，橡胶般的弹性身躯，无脸无脑，如同一腔掏取出来的内脏，在草丛中吃土蠕动，在暴风雨冲刷大地时，惨烈地横陈于各种路面，非死即伤，一片狼藉。实验发现，蚯蚓可以在水中生活一段时间，因此蚯蚓在大雨后爬出地表不是为了避免溺死，而是和水中溶氧减少及二氧化碳增加有关。由于降雨量大，雨水把土壤中的缝隙塞满，土壤水分饱和，排挤了空气，造成水中溶氧量减少，蚯蚓呼吸困难，于是纷纷出洞。蚯蚓是缺氧"憋得"，才会在下雨后淹水的情况下爬出来，到危险的地表上呼吸一口救命的空气。难怪古人有"蚯蚓往上爬，雨水乱如麻"的气象俗语。

看到这些横尸于雨后地表的蚯蚓们，我有点不相信它们确已死去，因为在我的童年记忆中，蚯蚓似乎是不死的。我曾战战兢兢地观察过，沉浸在科学探索中的邻家男孩，用小刀把蚯蚓切成数段，看它们抽搐、翻滚、匍匐离去。据说残忍导致的是童话般的美好结局，蚯蚓分裂的部分不死，将携带着基因的秘密，迅速增长为拥有复数的家族。

等我长大后才知道，蚯蚓并不总在外力迫害下创造神迹。谁说只要有半截身体，就能创造出关于复活的奇迹，蚯蚓总能自我拯救，分娩出崭新的自己和未来。当蚯蚓的体节断裂时，它们有能力再生长出另一端的体节，这种现象称为再生。但是，再生的能力在不同种类的蚯蚓中差异相当大。有的蚯蚓几乎任何一个器官皆可再生，环境的适应性强悍到不可思议，而有的蚯蚓再生能力很差。通常蚯蚓被一切为二之后，包含有生殖环带的那一段会再生成一只完整的个体，而不包含生殖环带的那一段则不能再生。蚯蚓的身体是由50-500个相似的环节构成（一般大约有150个体节），一般把一条蚯蚓前端五节到八节的地方切断，它很快就可以再生。如果把九节以上的地方切断，蚯蚓的再生能力就很慢，而且生殖器官不能恢复。如果在蚯蚓的第十五节以后切断，它就不能再生头部，只会长出一个缺脑袋的尾状体，成为一条具有两个尾巴的变态蚯蚓。在自然界里，我们常常可以看到这种蚯蚓。

蚯蚓害羞，敏感，昼伏夜出，如此行为缓慢而缺乏攻击能力，唯有低调到隐匿，才能自我保护。所以，除非大暴雨的惊扰，它们都潜伏于黑暗的土壤深处。一旦土层被扒开，暴露于光天化日之下，在逼近的危险中，蚯蚓作为软体动物，柔弱至此，当它们被某只粗暴的大手抓起，除了轻颤中的胆怯，只有默默承受一切。然而，上天赐予它们具有惊人的自愈功能。即使被侮辱、被损害，它们无声而顽强地处理发生在自身的灾难，经常能神奇地自我救赎。斩断的残节，又会长成一只完整的蚯蚓。这个无性繁殖的小母亲，把不幸修改为某种赐福。在蚯蚓致命的柔软里，似乎隐藏着最硬的神秘力量。

谁能读懂一条蚯蚓内心的幽谧呢？它们的顺从，总是那么容易招致侵犯和被毁。小时候的我，看到邻家男孩一次又一次给蚯蚓做手术时，总是担心他在树下挖到的那条蚯蚓，是两三个月前才被利刃一分为二、疼得满地打滚的那一条，它才好不容易用半截残躯，躲在幽暗处苟延残喘，吃疼痛和忧伤的小小土粒，从而完成吃力的再生。而现在，又再面临一次屠戮的轮回，那把无情的小刀并不知道，悲情的小小的它，其实已经献出过它的前半生。

我怜悯世间所有柔弱无助的生命，柔软的心肠尤其对那些柔软的生命动情，虽然只是一份无能为力的柔情。从人类的角度来考虑，作为一条蚯蚓，大概只有三个好处：它们没有牙齿，所以永远不必看牙医，永远不会因为拖着泥巴进屋里而被骂，永远不必洗澡。希望蚯蚓在它的深土中安静地生活，不被人类和暴雨所惊扰。一切都留在草下，星归星，蚯蚓归蚯蚓。夜空下，如果有谁呼唤，上面，有一种光，下面，有一只蚯蚓，隐隐像要回答。

花谢了，果熟了，

果子落下来,叶子掉光了,
然后又发芽,再开花。
就这样要重复多少次,
这棵树,
才可以歇息呢?

身子断了,重生了,
白白奉献出前半生后,
然后又断掉,又重生。
就这样要轮回多少次,
这条蚯蚓,
才可以完整呢?

知了只叫一夏

时值季夏，大地一片热浪，夏风裹挟着热气。树木葳蕤，浓荫匝地，知了的鸣叫震耳欲聋。每当听到夏日蝉鸣，就会想起罗大佑的歌曲《童年》：

池塘边的榕树上

知了在声声叫着夏天

操场边的秋千上

只有蝴蝶停在上面

黑板上老师的粉笔

还在拼命叽叽喳喳写个不停

等待着下课

等待着放学

等待游戏的童年

听着这首歌长大，一天又一天，一年又一年，迷迷糊糊的童年，就这么好奇、就这么幻想、这么孤单的童年。在夏天常有这样的恍惚时光，在蝉鸣如雨中，从树下走过，吱唔吱唔的蝉的声音，如同树叶子一样，那么稠密，那么壮大，铺天盖地的，几乎把人笼罩起来了。在树下一步一探地走，好像在倾听什么，又好像什么也没有听，只是往树上看。这样也不知走了有多远，树林满被金光，蝉也叫得更热闹，疑心叫的就是那树叶子。时光的流动变得缓慢、凝滞，一切都停下了。等到冗长的蝉鸣停下来的刹那，才突然感知到远处的微风带来凉意。

就在刚才，蝉声停顿下来的空白中，那种感觉就像睡了漫长的午觉醒来，穿衣洗漱准备去学校，找了半天却找不到课本和双肩包……才恍惚想起自己在多年前明明没有做好准备，就已被推搡着长大成人。来不及跟童年挥手告别，眨眼间已落入了平庸之海。多希望有一阵温柔的风，能够带我回到从前，让我能够重新选择自己的童年，能无忧无虑地躺在池塘边上，听榕树上知了声声叫着的夏天。这些发出鸣声的蝉儿，是从哪儿来的呢？它们的生命曾经黑暗弥漫，白昼不见天日，夜晚充满恐惧，地层中数年苦修，吸取潜入大地深处的树根汁液。直到那个期待已久的夏天到来，把一具骸壳蜕下，前世的幽暗才从此消失。在岁月中献祭了羔羊般的纯洁之后，终于喧嚣在最高的枝头。

蝉，是夏天的一部分。不要嫌人家聒噪，毕竟，在地下那一段日子那么难熬，你经历过吗？土地中数个春秋的蛰伏，就只为一个夏天的鸣叫，甚至没有一个夏天，露头也就半个月一个月的时间。在那些漫天繁星、蛙鸣处处的夏夜，刚刚破土而出的幼蝉，借着夜色，匆匆爬向近处的树枝草梢，沾着夜露，一点点地蜕下泥乎乎的外衣，化成一只羽翼淡绿透明、眼睛黑亮、通体柔软乳黄的嫩知了。它们从幼虫变成成虫时，奇迹般地从原有的身躯中出走，完整地保留下一个躯壳，留在粗糙的树干上。这些嫩知了，沐着夜风，一点点强壮，不须一夜工夫，就可飞上树梢，倾尽一生地自在歌唱了。

最初的蝉鸣断断续续，很快就逐渐浩大起来，在树林中，如潮汐一般汹涌回响。夏季午后常有暴雨，暴雨多不持久，雨声一歇止，四周树林间，即时升起一片惊人的蝉声。仿佛久远劫来，微尘与世界都如此发声，高亢激昂，如一季繁花烂漫，却又沉寂如死。"是身如焰，从渴爱生"，"是身如幻，从颠倒起"，蝉声使我想到《维摩诘经》的句子，仿佛能够听到沉寂如死的蝉声里从树梢高处一一掉落蝉的尸体。

"蟪蛄鸣兮啾啾，岁暮兮不自聊"，蝉在夏季鸣叫不止，但入秋以后，它们的声音将会渐小并且逐渐消失。知了只叫一夏，庄子说"夏虫不可语冰"，一种虫子如果它生命周期只有夏天这几个月，你跟它说冰是什么东西，它是不会知道的，它想象不出来那个东西，因为它的生命周期从来不经过冬天——庄子说的夏虫就是蝉吧？它们春生夏死，夏生秋死，不能越冬。庄子在说这句话的时候是以一个人的身份来说的，人的寿命长于夏蝉，所以人可以看到太阳东升西落，月亮的阴晴圆缺。但换一种视角来看，人类的命运与夏蝉是相似的，一个人的寿命最多 100 年左右，而更漫长的是历史的更迭，地球的变迁，宇宙的生长。如此看来，人也是极其渺小，看不到更多的循环。我们各自活在自身的时间局限中而已。

  当我意识到一切皆虚无的时候，慢慢感受到存在——唯有此刻，此刻有光，此刻坐在窗前，此刻活着，此刻天空，一轮孤月。天边的月，似有若无，被乌云遮去只剩下一半的脸，似乎有一句话还没有说完。月亮缓缓地移动，在夜色中顿挫成无尽苍茫。它在天际漂泊的道路，不是通往人世，而是通往遗忘。

鸟窝中的生活

从公园里走过，盛夏时节，满目郁郁葱葱，只闻得鸟鸣啾啾，不绝于耳，时见掠过的鸟影隐入高树。鸟儿把窝建在了隐蔽的树叶下，举头望遍了远近林间枝桠，但就是寻不到这些鸟儿的匿身之处。得待到寒冬之际，树上叶子落得精光，才可以望见树顶上大大小小的鸟窝。有些树上有鸟窝，有些树上没有，也不知道鸟儿是根据什么想法来安窝？与那些没有鸟窝的树相比，当一棵树上顶了一个鸟窝，这多出来的重重的一笔，把一棵树的生命描绘得更有声有色。也不知道春天来的时候，树叶重新长出来，那些越冬飞回来的鸟儿，它会去重新搭个窝吗？还是仍住在这个窝里？

鸟窝总是无意中出现在视野里的，很多东西，特意去寻找时，反而寻不到。走着走着，我突然发现一棵松树下，掉下了一个鸟窝。我拾起来，空空如也。干枯的草茎、碎树叶、细树枝、植物的绒毛……这个窝看似编织得松散零乱，却十分结实沉重。鸟也不容易，得花多少工夫，吐多少口水才粘成这样一个家。我心里一直在向逃走的鸟们打招呼，谁把你们精心装修的窝给破坏了，当然我不知道它们是什么鸟——到底是喜鹊、斑鸠、杜鹃、大山雀、麻雀还是乌鸦呢？好在天气还暖和，再重做一个想必不会太难。

每一个物种，都有属于自己栖息的地方。无疑，鸟窝是天地间最朴素、最简陋、最诱人的建筑。这人间的光阴，需得过且过，日暮来时，风雨来时，即将生下小宝宝时，得有个立命安身的窝。总不能，今天到东、明天到西的到处流浪。哪怕这只鸟窝被风吹得歪歪斜斜的，只要还安放在枝桠上，掩映在树叶中，就可以把生活的幸福和憧憬，全藏在窝里。

我们人类的生活居所，其实不也是一个个鸟窝吗？先民有"巢居"的居住习惯，那时候的巢居主要是为了躲避湿地、禽兽和虫害而在树上建起自己的安乐窝。"昼拾橡栗，暮栖木上"，我们的祖先都曾是"有巢氏之民"。"构木为巢"的遗迹由于材料的原因（木材易于腐烂）无法保存下来。但是，利用现代民族学资料可以证明这一点。如云南的独龙人，他们选择高大结实的树木，砍去上端的树枝，利用树丫做支撑，铺竹板当地铺，周围用藤条绑上竹篾或树皮做挡墙，上覆茅草或树皮，以挡风雨。这种叫"新阿当"的房子，不就是一个大鸟窝吗？后来到了定居农业时期，受农业生产规律的影响，春夏两季，人们主要在田野里活动，为了生产劳动的方便，会在田地边上用树枝、树叶、树皮、茅草结成简易的棚屋。今天的农民在夏季看守庄稼、瓜地的时候也还搭一个临时的"窝棚"，就像有些鸟儿把窝筑在草丛中或者灌木丛中一样——并不是所有的鸟窝都筑在高树上的。

到了现在，进入城市文明时代，我们把窝安在了不结果实的树上——城市鳞次栉比的高楼大厦上。在一个个小格子里，我们彼此局促不安又身不由己老死不相往来，小小窗户里散发出模糊而又暧昧的灯光。为了筑成这么一个窝，我们付出无比艰辛的劳动，甚至为了高昂的房价，预支和抵押了我们未来数十年的自由。如果从高空处俯瞰，我们只是活在各个鸟窝里的小生物，忙忙碌碌，密密麻麻。不过，对于我们这些小生物来说，不同的鸟窝，不同的城市，差别就会很大，我们的需求和满足都被外界环境所支配。个体意义上的都市人已经变得如此软弱无力，以致只有依赖城市的各种便利才能生存。于是，城市像叼草筑窝的大鸟，它衔来工商机构、金融机构、行政机构、交通设施、餐馆、医院；它还给窝里安置了电台、剧院、图书馆、大学院校、寺院教堂、夜总会等等。一切就为满足那些忙忙碌碌、巢居出入的小生物。

我们回到自己的窝里，举目四顾，就是柜子箱子，桌椅床铺，坛坛罐罐，拉开抽屉还有盒子，移开沙发还有地毯，一个套着一个。房间里除了生活日用，还充塞着各种小趣味，墙上的小画儿，浴室的化妆品，书房的画报杂志，餐厅的零食杂物，我们把多少枝枝叶叶衔了来筑成自己的这个安乐窝。这是我们在这个城市中，最后的阵地、最后的港湾。在这片领土上，我们是自己的主人。哪怕外面大风吹过，风雨漫天，只要盘旋的鸟儿穿过风雨回了窝，就可以悠闲地晾晒湿漉漉的翅膀了。

人总是要有个窝的，小狗也一样，这个窝是个烂棉花也行，有它从小闻的味儿。窝对我们的吸引力如此之大，大概是里面藏着自由吧？这个窝最幸福的时候，就是在渐寒渐冷的冬日，泡一杯热茶，在开着暖气的房间，暖暖的被窝，暖暖的小零食，看整座城市因为下雪而变得更明亮，门窗把呼啸的风雪全部挡在了外边。可更多的时候，我们身心疲惫地回到家，蒙头倒在床上或沙发上，只有此时此刻，才能放下疲惫不堪的躯壳，可是哪里又能安置我们的灵魂呢？到了第二天，不知道是一种麻木还是一种无奈，我们又从自己的窝中飞出来觅食了。即使无法选择天空的高远与纯净，再逼仄的空间也要行走和飞翔啊！

　　黄昏了，风飒飒地吹，正在落下的夕阳，如云层里最后的锦书。从高楼的阳台上望出去，城市成了旷野，苍苍的无数的红的灰的屋脊。既然白天已使我们疲倦，但愿星光中的夜晚，摇晃在城市枝头的一个个鸟窝，能够亲切地包容我们深深的渴念，让我们放下一切劳作，也忘掉忧思，在倦意袭来时沉入安睡。在夜晚的高枝上，我们的灵魂将从窝巢中自由地飞升，在黑夜那神奇的国度里，呼吸得丰盈而深沉。

松鼠，松鼠

记得上大学时，同班有一位来自甘肃张掖的男生，平常基本上不说话。那时候刚开学不久，大家都是背着各种土特产从老家回来，彼此分享大江南北的美食。课间我剖了个广西柚子让大家尝，他也吃了一瓣，吃完以后主动和我说话了。就是那种黑脸精瘦、和女生很有距离的西北彪悍男生，他说他逮了一只野生灰松鼠，我可以去看一看摸一下。把我激动得都不好好听课了，下课铃一响就往男生宿舍跑。松鼠关在纸箱里，透过掏出的洞看进去，絮了一片布，小东西在上面睡着了，呆萌可爱，大尾巴像被子一样盖着小小的身子。睡觉时还会啃爪子，像小孩子一样。

男同学手法利落地将松鼠抓出来，定睛一看，那只松鼠瘦极了，一身灰灰绒绒的毛，耳毛略长，像一个我行我素的杀马特青年。它下肢站立，上肢屈起，两腮胡须炸着，大尾巴上的毛稀稀疏疏，看起来就脾气很大的样子。它先是一脸懵圈，然后开始用眼睛瞪着我。发现松鼠是很奇特的动物，大部分野生松鼠，虽然不像猫狗那样主动与人亲近，但是也基本不害怕人。后来总结经验，我应该先给它投上四五颗花生，降低它的高度警惕性，让它慢慢地接受我，而不是一开始手里就攥个红皮大花生，结果给这小魔王直接过来连花生带我的手指头，用它的大板牙迅捷又凶猛地啃了一大口，疼得钻心，哭着走了。等过了几天，好了伤疤忘了痛，我又想去和松鼠互动了。这次是戴上手套，准备了一大堆生果仁去和松鼠套近乎。但让我失望的是，男同学告诉我，前一天早上出门忘关笼子，回宿舍后发现松鼠跑掉了，也不知道是在校园郁郁葱葱的哪一棵树上？真心希望回归自然的它能够过得快乐，虽然它牙齿的疼还烙印在我的记忆中。

从小喜欢各种小动物，养过的动物不计其数，从小狗小猫（不同时期养过的小狗小猫两位数以上）、兔子鸡鸭、仓鼠豚鼠、鹦鹉八哥、蜥蜴小蛇、甲虫蟋蟀到各种鱼类、螺类、龟类。那时候还没有万能的淘宝，后来我发现很多养松鼠小宠的玩家，是有很多装备的。可以网购一个超柔塑胶套脖，套在松鼠的脖子上，就可以给调皮的小东西剪指甲、洗澡（宠物专用泡沫）、受伤上药时，防止小家伙不听话咬人。然后每两周时间，用专用的小动物指甲刀，修剪松鼠的脚趾几个突出点的长锋利指甲。松鼠的指甲是带微红血线的，不能像人的指甲那样全部剪齐平，只能剪前端的尖锐部分。还可以再网购一根松鼠背带分体防咬牵引绳，可以依松鼠胸围大小自由调节松紧，然后就放心让松鼠走出笼外，神气活现地溜松鼠散步了。

在我喜欢看的动画片《冰川时代》中，有一只不懈努力寻找榛子的松鼠。它执着、认真、心甘情愿地奔波于冰河上下，做出成龙、李小龙的招牌式高难动作，但每一次都是很倒霉地失去了自己的松果。当一切努力化为乌有，它的暴怒程度十二分像一个失恋的人类。在动画片中，透过松鼠尾巴频繁地前后摇摆，表露它挫败、失望时的情绪变化。心甘情愿为松果付出一切的小松鼠，千山万水只追随那个失之交臂的松果，执着到充满攻击性，疯狂尝试各种不同的方式，在它眼里，根本放不下花生板栗或者其他的坚果。我觉得有时候我也像这只松鼠。

可惜现在工作太忙，如果能像以前一样经常到秦岭徒步爬山，我就会常常在树桠上、小路边，看到一个毛茸茸的身影一闪而过。它左蹿蹿右蹿蹿，终于钻进草丛消失不见。松鼠也不怎么向人类卖萌，但却是有感情有智慧的生灵，它们的世界和我们的世界不一样。如果我住在一个森林小木屋，无意中掉了一颗果仁被一只松鼠捡到，从此它就每天来到我的窗前的话，我一定会在窗台上摆满了葵瓜子、南瓜子、西瓜子、小榛子、开心果、巴旦木、鲍鱼果、碧根果、甜杏仁、大核桃、夏威夷果、带壳花生，它最喜欢吃的红松子甚至是整个的大松塔。我想如小王子对待他的狐狸一样驯养这只松鼠。从此其他的脚步声会使它躲到树上去，而我的脚步声会像音乐一样让它从树洞里走出来，蹦蹦跳跳地来到我的面前。

春天的蜂

杏花开了，李花开了，桃花开了，海棠开了，梨花开了，樱花开了……一只野蜂披着毛绒的外衣和轻纱的翅羽，盘旋在树枝间。漫游中，它一时在红蔷薇的花盏里，一时又让樱花瓣蕊一阵轻摇，惹得半空飞花吹雪。正是三春花事好，有暖阳，有雨露，有和风，掬一把春水、春光、春风，漫山遍野，烂漫花开，千树争妍，红萼锦簇。这是蜜蜂疯狂的青春时节，春天如此醒目，百花如此嚣张，野蜂只能将一腔痴颠，不管不顾，付于花丛。

当我路经校园的樱花路，一排排开满粉色花朵的樱花树，弯枝如画，曲直有韵。层层叠叠的樱花，窈窕婀娜，如临水梳妆的美人，楚楚动人，令人心醉。我听到近旁有一只蜜蜂翅膀嗡鸣，我看到它鼓动着气味的酵母，猛撞着沾满花粉的瓣心。当我在旁边观察时，那只肚子滚圆的蜜蜂，根本没抬起头来，它只管舔舐着静静渗出的蜜汁，在花瓣颤抖闭合的时候，被半包裹在花朵中流连沉醉。走在路上，我还碰到了一只好像喝醉了似的蜜蜂，它飞得跌跌撞撞的，飞到我鼻尖前几厘米处，悬停了两秒钟。它的翅膀扇得那么快，就像纹丝不动。这春风里的小蜂仿佛有着雷诺阿式的富丽颤动的光晕。它是造物主的精致巧思，是一个小小的神话的降临。

清风明月，樱花遍地，宽大明亮的世界，到处都是蜜的味道。

爱情的花粉，被献给了第一只前来的野蜂。春风里，蜜蜂与花纠缠，嗡鸣着，不知疲倦。相爱，真好；活着，真好。它啜饮着花蕊上的甘露，将花粉带向了中央的胚管，不久，这些被传递的花粉，将化成一颗颗饱满的籽粒，在果实中诞生。

当我看到一只毛茸茸的蜜蜂，在花丛间摇漾地掠过，带来一阵嗡鸣，好像把这岁月都拉长了。心里竟颤动得如同一场杏花春雨。怎么捋得清这细腻的情怀？千株花树次第开放，蜂团蝶舞乱香纷纷。一时间竟不知道自己是谁？从哪里来？要去做什么？也许，我只是一觉睡醒，忘了自己的身份，到底是一只蝴蝶，还是一只蜜蜂？

鹦鹉救火

鹦鹉是很聪明的鸟类。我喜欢去的一家餐厅门口养有鹦鹉,是一只全身雪白的金刚鹦鹉。它威武地立在一根横着的树枝上,一派轩昂气度,在门口迎客。这只鹦鹉简直成了餐厅的最大亮点。能够听到鹦鹉的问候语,成为在这儿用餐的每位顾客的特殊福利。因此,餐厅老板不时用好吃的打赏一下这位带羽的店小二。鹦鹉吃东西的样子很好玩,它吃树叶是整片吞的,吃苹果、樱桃、萝卜条之类,会用一只爪子握着,送到嘴边去啄,另一只爪子则在横杆上金鸡独立。它还会一颗一颗嗑瓜子,嗑得快而灵活,遇到难嗑的瓜子时,它还会利用坚硬的嘴和灵巧的舌头配合,把瓜子在嘴边转一圈,将其两端都嗑开。吃完瓜子仁的同时,几乎每颗瓜子都完整地留下了两片瓜子皮,它还从不乱扔瓜子皮,而是把瓜子皮堆放在一起形成个小丘。我时常去那家餐厅,其实是为了看望下这只鹦鹉。每次一进门,就看到它俏丽的身影,那么袅袅婷婷立在那根树梢上。一只没有一丝杂毛的鹦鹉,高贵而优雅,全身与雪同白,弯弯的嘴巴,随时都会发出"你好"的问候。

不过,有时我想,如果是一只大绿金刚鹦鹉的话,那么这家餐厅的迎客门庭,就更具有浓烈的视觉冲击力了。大绿金刚鹦鹉是色彩最漂亮、体型最大的鹦鹉之一,面部无羽毛,布满了条纹,有点像京剧中的花脸脸谱,兴奋时可变为红色。鸟体大部分为黄绿色,前额有一小片红色的羽毛,雄鸟的头部后方会有亮丽的蓝色分布,背部后方以及尾部部分覆羽为浅蓝色。当这么一只五彩斑斓的大鹦鹉,神气活现地在你面前发出嘹亮的叫声,你的眼睛一定会被这扑面而来的艳丽色彩瞬间照亮。

据说鸟类与人类的亲缘关系要追溯到3亿年前,但鸟类的脑子很小,几乎没有灰质,也没有类似人类大脑皮层的东西,没有人认为它们可以学会语言。至于鹦鹉,人们认为它们只是在模仿人类说话,并不理解自己说了什么。但我觉得,这种说法实在太低估鹦鹉了!鹦鹉在语言和推理逻辑方面的才能,应该不亚于黑猩猩和海豚等哺乳动物,它们的确能产生复杂、成熟的认知,并可以和别的生物进行沟通。事实上,我认为任何神经元构造进化到一定复杂程度的生物,都可以发展出自主意识。作为宠物,鹦鹉的寿命往往较之猫和狗还要长。鹦鹉的寿命是按体型大小来分的:小型的寿命大概是8-20年,中型的寿命大概是25-40年,大型的寿命大概是50-90年。因为它们如此长寿,丰富的经历足够使它们发展出超越一般动物的认知能力。

记得有一则美丽的佛经故事:"昔有鹦鹉飞集陀山,乃山中大火,鹦鹉遥见,入水濡羽,飞而洒之。天神言:尔虽有志意,何足云哉?对曰:常侨居是山,不忍见耳!天神嘉感,即为灭火。"

这原是一个印度寓言,屡见于汉译佛经中。说的是有一天,陀山起了大火,许多鹦鹉一起汇集于陀山大火之中,原来这些鸟儿是在"入水濡羽,飞而洒之"——它们将身上的羽毛沾上水,然后把水洒向陀山,期望能熄灭这场大火。天神见了说:"鸟儿们呀,你们虽然想救火,但这点微薄的水,有什么用呢?"鹦鹉们说:"我们常年住在陀山之中,和陀山相朝夕相伴,情深似海,怎忍心让陀山被火烧掉呢?"天神很受感动,弹指间就灭了山火。

胡适当年这样评价这个故事,他说:"今天正是大火的时候,我们骨头烧成灰终究是中国人,实在不忍袖手旁观。我们明知小小的翅膀上滴下的水点未必能救火,我们不过尽我们的一点微弱的力量,减少良心上的一点谴责而已。"胡适引用鹦鹉的典故,以表明一种"知其不可为而为之"的态度。香港文化学者董桥在一篇散文中,则将陀山鹦鹉事引申为"中国情怀,文化认同",他说:"文化的庭园万一着火,定然入水濡羽,飞而洒之。这一点点操守是要有的。"

不能想象鹦鹉之外的其他鸟类,能够担负这份深沉的情怀。说是情怀,甚至都过于矫情、虚套,其实,那不过是一种卑微的责任感:入水濡羽,飞而洒之——只是因为,它们曾经居住在这座山上。这仍然是一个古老而常新的信仰:国家兴亡,匹夫有责。匹夫之力无异于杯水车薪,但无数杯水汇集起来——像那群热心于消防事业的鹦鹉,濡水之羽连成垂天的雨云,也许还是多少有助于减小熊熊火势吧?改变不了这个世界,只能试着展开翅翼,入水濡羽,然后,滴落一颗颗透亮的水珠,一点一滴,落在枯焦古树上,落在疮痍大地上。

不知今时今日,在我们的世界里还有多少胡适这样的鹦鹉?高高飞翔在漫漫火山之上,虽然靠羽翼濡水救火恐怕难以奏效,然而还是期望在不懈的努力中会唤起上苍的认同和感应。

一只小鸟来看我

　　一只小鸟扑棱棱飞来，落在光秃秃的树枝上，啾啾歌唱。

　　在墙的一边，另一棵树赤裸地站立，只有一片逗留的叶子仍然保持着褐色。肃穆的鸟鸣声，从高处传来，如同簌簌叶落。这种冬天不去南方过冬的鸟，被称为留鸟，麻雀、乌鸦、白头翁、喜鹊、画眉、鹰、啄木鸟等等都是留鸟。此刻，眼前的这只尾巴又长又翘的小鸟，应该是一只灰喜鹊，它的嘴、脚是黑色的，前额至后颈黑色，背灰色，两翅和尾灰蓝色，胸腹则是灰白色。它的叫声是"嘎——唧唧唧——唧——"，单调的声音，拖着长长的尾音，撞击着我的耳膜。可能是这个季节太过寂寞，灰喜鹊，它想以歌声，打破沉寂的大地。这空旷的声音，飘落自北方的冬树，洁白，干净，有某种情绪萦绕不去。

　　此时在南方，林鸟已穿过千树，碰碎了满山的青翠。而在北方，西风吹得峭拔千山与万径皆成白雪，而苍茫之色亦是江水寒光静影。浩浩白雪，寒江无边，天地皆白，安详辽远，似乎把一切都停住了。但是，并未灭得了鸟踪。那些说"千山鸟飞绝"的人，只是没有留心观察。某棵空荡荡的树上，一只鸟突然挺立，箭一样飞向远方，歌声中变得渺茫。一阵大风吹来，一羽灰黑色的鸟踪，在一次迅捷转弯时消失。还有眼前的这只灰喜鹊，看起来丝毫不畏人，一会飞这里，一会飞那里，在我的眼前绕来绕去，在薄暮冬树的烟霏里，抖动轻盈的翅膀，全身散发着淡淡的光泽。就静静地和一只小鸟对望吧！多余的事物，我都不要想。但这东张西望、没有耐心的小家伙，树枝晃悠几下，它"唧"的一声，长尾巴一翘，飞走了。

　　在万木枯槁的冬季北方，不怕人的灰喜鹊，总是在你孤独的时候，出现在你眼前。鸟是自己飞来的，如同串门子一样来看看你，常常不打招呼，转身一展翅就告辞了。当一群一群的候鸟在空中哀鸣，躲避着冬天的风雪，飞向远方，还是有一些鸟儿会选择留下来，平静地在北方过冬。它们不以春恨秋悲增添生命的负担，它们四处寻找遗落的谷粒和草籽，它们喜欢在人类居住的地方活动，对人类有着某种依恋，因为有人居的地方，它们可以享受人类留下的美味，见啥吃啥，粮食、馒头、剩饭、剩菜、水果皮，只要能吃，绝不嫌弃。

  我喜欢在这寒冷欲雪的天气，有一只野生小动物串门来看你，向你讨要一点食物过冬。"嘎——唧唧唧——唧——"你到底是在说什么？我与窗外的灰蓝小鸟对望，隔着一个未知的世界，我们永远不能了解彼此的痛苦。我们就这样温柔相处吧！夜深了，在我们的上方，白天隐藏的群星正闪耀着光芒，这时万物在仁慈的大地上休息，天地空旷，自由自在。

写给一只麻雀

今晚,看到一幅宋代的花鸟小品《寒雀图》,作品描绘隆冬的黄昏,一群麻雀在古木上安栖入寐的景象。画家崔白在构图上把雀群分为三部分:左侧三雀,已经憩息安眠,处于静态;右侧二雀,乍来迟到,处于动态;而中间四雀,作为此图的重心,呼应上下左右,串联气脉,由动至静,使之浑然一体。9只麻雀,或是飞动于枝梢,或是栖止在枝干,三两成群,或注目凝望,或交流鸣叫,或闭目而寐,情态各异。这群活泼的小鸟,给单调乏味的冬季枯枝带来了灵动的生机。

我觉得,画家能把一群麻雀绘得这么活灵活现,他必定长时间细细地观察过麻雀,欣赏它们的各种灵巧可爱,甚至让自己的某一部分,深入到麻雀的性格里去,跟麻雀一块儿到瓦砾中去啄食谷粒,到枝头去伸嘴理羽,在阳光下去闭眼憩息,到半空中去展翅鸣叫。他一定是非常喜欢麻雀的,否则不可能那么耐心地,以无比工细的手法,将麻雀毛茸茸的羽翼,一笔笔地画出,然后再用淡色渲染。文献所载及今存崔白以麻雀为题的作品有《水墨雀竹图》《蝉雀图》《喧晴图》《寒雀图》。《寒雀图》是他今存画雀的代表作。在他笔下,每一只麻雀都有其独特神态,极尽生动之致,一如身边熟悉的朋友各有个性和特点。

麻雀是我们日常生活中最常见的鸟类之一。常常走在路上,大树下,草坪上,广场中央,一大群麻雀落下来了。它们落在地上,蹦蹦、停停,再蹦,再跳,没一刻安静。它们灵巧的小脑袋左顾右盼,黑眼珠好像总是注满疑惑,四处张望,一仰一俯,叽叽喳喳,鸣叫起来像是在争吵。如果吃饱了,有些麻雀就腆着肚子,踱起矜持的步子。未捕捉到猎物的,则垂头丧气,挤鼻子弄眼睛的,叫着喊着,弹动着翅膀。不知受到什么惊吓,突然"轰"的一声,麻雀全部飞走了,满天空都是它们翅膀的扑动,犹如漫天都是羽毛。

依据迁徙的性质,我们可以把鸟类分为留鸟、旅鸟和候鸟几种类型。留鸟,顾名思义,它们一年四季都停留在同一个地方,不进行迁徙,像飞行能力比较弱的鸟类绝大部分都是留鸟。麻雀成天落在地面上东走走、西逛逛的，怎么飞也飞不高，自然是留鸟。为了在天寒地冷、一片萧瑟的北方越冬，它们成群结队地生活在一起，不光啄取植物的果实和种子为食，还毫不挑食，吃一切能够寻觅到的食物资源，它们见缝插针地生活在人类城市中，学会了依靠人类获取食物和栖息地。

记得梁实秋在散文《北平的冬天》中写麻雀不无鄙夷，"麻雀很多，可是竖起羽毛像披蓑衣一般，在地面上蹦蹦跳跳的觅食，一副可怜相"。麻雀自然是鸟类中的"平民"，小小麻雀，是卑弱的、颜色与土地贴近的生灵。可是，在造物的序列中，对于最底层、最弱小的承受者，大自然不仅保持它们数量上的优势，也赋予它们高于其他造物的生命力。像麻雀，练就了一身在人类屋檐下生存的本事，它们的家族同这片它们从未远离的土地一样古老。你有没有发现过麻雀独特的步态，作为一种在人类周围生息的"蓬间雀"，一种地面鸟，麻雀在危机四伏的环境里觅食，它们居然学会了像袋鼠一样跳跃行走。当移动幅度大时，它们就蹦跳；当移动幅度小时，它们就踱步——一步一步试探着用八字脚向前走。它们还能够啄一下食物，便抬一次头，警觉地向四周瞧瞧，同时并不耽误向前快速移动。麻雀还必须在喧嚣的城市噪音中，努力分辨出伴侣的声音，艰难而又执着地追寻着自己的爱情——或者说，追寻漫长演化早已在基因中写好的、留下后代的机会。

麻雀是活跃在我们身边的生物，但又和我们如此不同。当一只麻雀被曙光惊醒，向着未来的食物起飞。每个生命都有自在的意义和进程，都有它分分秒秒的愿望，都有它不容否决的尊严。我们怎能随便定义麻雀之生命就是"一副可怜相"呢？我甚至觉得，麻雀的生命态度极其坦然，有一种大大咧咧的天真烂漫。它们的淳朴和生气，散布在整个大地上。它们看待世界的方式是：不一定要怎么样，不一定要到哪里去，活着就相信活本身。

每次从窗外突然飞进一只麻雀，我都会睁大眼睛望着它左蹦西跳，小心翼翼想要靠近又怕惊扰了它。麻雀是人类卑微的邻居，在被无视和被伤害的历史里繁衍不息。它们以无谓的精神，主动亲近莫测的人类。没有哪一种鸟，肯与我们建立如此密切的关系。我有时候想：我要给麻雀喂好吃的，把它们养乖了，给它们取名字，让它们停在我的肩上和手上，跟我一起到别处去玩儿。可这样的事从来没有发生过，麻雀永远都是自由的，我连轻抚一下羽毛的机会，都不曾得到过。飞翔，是人类凭借肉身永远无法具备的能力。就这点来说，一只最普通的麻雀都够我们艳羡的了。

用一粒鸟鸣叫醒春天

当一群一群的候鸟在空中哀鸣，躲避着冬天的风雪，飞向远方，我虽然忧伤但却怀着希望，因为我知道，沿着熟悉的道路，鸟儿们还要回来，到了春天的时候。

当初春早晨，万物都在阳光中显出它们本来的面貌。一切都在太阳逐渐升起的时候再现出来，那平原上的房屋、林木和街道，树梢栖息和飞动的鸟，这一切都在早晨的阳光下再现出来，空气中充满了温暖，万物井井有条，在各自的地方生长和延续。我希望窗外有一只春天归来的小鸟轻轻鸣啭，用歌声唤醒我们赶紧起床工作，我们将自内向外溢出真诚的活力，这是我们身强体健的一种欢乐，春天因我们期望的魅力而丰满。

在北方那么多年，我了解北方的春天，像男人一样豪迈。风是胯下的烈马，甩开冬天的缰绳，呼啸着从原野上浩浩荡荡而来。虽然有沙尘暴式的粗野，但是绝对没有一丁点娘儿们似的扭怩作态。即便是长安道上的白玉兰，荒山坡上的野杏花，也绝对不要枝枝叶叶的遮掩，说开就开。雨，是少了一点，却是如此深刻，每一滴都敲打在泥土的深处，让每一粒种子撕心裂肺地难以忘怀。北方不会如南方那样四季鸟鸣，而是经冬慢慢变暖的某一个早晨，一位翩然莅临的带翅膀的娇客，突然用泉水一般的淙淙流淌的鸣声，叫醒了你的春天。

我并不认识很多鸟的种类，也许是一只灰色的叫声咕咕的斑鸠，也许是一只杜鹃委婉地走在清晨，一只布谷鸟在灌木丛中歌唱，或是檐下来了一只翠绿得无法描述的小鸟，我只在书籍中想象过它的音容。即使来拜访的是一只乌鸦，我也会欣喜若狂，因为这是非常有力的鸟，它的线条、颜色、姿态，都在蓝天之下鲜明生动。记得在遥远的历险岁月，我曾经在青海的荒野，等长途客车的时候，仔细地近距离观察过自由彪悍的它们，真是很漂亮、很野性。我难以忘记曾经度过的那些美好清晓，夜来风雨声，整整下了半宵潺缓的雨。还迷离于醒睡之间，便有聒碎妙闲的鸟声一片，来惊破恋枕依衾的惺松甜梦。朦胧的晓风，吹动洁白的罗帐，宛如穿林的薄雾一般。欹枕倾听，如置身幽谷，心魂俱静。一窗鸟语，如嘀溜婉转的轻快小唱，总是把人从"春眠不觉晓"中给唱醒过来。

在一片高楼里听到黄莺或布谷鸟声，确实有奇妙的感觉。此时，这个北方大都的树枝还没有发出嫩芽，哪一棵枝桠能容这鸟儿栖身呢？我不由得想起《豳风·七月》中几句诗："春日载阳，有鸣仓庚。女执懿筐，遵彼微行，爰求柔桑。"在春天的田野里听到黄莺或布谷鸟声，再寻常不过了，可在大都市的中心地带听到，竟然是一种奢侈。在我的身旁，也有一个个妆扮入时的女性匆匆经过，但她们执的不是"懿筐"，而是各种品牌的提包。她们也不是去采桑，而是奔向这些大楼里一个个办公室。下班的时候，她们会不会"我心伤悲，殆及公子同归"呢？

没有人不喜欢鸟儿，一只在蓝天深处翱翔的鸟儿，代表着那腾飞于人间种种事物之上的永生的愿望。小小飞鸟所求的，其实也不过是一些小小的愿望，想知道山峦与河流的真正去处，想知道极高极高处耀亮的阳光……多希望能振翅高飞，在晨曦初上时，在澄蓝明净的天空里，如一只白色的飞鸟。是不是所有对理想的寻求，都要放在一双纯白的羽翼上？是不是在每一个清晨的开始，我们都该有一双纯白的翅膀，在黑暗被分秒逼退的天空里，展开所有可能和不可能的翱翔？

人类学家列维·布留尔在研究原始思维时，提到一种他称之为"互渗律"的心理现象。比如南美的波罗罗人的图腾是金刚鹦哥，而波罗罗人就自称是金刚鹦哥。这是什么意思呢？据专家的解释，这并不是说波罗罗人认为自己死后会变成金刚鹦哥，而是说他们现在就已经是金刚鹦哥了。难道说他们像是庄周梦蝶那样地觉得自己长了钩形喙和美丽羽毛，可以自由地飞翔？列维·布留尔认为这是一种"互渗"心理，即在人与作为图腾的对象之间存在着一种神秘的同一性。这不是错觉或迷狂中产生的幻觉，而是心灵深处的神秘体验。原始人可能的确如容格所说，存在着心身一体、物我一体的心理体验。波罗罗人肯定不会认为自己长得和金刚鹦哥一样，但在心灵深处却感受到自己和那种鸟之间有联系。

这种神秘联系的体验是一种普遍地存在于许多文化中的现象。当清晨醒来，人还在半梦半醒之间，风在林梢鸟在叫，季节迁徙的声音是窗外萧萧的潮声，分离和重逢的故事每时每刻都在上演。感性的人，灵性的人，很容易将窗外那一声声的鸣啭，认作是往年的旧识，千山万水赴约归来。虽然我们知道鸟类的生命周期比人类短暂得多，窗外掠过的那只喜鹊，已不再是2015年早春的那一只，那只让人惦记的小鸟，透过飘拂的柳丝，传过来的鸣声曾那么清脆和悠扬，后来的后来，它的羽毛是不是业已腐烂在某处的泥土深处？但人类会去构建那种物我同一的心理体验，与窗外的小鸟对望，隔着一个未知的世界，谁说我们永远不能了解各自的痛苦与欢乐？

　　每个人都有足够的自由去亲近大自然的每一丛葳蕤。在人的一生中，他应当同尚在记忆之中的大地有一次倾心的交流。他应当把自己交付于一处熟悉的风景，从多种角度去观察它，探索它，细细地品味它。他应当侧耳聆听那自然界中最优美的音乐——鸟的歌声。远远地听它们歌唱，即使有时距它们比较远，只能听到它们乐曲中那最强最美的部分。在那些鸣禽的大合唱中，我们会察觉出这种悠然升起的清纯而沉静的声音，仿佛来自上苍某个遥远之处的一个精灵，以一曲神圣的歌儿在伴唱。这歌声会在我们心中激起美感，并暗示一种自然中任何声音都不能给予的宁静而神圣的欢乐。亲手去触摸四季的变化，倾听在那里响起的天籁，观察鸟在空中划出的那些弧线，以及微风吹过时晃动的风景。我们应当重新记起那色彩斑斓的拂晓，光芒四射的正午，渐渐柔和下来的黄昏，那所有孕充于土地之中的和谐与美。

　　当丽日温暖，当鸟儿呢喃，我们终于又迎来一个靓丽的春天。当冬日的阴霾被爽朗的笑声驱散，当臃肿的冬装为轻便的春服替换，当春风化雨，当爱在耳畔，我们终于又迎来一个人间的盛宴。"燕子不归春事晚，一汀烟雨杏花寒。"翩翩小鸟啊，等你，在清晨，在窗畔，等你遵守季节的约定，翻山越岭，翩翩归来。

春天早晨窗边小鸟来唤醒
夏夜蛙鸣适合谈心聊回忆

它们的世界

秋蝉争鸣提醒夜里寒添衣
冬天的猫唱着寂寥找拥抱
想象四季也会有心跳声音
一点一滴的时光节奏
青春会老去岁月不会停
确定的感情四季会证明
值得用一生去倾听
直到某天，说声世界真美
飞鸟替我们轻轻关上门

难以理解的螳螂

看了一部关于螳螂的纪录片,发现古埃及人竟然把螳螂做成了木乃伊。为什么螳螂在古埃及人眼里有着如此崇高的地位?历史悠悠,邈不可考。我试来推测一二。

首先,螳螂是一种将全世界都不放在眼里、自带王者之气的生物。小小的螳螂战士,总是对着比它庞大得多的各路对手,无畏地举起手中的利刃。螳螂绝对是一腔蛮勇,见鸟吃鸟,见蛇吃蛇,见蜘蛛吃蜘蛛,见青蛙吃青蛙,见蜥蜴吃蜥蜴,见老鼠吃老鼠,见甲壳虫吃甲壳虫,连一部铁甲的车子把它挡了,它也会拍案而起、拔刀就上。可谓神挡杀神,佛挡杀佛。看上去身形干瘪的螳螂,经常一动不动的,在静默中等待时机,但一旦出刀,战力却达到了凶残的程度。据说螳螂手臂戳出的速度比人类眨眼速度快 10 倍,仅用 1/20 秒的速度就可以扑向猎物。一旦猎物被捕获休想逃走,只能沦为碎片。但是,毕竟螳螂纤小瘦弱的身板就在这放着哪!它怎么敢这么怼天怼地中间还要怼空气,一出门就要和全世界干架呢?即使具备再强大的战斗力,似乎也不该挑战身形相差巨大的生物吧!一只小小螳螂,敢和蛇鼠对抗,到底为什么?答案可能只有一个,就是因为螳螂够"二"。甭管蛇虫鼠蚁还是哪路大神,这家伙就是生偬愣憎,冲上去就干!在螳螂的认知里,没有什么是不能吃的,也没有谁是不能惹的。这家伙实在太"虎"了,我想古人一定和我一样困惑不解,乃至产生了敬畏之情。

其次,颜值就是宇宙王道,螳螂这家伙相貌奇特,让人不明觉厉。记得网上看到过不少关注 UFO 的民间组织讲述螳螂就是外星人的事。仔细端详,螳螂的样子的确很像外星人,三角形脑袋,嘴唇干瘪,一双圆圆凸起的大眼睛,长相颇为诡异。螳螂是目前唯一已知能看到 3D 影像的昆虫,长这么一双巨大凸眼睛可不是白长的,透过它们的眼睛看东西的角度,里面一定藏着奇妙的视觉!在身体结构上,螳螂后腿短、前腿长,前腿宛如镰刀状,简单说就是手臂上长镰刀,武器和身体合而为一,天生带刀,凶猛十足。一个小昆虫长成这样太奇怪了,难怪老外经常拿它来拍恐怖片,无需塑造新形象,只要放大了往电影里一扔,便能成功地营造出阴森恐怖的气氛,瞬间成为嗜血恶魔。有一部1957年的美国恐怖B级片《致命螳螂》(The Deadly Mantis),讲述了史无前例的巨型螳螂哥斯拉攻击美军、侵略地球的故事。放大的螳螂本身就是一部恐怖片,只要螳螂变大,人类这种渺小的生物分分钟就被KO了。

再次,螳螂本身还有许多人类不能理解的行为方式。比如螳螂的爱情,是染血的婚礼现场。在母螳螂饥饿的情况下,公螳螂交配那一刻就意味着走向了坟墓。如此血腥的交配方法足以看出这一生物的本性。记得1993年,顾城在激流岛杀妻自杀,震惊世人。妻子谢烨的离去让顾城彻底崩溃,因为他们十年恩爱几乎是一种双生共体的关系。于是,他举起了斧头,最后的命运落幕,血腥悲惨。而在之前很多年,顾城就写过一首这样的诗,从中似乎可读到他的爱情观,"回光还亮着/照着彩色的万物/散落在草间的断翅/还想轻轻飞舞/这螳螂的爱情/将永远从一而终/不像我们人间/总有许多变故"(《螳螂的婚事》,1983年)是的,这就是螳螂的爱情,你从此永远住在我的身体里。我还看过一个纪录片,一只百无聊赖还是极度饥饿的螳螂,居然开始一口接一口,吃起自己的一条节肢来,疯起来连自己都敢吃!对如此不要命的螳螂,只能送上我的膝盖。还有,在受到威胁时,螳螂会将自己变成一个"舞者",呈现出著名的祈祷姿势,这个虔诚的合掌献祭者,令古人何等惊奇啊!其实,螳螂并不是想向一个更高级的权威献上礼物,并不是在请求上帝的庇护,而是准备向猎物发起攻击。螳螂的英语"Mantis"是从古希腊语中的"先知"一词而来,古希腊人认为螳螂前足收拢如合十状,是虔诚的象征,不禁肃然起敬,称其为"先知"的"预言者"。所有这些奇异的行为方式,都是古人膜拜螳螂的原因吧?

为了让螳螂们永垂不朽,埃及人将螳螂精心制作成木乃伊,然后放置在石棺中。统治过埃及的拉美西斯二世的坟墓中就发现有螳螂木乃伊。在印度一些部族中也能找到螳螂崇拜。至于古希腊人,看到螳螂举腿直立,双手合十还会祈祷,所以称螳螂为祈祷虫,认为螳螂拥有神秘力量,是神灵的使者。其实,当螳螂悠悠合掌之时,正是它们即将采用伏击的方法捕捉猎物之时,那是小小的电闪雷鸣即将到来的前一刻。

在城市的水泥森林中，很久没有见过螳螂了。这仗剑走天涯的小外星人，它细长的脚杆，踏遍季节，在芊芊草木里步步艰辛，像战士出征，像猎人逐肉，总是义无反顾，总是无所畏惧。

也许明天走在路上，草丛中，突然一道摇摇晃晃的、锯齿形闪电，迅捷地扑过来，一只螳螂！

儿时的蝌蚪

记得小时候,每年春天,我都会装上一缸稠如果冻的蛙卵,放在窗台上。从哪里捞来的?山野中那些浅浅的小水潭、小溪流的石隙里多的是。水面上浮起的一团团蛙卵,是黏乎乎的透明体,根本无法数清蛙卵的个数,这团透明体老是在水中波动,黑点也随之游移不定。一旦发现了就要去捞呢!如果我不捞的话,满天飞舞的红蜻蜓会去捉来吃,低掠而过的水鸟也会尽情啄食,甚至,一场季节性的暴雨也会将它们中的大多数击碎撕裂。

一个清水缸,里面波动着一团稠如果冻的蛙卵,放在家里的窗台上。蛙卵一粒粒相互粘连在一起,一嘟噜一嘟噜的,晶莹透亮,能看见包裹在里面的很小的黑色胚胎。每天观察等待,直到那些胖胖的黑点突然破裂成灵活的游来游去的小蝌蚪。

黑黑的小蝌蚪,它们一粒一粒,小豆子似的,墨黑墨黑。原来,黑到了最黑,也是一种亮,它们黑得发亮,乌黑油亮,光滑水润。那么漂亮的颜色只属于童年,等它们长大一点,长出脚来就会褪色。等它们长成大青蛙的时候,据我的经验,青蛙皮肤会根据气候微妙变化,日晒则黄,遇雨则棕。也许因为青蛙皮薄,能够敏感地感觉到周围环境湿度的变化。

我用米饭粒来喂清水缸里的蝌蚪,我看见蝌蚪们在缸里畅快地游来游去,一个个上下游动、旋转穿梭,机灵得逗人,生动得撩人。被我绑架在清水缸里的小蝌蚪,失去了自由的小蝌蚪,吃喝拉撒睡都在清水缸里的小蝌蚪,你们为什么还这么无忧无虑?黑黑的小蝌蚪,一缸清水里的飘荡音符,我常常好奇地捞上几粒,放在手心看个够——它们没鼻子没眼的,掬在手里,尾巴还在摇。圆鼓鼓的小嘴嗦嗦翕动着,像宝宝在吮奶。整个尾巴除中间细细的一条黑线外,全是薄如蝉翼的裙边,像某些金鱼的纱鳍。难以想象,如此软绵绵而半透明的身躯,如何成长为四条腿的青蛙。

小时候,每次最多喂养上几天,观察够了,我就把小蝌蚪们放归大自然,让它们到天然的活水之中去,快快乐乐地生活,健健康康地成长。我不知道,我喂养之后又放掉的那些蝌蚪们，后来是死了还是存活下来了？我不知道，水中的大鱼，会不会张着大嘴，一口就将四散逃命的蝌蚪一只只全吞进肚里，那情景肯定惨烈揪心。我曾不止一次想起过这个问题，但我明白，即使我特意去看望它们，假如它们全都侥幸活了下来，我也再无法辨认它们了。它们的尾巴不知何时早已消失了，在尾巴跟腹部的结合处，它们长出两条腿来了，再过一段时间，两条前腿也长出来了。它们不仅仅在水中游动，还可以跑到陆地上来，到处蹦跶，遍地觅食了。一开始能跳一尺左右的距离，越长大，跳得越远。再后来，它们变成了泥浆中肚皮臃肿的大青蛙，松弛的脖子搏动着像帆一鼓一鼓，啪哒啪哒齐足跳着，扑通扑通没入水中。一到夜晚，就开始了合唱，蛙声如潮，连成一片，此起彼伏，这低音合唱使空气凝重振动。

我喂养过的蝌蚪，最后都不知下落如何了。我不知道放归的它们，是否还在这个世界上，我不知道它们在哪一个小水潭，在哪一条小溪流？即使我经过它们栖居的地方，与它们邂逅相遇，我也不会知道这是曾属于我的蝌蚪，因为它们早已不再是童年时的拙稚模样。

那时的山野，一切都是清亮透明的，没有一丝浮尘杂滓。旷远的天地间传来的是各种鸟的鸣叫，水中的蝌蚪成行排队，自由自在。我在水边麻利地提起裤腿，一双脚丫直接踏进了溪水里，细细的沙粒柔柔地从趾缝间挤出来。在不远处的光滑岩石下，一群蝌蚪时隐时现。这群蝌蚪与我之间，也许曾相聚在同一个屋檐下。

布谷鸟的传说

"布谷——布谷",一把粗犷而单调的声音,鸣声响亮,播撒于整个原野。

谁躲在野烟最低迷的一角,在一丛丛稠叶密枝的深处,一声声,一声声,鸣叫不息。

从神农的古黄历里,一路按节气飞来,但它们一般隐匿于隙,且飞行迅疾,使人闻其声却难见其形。这个季节,整个天空的晴朗蔚蓝,深山深谷的雨雾缭绕,隐匿了一只鸟的存在,但却无法隐匿它那宏亮致远的声音。

这是布谷鸟,杜鹃科杜鹃属的一种大杜鹃。杜鹃本身有花与鸟两种理解,令人有点混乱困惑,我更喜欢用布谷这个名字来称呼这种小鸟。而且,杜鹃是杜鹃科鸟种的总称,杜鹃科的家族比较大,我国有20种,外观相似,但叫声有别。布谷鸟就是大杜鹃的俗称,叫声响亮,为两个音节。四声杜鹃的叫声不是"布谷——布谷",而是有人说的"光棍好苦",与两个音节的大杜鹃是完全不同的。而子规,就是鹰鹃,叫声最为凄厉,甚至可以说是声嘶力竭。古人所说的那种啼血的杜鹃,应该是特指俗称子规的鹰鹃,那一声声凄厉宛转,如怨似嗔,听着能不吐血吗?然而这种杜鹃并不是我们可爱的、劝耕的布谷鸟。我们以往把这几种杜鹃混为一谈,致使很多人以为布谷鸟、子规和四声杜鹃是同一种鸟。

我认同散文家苇岸的观点:"'杜鹃'更像一个人的名字,一个在向日葵、碾盘和贫匮院落长大的农家姑娘的名字。我喜欢它们的别称:布谷(尽管在鸟类学家那里,杜鹃属中只有大杜鹃才被这样称呼)。'布谷'一词,让人联想到奇妙的、神异的、准确无比的二十四节气,洋溢着古老的土地和农业气息。在鸟类中,如果夜莺能够代表爱情的西方,布谷即是劳作的东方的最好象征。"

年复一年,每到春来,布谷鸟掠过山地、丘陵和平原地带的森林,出现于农田和居民点附近高的乔木树上,大声吆喝着:"布谷——布谷——布谷!"农人都说:"布谷鸟来叫我们种谷啦,不是坐着的时候啦!"于是人们赶着公牛,扛着锄头、犁耙到田里做活去了。"布谷——布谷",是一个季节的开场锣鼓。那独特的叫声,凄婉,明亮,一声声的催唤,有时一大晚上也鸣叫不休,我仔细数过,每分钟可反复叫 20 次。这小鸟,是农耕民族的自然钟,天风中背负着秘密的使命,在谕示中飞向这个世界,向着整个原野撒播着它们音节短促的歌声。

我看过一个资料,讲到《山海经》中"精卫填海"的故事:"发鸠之山,其上多柘木。有鸟焉,其状如乌,文首、白喙、赤足,名曰'精卫',其名自詨;是炎帝之少女,名曰女娃。女娃游于东海,溺而不返,故为精卫,常衔西山之木石,以堙于东海。漳水出焉,东流注于河。""发鸠之山"到底在哪里呢?"发鸠之山"的"之"是个衬字,无实义,音节助词,起凑足音节的作用。"发鸠之山"就等于"发鸠山"。发鸠山,位于山西省长子县城西约 25 公里处,为太行山分支。山上有灵湫庙,原名灵泉庙,所供之神,即为女娲和她的母亲与姐姐三人。当地有一种说法,说精卫鸟其实就是布谷鸟,每到春天耕种之时,布谷鸟便飞到田间去喊:"布谷—布谷",因她原是炎帝之女,虽化为神鸟,仍不忘劝农耕种之责,所以,又有"劝耕鸟"之称。传说中说精卫鸟"其鸣自詨",即:它的叫声是在呼唤自己的名字,大自然中有不停地啼鸣着"精——卫——"的小鸟吗?但却有在低回的永叹调中"布谷——布谷"的布谷鸟。

陶渊明在《读山海经》一诗中:"精卫衔微木,将以填沧海。刑天舞干戚,猛志固常在。"把区区精卫小鸟与顶天立地的巨人刑天相提并论,一种悲壮之美,千百年来震撼着人们的心灵。沧海固然大,而精卫鸟坚韧不拔的精神更为伟大,这正是我们民族精神的一种象征。女娃自幼跟随父亲炎帝治理水患,不幸溺死,以身殉职,死后变为精卫鸟,仍以生生不息的精神衔石填海。千百年来,布谷鸟这褐色鸟儿自田间飞起,在农事的春天里大声吆喝,用叠句迭迭地吹奏,"播谷——播谷——播谷",周而复始,年年如是。这两只小鸟,它们何等相似。

精卫鸣兮,天地动容。布谷劝耕,田园动容。传说一直响在历史的体内,诞生着春种或秋收。

鲤之为鱼

鲤，是最中国的鱼类。也可称之为中国的国鱼。

鲤出现的古风唯美场景应该是这样的：古渡春常在，河畔柳翩翩。沽舟泛泛，渔艇悠悠。赤鲤摆尾，沉浮于绿水之中；白鹭青鸟，出没于烟波之上。樵士羊肠而往，牧童牛背而归。歌喧斗草，曲唱采莲。——一幅典型的古中国的烟水柳岸图。

现在的锦鲤虽由日本流行传播而来，但锦鲤的祖先，其实是中国北方的食用鲤。早期锦鲤是皇家的观赏鱼，后来，锦鲤在民间流传开来。它象征着吉祥、富贵、安康。锦鲤最早见于中国西晋时期，就有士族养于池中，距今已有1400多年历史。当然，那时候的"锦鲤"，一般认为指"鳞光闪烁的鲤鱼"，并非今天我们看到的现代锦鲤。

古代中国的锦鲤，主要是红鲤鱼、金鲤鱼。为什么要特意在池中养锦鲤呢？因为，这些鱼色彩红艳，金鳞闪闪，似锦似缎，若火若霞。红鱼养在一潭深碧的水里是最美的。当水很幽深的时候，会呈现出墨黑的样子，所以我们说水德是黑色。在缥碧千丈的深黑潭水中，一条红鲤鱼尾翼轻扫，双鳍轻摆，漾开波心，如同沉沉镜池之中的一抹炽烈，想想有多美啊！红与黑都属于浓厚的颜色，有一种厚实的感觉，彼此旗鼓相当、势均力敌。红色有一种饱满的冲出来的视觉感受，而黑色则有一种浓缩的向后退的视觉感受。静水流深，锦鲤游弋，两者相配，我们既看到黑色的深邃，又能看到红色的冲刺，对比如此强劲有力，色彩如此鲜明照眼！

在唐代，鲤鱼被奉为国鱼，是禁止民间捕食的，因为国姓"李"与"鲤"同音。有一个著名的诗谶（作诗无意中预示了后来发生的事，一语成谶），出自隋炀帝之手。他开凿运河，乘凤舫下扬州，一日忽得一诗曰："三月三日到江头，正见鲤鱼波上游。意欲持钓往撩取，恐是蛟龙还复休。"这首诗写得不怎么样，然而隋炀帝却交付乐工，令随行的宫女合唱，炀帝闻歌甚为得意，但有识者却暗讶为不祥。因为当时李渊已渐成势，"鲤""李"二字同音，所以诗意有李渊化龙之意，正合大唐起兴之象。

　　说到"鲤鱼跃龙门"，训诂书《埤雅·释鱼》曰："俗说鱼跃龙门，过而为龙，唯鲤或然。"传说黄河鲤鱼跳过龙门，就会变化成龙。龙门何在？肯定是在黄河的咽喉之处。有说是陕西省韩城市北30公里的黄河峡谷，此处两面大山，黄河夹中，河宽不足40米，河水奔腾破"门"而出，黄涛滚滚，一泻千里。流传这里是大禹治水的地方，故又称禹门。也有说位于山西省河津市西北的黄河峡谷，今亦称禹门口。山西省河津市隔着黄河与陕西省韩城市相望，龙门就在这一段黄河无疑。黄河流经此地，破山峦而径出，泻千里而东流。据《名山记》载：黄河到此，直下千仞，水浪起伏，如山如沸。两岸均悬崖断壁，唯"神龙"可越，故名"龙门"。一朝风云起，跃然可成龙。就在黄河之要津，万千黄河鲤，激流勇进，乘势而起，争相跃过命运之门。传说充满中国式的成功学意味，不问出身，逆流前进，奋发向上，就能变化成龙，飞黄腾达。不过，我倒觉得，俗话常说的"鲤鱼跳龙门"，其实是比喻鲤鱼喜欢跳水的习性。鲤鱼可是生龙活虎、活蹦乱跳的，我试过杀鲤鱼，开了膛摘了五脏，放到盆里还会游着逃命，水中的鲤鱼有时也能跳出水面一米以上。群鱼追逐、河面翻动、跃出水面的现象，被衍化为"鱼化为龙"，其记载多出自汉代典籍，故神话故事的形成当在西汉初年，可能与汉初神龙崇拜观念强化有关。而且，极有可能是古人将"鲔鳣"与大鲤相混，误传为"鲤鱼跃龙门"。

　　"鲔鱼"又称"鳣鱼"，也就是鲟鱼，鲟鱼是江海洄游性的鱼类，体长约两米，最大可长5米以上，我国珍稀动物中华鲟、东北鲟、长江鲟即是这类鱼。由于古代大鲤亦名"鳣"，故容易相混。试想，在一大群挨挨挤挤游弋江河的鲤鱼中，突然出现一条最大可长5米以上的中华鲟，跃出水面时，发红的鱼鳍也露出水面，古人岂不是会惊呼"鱼化成龙"吗？能骑乘这样的一条化龙之鱼，自然能登彼仙界。西汉刘向《列仙传》、晋代干宝《搜神记》中，都记载过一个叫琴高的神仙，为战国时赵国人，有长生之术，能鼓琴，后于涿水乘赤鲤归仙。琴高曾遁入涿水中取龙子，临行与诸弟子约期相见，嘱在河旁设祠堂，结齐等候他复出。后来，琴高果然乘赤鲤从水中出，留一月余,又乘鲤入水。波涛汹涌,狂风乍起,云雾迷漫,琴高从此遁逸而去,莫问仙踪了。

  鱼在水中游摆,既不是追逐什么快乐,也不是摆脱什么烦恼,只要生命还在,就摇尾而游,不分寒暑,无畏春秋。在鱼尾回旋的清波里,悠游无心,超然处幽,在这一点上,鱼儿确实类似于池渊中的神仙。其中,鲤鱼比其他鱼类更像池渊之仙,因为鲤鱼的寿命特别长,据说可以活100多年。鲤鱼的嘴上有一般鱼没有的两对触须,有些鲤鱼长大了会变成金黄色。也许因为这样,有的人把鲤鱼当作神物。时下的中国,很多人都在寻找锦鲤,"锦鲤"早已与网络上的"祈福""转运"结合,变身为供网友转发的"吉祥物"。"转发这条锦鲤,好运不断,心想事成!"这种强大的营销病毒还在不断传播,企图造出更多的锦鲤,直到人们开始厌烦、抛弃"锦鲤梗"。

  人间所有熙攘的追逐,在池渊中游动的鲤鱼们并不知晓,从不考虑人们如何看待它们,也从不考虑明日的是非祸福,它们只是终日四处游动,有吃的便吃,没有便继续游,缘起随缘,缘未到亦不强求。

人与鱼

北方人的味蕾如同大鼓，要厚厚实实地敲击才能出来声音，而南方人的味蕾则是轻巧的小戏，撩拨之间，都是风韵。使南方人着迷的味觉，没有大烹大炒，全部还原最新鲜的原味，小鱼小虾，蛏子泥螺，肥美鲜嫩，入口即化，吃鱼虾就是烹小鲜，一个"鲜"字，在于近在咫尺的滋味，随时临河捞取，鲜得水灵灵的，如朝花初露。

我曾无数次想回到故乡的小河边撒网捕鱼，每当雨季过后，河水漫过了堤岸，鱼儿的聚会热烈空前。河底的深处，鱼儿游动的水声撩拨得渔人彻夜难眠。小小的孩子蹲在水边，等待美丽的小鱼，忽地泼剌跳起，欢快地跳跃闪着银光。把小小的红色浆果投到河水里，期待着谁来轻轻咬住。没有了鱼，人类的生活会十分单调。

唐人崔道融诗曰："江上一白鸥，见人懒飞起。为有求鱼心，不是恋江水。"从天空到陆地，到处都是杀机腾腾，鱼的一生历尽艰辛。做鱼，明白了真谛，和人一样，其实也没有什么快乐可言。庄子说："子非鱼，安知鱼之乐乎？"为什么不说"子非鱼，安知鱼之苦乎？"要知道，鱼类始终是弱势的族群，鳞片的盔甲，只是一个幌子，根本无法拒绝刀子的屠戮。而关于死亡的记忆，对于鱼类来说，像四散破碎的波纹一样，不可能完整，只遗留零散的片断。所以鱼类并不时时清醒，今天侥幸漏网，明天依然上钩。垂钓者至今乐此不疲，上钩者络绎不绝。人类千古的餐桌上，烧红的铁锅里，那张椭圆形的大嘴，仍在绝望地呼吸，可是无声无息。

鱼和人类的斗争，从太古时代太阳升起的那个早晨就开始了。在安徒生的童话中，步向陆地的海的女儿，每走一步，脚底都像刀扎一样疼痛。她长发披肩，眼波灵动，楚楚可人，浑身闪烁着神秘与美丽的光芒。为了爱，她放弃了最动人的声音，忍受着钻心的疼痛，最后在黎明的第一缕曙光中化作泡沫，用生命宣告了爱的执着与无悔。在阿拉伯人的寓言里，老头儿打到一条金鱼，不要任何报酬，将她放回了大海，但老太婆却破口大骂，硬逼着老头儿去向金鱼要一只新木盆，在愿望满足后，她还是不满足，向小金鱼提出了一个又一个的要求，直到要当海上的女霸王，那尾善良的金鱼终于无法忍耐人类的漫天要价，悲愤地离去。蔚蓝的大海变得阴沉昏暗，最后海上起了昏暗的风暴，怒涛汹涌澎湃，不住地奔腾、喧嚷、怒吼。这些故事，都隐含着鱼与人类千百年来的恩恩怨怨吧！

我始终觉得鱼的性情是温顺的，比陆地上的猛禽野兽要宽厚得多。鱼，因为没有勇气走向陆地，就只能在水里生儿育女。河淡海咸，无尽波涛，都是一辈子的事情，可跃出水面一瞬，我们仍能解读鱼对陆地的渴望，对天空的渴望。关于鱼类，我们有无数个喜爱的理由，不仅仅是因为，有许多妩媚的鱼类，可以把身姿游得像柳叶一样飘动，如花朵一样曼妙无比，更因为鱼是人类的先祖。我们应怀着感激的心情去揣测，背叛了鱼群的那一支迁徙者，义无反顾爬上陆地的最初岁月，海洋深处的亲族们，以为这是一种上天的惩罚，却不知绝地逢生的人类长出了四肢，就此而星球崛起。否则，我们至今仍在用鳃呼吸，用尾走路，和恋人约会时，眼睛一眨也不会眨，没有美目盼兮，也不会热血沸腾。

人与鱼其实有许多相类的地方。有些人活着，就像那些从不抱怨的鱼，似乎连睡觉的时候，也警觉地圆睁着眼睛，明明并不强大，却伸展着尖利的鱼鳍，不需要爱情，也从不哭泣。也有些人，甘心把日子活得扁扁的，像一尾干死的鱼。"相濡以沫，不如相忘于江湖"。相濡以沫不见得是情意，两条快干死的鱼，不得不用双方的口水滋润，这不是爱情，只是求生的本能，暂时的无奈慰藉，只要走出人生的低谷，寻觅到一片动荡广阔的水域，有力气游走的那条鱼，可能立刻就会舍弃，它在涸辙中苟安的同伴。

有时夜里睡着了，我会沉酣得那么深，像一条在阳光的金色雨里沐浴的白色小鱼，浮游在梦里那些支蔓纠缠的荇藻间不愿醒来。有时每天一早出门，看这个醒过来的城市，车流穿梭，行人匆匆，我会想象人类社会也是一片广大无边、变化无穷的海洋，形形色色的人类机构组织、社区家庭，就像一片片绚烂各异的珊瑚礁，或大或小的隙缝里栖息着可能完全不同的海洋生命体。什么人都有，有懒散不思进取的，有勇猛精进打天下的，有称病不上班的，还有避世隐居、餐风饮露的……海洋博大无私地包容一切，万物并作，各得其所。

有人告诉我，鱼的记忆只有7秒，7秒之后它就不记得过去的事情，一切又都变成新的。所以，鱼儿永远不会感到无聊，它们悠悠地游弋，自由自在，无忧无虑，在浮生暂借的每一天。——我宁愿是条鱼，7秒一过就什么都忘记，曾经遇到的人，曾经做过的事，都可以烟消云散。可我不是鱼，无法忘记我爱的人，无法忘记牵挂的苦，无法忘记相思的痛……

如果我是一条小小的鱼，在深深的大海中，只是一朵微不足道的生命浪花，但没有什么能够阻挡，在某些寂静的夜晚，凭着对孤独的真切体会，凭着矢志不改的一腔深情，我可以和天宇倾泻的银耀月光汇而为一。此时，海鸥翩飞，鱼龙潜跃，水中荡起美丽的波纹。感情使个体生命绚丽，心中的月光亦是无穷无尽的，此时，生命不再虚幻，小小的鱼和月光一起在飞，用期待紧紧地拥抱这轮月亮。此时，不再有对虚无的恐惧，有的只是此在的欢愉，巨大的幸福像潮水一样涌来，温暖了冰凉的鱼鳞。宇宙不再冷寂，片片温情如花一般，在这月夜里无声地绽放、摇曳与洒落……

又到蚕月

农历三月,是养蚕的月份,所以叫"蚕月"。在古时,这个月是蚕忙时期,要从早到晚忙个不停。蚕桑决定着农耕社会一年的生养:"春不夺农时,即有食;夏不夺蚕工,即有衣。"

这个月是蚕农们最辛苦,也是最重要的时期。蚕儿生长迅速,昼夜不停地进食,简直累坏了它们的主人。它们要一天比一天更多的桑叶,要细嫩新鲜的桑叶,要更高枝条上的桑叶。春林暖雨,桑叶青青,一竹匾一竹匾的蚕儿,将采摘回来的嫩绿春天,放进它们沙沙下雨的小口中,分解成一根根叶子的脉络,一片片黑色的蚕沙。醒了又睡,睡了又醒,醒了又睡。它们每休眠一次就脱掉一层皮,换上新衣服,越来越白白胖胖。

藏在桑叶之下不停地蠕动,蚕儿一口口品尝着春天的浓绿。它们以灵巧的细齿,无声地游走,打通一个孔,然后扩大,扩大,像涟漪铺展的湖面。蚕儿细细咀嚼的声音,窸窸沙沙,似山泉溪水的潺潺流音;沙沙窸窸,如绵绵细雨抚慰着疏竹密林。不知不觉中,蚕儿从小到大,由瘦变胖,渐渐变得柔软、饱满、圆润,一天比一天透明晶莹。

终于,一条蚕吃尽了桑叶后,自己蜷伏成一部历史。雨水之后,眠过几眠,隔年的麦秸搭起房子,蚕儿爬上了秸秆,所有的愿望将在这一天天等待中结茧。从针鼻儿大的幼蚕,到长到两寸多长,成为丰盈肥硕的成年蚕,它们不再吃桑叶了,开始把头仰起来,转着圈儿吐出细细的<u>丝线</u>,一<u>丝丝</u>,一圈圈,不知疲惫地束缚、缠绕,千丝万绕的,渐渐地把自己的身体幽闭在自造的囹圄中。两天以后,蚕儿不见了,只有一个个椭圆形的蚕茧,白色的、微黄的、粉红的、淡绿的、淡紫的,细腻,光滑,精致,柔亮,挂在麦茬捆儿的上边,如同五彩缤纷的珍珠。

古代蚕桑之神不止一位,最有名的是所谓黄帝之妻嫘祖,相传是她发明了养蚕治丝的方法。她在北周时,甚至进入了国家的祀典,成为正神,号为"先蚕"。想来中国古代如同定式般的男耕女织便是由黄帝时期而来。"家家植桑，户户养蚕"，任王朝如何更迭，江山之主如何更换，农耕蚕桑，始终是恒定不变的天下大事。千年漫漫，纤细不过毫厘之间的蚕丝，一点点织就了独属于中华民族的华章锦绣。经纬之中，机杼声里，丝线穿梭中，历史长卷上细腻针脚所描绘的，是三千里江山如画，是华夏民族代代流传的蚕桑文明。

因为蚕是一种完全变态昆虫，在成蛹前后有相当大的形态变化，并且成虫能飞，所以最开始人们相信蚕是能跨越生死的生物，能沟通天地，有许多青铜器都用丝绸包裹起来随主人下葬，因为人们相信丝绸能将这些东西送至天国。谁会嘲笑蚕儿的作茧自缚呢？蚕吃的是桑叶，睡的是竹匾，献出的是晶亮闪光的丝。一代一代的蚕儿，生生不息地轮回着，以坚韧顽强、执着和无私，以牺牲自己的生命为代价，把一生的孕育贡献给人类。同时，如果没有茧，蚕又何以化蛹成蛾？又何以有蛾，扑闪着金色的翅膀，去播撒生命的辉煌？

蚕顺应着生命延续的天机，而人，如何发现并培育一种奇异的能力，一种魔幻的手段，用以击穿生活与生命之间的壁垒，如蚕一样破蛹而出、跨越生死呢？

有一份童年乐趣叫钓青蛙

那时,青蛙还很多。那时,青蛙还不是保护动物。那时,我们有一份童年乐趣叫钓青蛙。

青蛙平时栖息在沟壑、河堤、水田、池塘,或者溪流沿岸的草丛中,在草浆气息漫溢的早晨,在充满植物馨香的中午,在暮色四合的傍晚,只要听到蛙声响起的地方,就是钓青蛙的孩子们发起冲锋的猎场。

首先,得去找一根竹竿,在南方,山坡上长满细长匀称的翠竹,这是钓竿的最好材料。找到一根一米左右的竹竿就可以,竹竿不宜过长,否则不够趁手。然后,竹竿的末端系上1.2—1.5米左右的绳子(通常我们用毛线,那个时候妈妈会给我们织毛衣,家里毛线很多),绳子一头绑在竹竿上,一头用来绑诱饵。用什么来做诱饵呢?小鱼小虾小虫都可以,有的男同学随便在家里找点棉花球出来,给绳子系上,然后直接就在上面撒点尿液,弄完就跑去钓青蛙了。我记得我在绳子上系上一朵黄色的南瓜花,也钓上过傻傻的青蛙。

夏天的时候,我们一放学就拿着工具出门了,几个小伙伴一起相邀钓青蛙。对了,必备工具还要有一个竹篓或者蛇皮袋。用铁丝把袋口外翻,撑成一个圆形,就成了一个桶状的袋子,再把铁丝绕个圈合在一股做个手把,那样抓在手里,就成了一个装青蛙的袋子。到了沟渠水塘边上,挖条蚯蚓,逮个蚂蚱,绑在绳子的最下面,用来做诱饵。一般用蚯蚓,因为蚯蚓最容易获得,随便撬开一块水边的石头,就能挖到好几条蚯蚓。钓青蛙和钓鱼差不多,不过与钓鱼不同的是,拿钓竿的手要上下一动一动的,不停地升降起落,忽高忽低,伪装成虫子跳跃的样子,以吸引青蛙的注意。这对青蛙来说是致命诱惑,躲在附近水草中的青蛙,它们看到那摆动的钓饵,观察一阵后,瞅准诱饵,奋不顾身地高高跃起,跳过来猛地一口,紧紧咬住。这个时候,任你提起钓线把它吊在半空中,它也不松口。这样顺势一提,青蛙在半空中划过一个弧线,就成了你的囊中物。等到青蛙咬钩了,要像钓鱼一样突然用力收杆，眼疾手快地把竹竿提起来，一个活蹦乱跳的青蛙就挂在绳子那里，瞪着圆鼓鼓的眼睛和你对视。右手提绳子起来，左手的袋子送过去接住青蛙，往里面一落，青蛙就跑不掉了。落进蛇皮袋的青蛙就像跌落深井一样，弹跳力再强，也跳不出来，只好束手就擒。

用这种方法钓青蛙，一般一个小时能钓十多只青蛙。当然，也会有抓错的情况，一不小心就抓到一只癞蛤蟆，又肥又大，满身疙瘩的，等到抓上来的时候恶心坏了。记得有一次，一位钓青蛙的同学用力提起沉重的钓竿，映入眼帘的却是一条长长的花色怪物，它死死地咬住诱饵，悬在半空中，拼命地扭动身躯——原来他钓上来的不是青蛙，竟是一条花蛇。他一声尖叫，撒下钓竿就跑。听到他惊慌的叫喊，我们也吓得跟着跑，大伙儿稀里哗啦地跑出很远。

钓上来的青蛙后来怎么了，记得那时候我们并不怎么吃青蛙，望着那些活蹦乱跳的东西，我们没有过多地去考虑它们的味道，大多的时间是钓着玩儿。钓上来的青蛙后来大多都被我们放了，或是带到教室被老师没收了，留下一些被我们玩死了，最后成了鸡鸭们的美餐。为什么不吃呢？因为不知道是不是食用蛙。我们南方吃的是食用蛙中的大类"虎纹蛙"，也即俗称的"田鸡"。菜市场里有买田鸡的小贩现场活宰，那些小贩腰间系一条塑料围裙，坐在长条木凳上，从竹篓里抓鲜活的田鸡，当脖胫一刀，熟练地一把剥掉皮，掏掉内脏，露出白嫩的尚在抽搐的四肢。在他的脚下，四处扔着绿色的蛙皮，黑黑红红的肠肝肚肺。一个红色塑料大盆里是宰剥完毕的田鸡，横竖堆压着相连的大腿小腿。买了田鸡，小贩常会送一两张新鲜荷叶，鲜荷叶拿回家用开水烫软，再放冷水中漂洗干净，在蒸笼上铺上荷叶，放入做好的米饭，然后铺上姜葱调味腌过的蛙肉，将荷叶合拢，用牙签穿好固定，大火隔水蒸10-15分钟，就是一道唇齿留香的荷叶田鸡饭。我已经很多年没有吃过荷叶田鸡饭了，事实上，"虎纹蛙"几乎是国内唯一见到可以公开在菜市场贩卖的两栖类动物——当然，随着去年最新公布的野生动物保护法规，"田鸡"已经不能再售卖了，目前市场上可以销售食用的蛙类，仅有人工养殖的"牛蛙"一种——个头巨大的牛蛙，是地道的舶来品，并非中华田园蛙。

光阴似流水一般,逐渐把儿时的流光记忆,慢慢磨去。曾经儿时一起奔跑的小伙伴们,也随着时代激荡,或游走四方,或迁徙他乡。童年时在骤雨过后的池塘中,那些挞挞跳动的青蛙,蛙声喧响一片,如同一曲野趣横生的宏大交响乐,而现在在城市中居住,听见蛙鸣的机会越来越少了。任何一种天籁都值得聆听、感念、回想,因为,不知何时,它就会消失了,就像自然和村庄那些消逝的事物一样,被连根拔起,再也无处寻找。

割草养兔的童年

今晚,想起小时候养兔子的经历了。

那时候,父母工资低,上有老下有小,为了帮补家用,在家里养兔子作为副业增加收入。刚开始找来的是一对,兔子繁殖力很强,把公兔母兔隔离开养,一般三个月大的母兔即可受孕,怀孕30天即生产,一次可产仔6到10只。这样,不到一年下来,我们家很快就繁殖了好几窝,最多时家里有足足几十只兔子。断奶后的小兔子拿到公园门口卖掉,卖不动的小兔子留着养成肉兔,有专门的贩子来称重收购。家里养过鸡鸭,养过猫狗,还养过好多好多兔子,我就是在这样一片鸡飞兔跳中长大的。

那时候养兔子,不像现在养宠物兔,喂兔粮、兔豆和成箱的干牧草(主要是提摩西草),其实,鲜牧草的适口性肯定普遍优于青干草(绿色脱水青草)。我们那时养兔子,都是每天去河滩边去割草。说起兔子,很多人会想起来一首童谣:"小白兔白又白,两只耳朵竖起来,爱吃萝卜和青菜,蹦蹦跳跳真可爱。"千万别被这首歌误导了,首先兔子的主食不是青菜白菜胡萝卜,而是草,鲜草干草都可以,对兔子只需要无限量地供应草,没有任何东西能代替草!对兔子尽量不要给喂水果蔬菜之类的东西,就算要喂,也得晾干后再喂,吃带有大量水分的白菜兔子会拉稀而死。兔子每天还要给喝水(用凉开水,不要用自来水,免得有寄生虫),地球上没有生物不需要喝水,兔子也不例外。兔子天生自带吃货属性,消化系统必须要一直吃东西才能正常运作,它们好像不知饥饱一样,会一直吃吃吃,累了睡一下下,又起来吃吃吃,如此无限循环。为了应付几十只兔子的三瓣嘴的长时间嚅动进食,家里就得准备大量的青草,这么多的青草得一家人都出动去割草。父亲母亲到山上去割草,我和姐姐则放学之后到河滩边去割草。

那时候小学每天只上六节课,周末休两天,也没有家庭作业,割兔草这个任务,当然毫不犹豫就指派给小孩子了。养兔子那几年,一放学我就带上小铲子和篮子,到距家五六公里远的河滩去给兔子拔草。给兔子拔草,不是见草就拔、是草就行，而是要有针对性地挑选一些兔子喜欢吃，也没有毒性的野草。牛筋草、剪刀草、马唐草、野燕麦、野葛叶、蒲公英、三叶草、鸭趾草、车前子等等，换着来，反正兔吃百草嘛！狗尾巴草摘采时，要去掉毛茸茸的部位，因为毛茸茸的部位一般是小虫子栖息和产卵的地方。河滩上杂草丛生、百草争荣，青青野草棵蔓茂盛，遍地扎根，星星点点开花，简直是割之不尽。不一会儿，就可以采到满满的一篮草，拿回去喂养兔子。回到家，倒草入兔笼，兔子们一拥而上抢食。它们看上去很高兴，二话不说，痛痛快快就吃了起来。兔子吃东西时，大耳朵一动一动的，圆圆的眼睛左看右看，三瓣嘴快速地咀嚼着，发出喀嚓喀嚓的声响。吃的速度非常快，如同收割机那般，我那辛苦的劳动成果，仅够它们一天的食量。无论割草时多累，头顶骄阳烈日，遭受蚊叮虫咬，被锋利的草叶将脸和胳膊划出一道道口子，只要看到兔子争先恐后吃草的样子，就感觉高兴，心里头有一种成功和满足的喜悦！

  这样的工作，可不是有兴致就做一做，家里有几十口活生生的小生命等着投喂，只能日复一日地重复着每日的割草拔草工作。兔子胃口极大，每只兔子每天大约要吃体型两至三倍的草，而且草不可以放在笼子里超过一天，不然草味会流失，兔子就不爱吃了。它们好像永远也吃不够，无论吃什么，都一律转化成黑豆般的一颗颗粪便。割草割草，每天割草，回报是什么呢？首先，有了这项工作拴着我，我就不会无所事事，满山遍野地闲玩，到了饭时也想不起回家。其次，一篮篮青草割回来，家里的兔子肉眼可见地一天天长大，一窝窝繁殖，兔丁兴旺，瓜瓞绵绵。喂养兔子为每月家中补贴的生活费用，在当时应该也算一笔不小的数目吧？反正，养兔子之后，父亲常常带我到书店买喜欢看的书，给我充足的零花钱买喜欢吃的东西。

  有一段时间我们还养过安哥拉长毛兔，这种兔子全身披白色丝状绒毛，毛质细软，可以给它们定期梳理剪毛，剪下来的兔毛雪白、细长、柔软、蓬松，有人专门收购兔毛，用来制作成纺织品。父母要给兔子定期剪毛，一边是增加收入，一边也是帮它们减轻负担。兔子非常怕热，它们没有专门的散热系统，气温一超过27-28度就有不适感，皮毛很厚的兔子更容易中暑，把兔子身上的毛剪掉一些，这样就可以让兔子不会那么热了。当天气特别热的时候，常常可以看到兔子趴在地上发抖，这是它们在调节自己的体温，看起来好像生病了一样。兔子这种生命很脆弱，除了容易生病，还不能被惊吓。兔子喜欢安静的地方，因为它们是很胆小的动物，所以要将兔舍建在僻静，通风好，光线不是太强的地方。它们的耳朵非常灵敏，噪声太多会伤害它们。

无论是未断奶的小兔子，小小的软软的，明显的眼睛无法睁大，走路不稳，还是从小时候的一只小乖乖，养成了一只圆头圆脑的肥硕大兔子，一眼望不完它庞大的身躯，兔子无论大小老幼，看起来都是青涩畏缩的，这是它们天生的个性。它们吃东西是一点一点的，咬咬，看看，东张西望，又咬咬，看看。兔子是一种又傲娇又蠢萌的动物，不如猫狗那么聪明乖巧，但是绝对的可爱。它们看着就像学龄前儿童，懵懂呆萌，让人心疼。

现在回想，小时候养兔子那几年真累啊！后来，实在撑不住了，兔子慢慢减少。直至有一天，被大人们全部卖掉了。那曾经兔丁兴旺的小屋子，过去兔子们生生不息的地方，重又恢复了往日的寂静和安宁。儿时那长满鲜嫩青草、开满点点野花的河滩地，也因为防洪堤坝的修筑，而消失无踪了。河滩上的世界曾经是那么美好，每一缕阳光都是那么灿烂，每一束鲜草都是那么青翠，每一朵野花都是那么纯粹，每一次割草都是向着大地的躬腰。

如今，多年没有亲近过兔子的我，有时抬头看夜空，星星亮得像一眨一眨的眼睛，凝望久了，望得出神了，月亮里好像真有一只蹲在月桂树下的兔子，耳朵还在微微动呢！

水上的野鸭子

"落霞与孤鹜齐飞,秋水共长天一色。"这是唐代大才子王勃《滕王阁序》中的名句。落日映射下的彩霞与孤鸟一齐飞翔,秋天的江水和辽阔的天空连成一片,浑然一色。以前,我总以为这飞翔在暮色中的是一只大雁,后来才发现"鹜"是野鸭,野鸭是绿头鸭在北半球的俗名。也就是说,是一只绿头鸭飞翔在这千年流传的名句中。

绿头鸭,顾名思义,头是绿色的,不过只有雄性个体才这样。相比起漂亮的雄性野鸭,雌性野鸭的羽色要暗淡许多,总体呈棕褐色或黄斑色。我想起儿时的野鸭了。故乡河流纵横,湖泊密布。水乡,野鸭子自然很多。那时,时常见到一群群悠闲的野鸭,在河面上、湖面上成群结队地觅食。在蓝天白云之下,体形较大的那一些野鸭应该就是雄鸭,它们的头部在自然光下呈现深碧绿色,泛着辉亮的金属光泽。鸭绿色,应该是从自然中获得灵感并以之命名的颜色,就如柠檬黄、薰衣草紫、玫瑰红和橄榄绿一样。不过,在实际观察中,野鸭雄鸟头部的颜色介乎蓝色和绿色之间,因光线角度不同而呈现出明显的差异,有些情况下甚至接近于紫色。而且,雄性野鸭的头颈部并不是一年四季都是绿的。每年都会有一段时间,水面上只见到一些头部绿色很斑驳的雄鸭子,有时还几乎见不到一只绿头的鸭子,想来这漂亮的绿羽也有换毛期。至于雄性绿头鸭宝宝,在小时候满身细密的绒毛,毛色棕褐暗淡,和它们朴素的妈妈差不多。

野鸭生性好动,又喜欢成群结队,它们折腾出来的动静可真不小。水面上,它们时常发出"戛——戛——戛——"的叫声,响亮清脆,很远都可以听见。当野鸭浩浩荡荡飞起来的时候,在地上可以听见它们鼓翅的声音,呼呼的,好像刮大风。野鸭还特别容易受惊,据说它们具有半睡半醒的习性,在睡眠中睁一只眼闭一只眼,当岸边人过于靠近它们时,它们马上就警觉到了,于是,扑哧,扑哧,惊飞了野鸭,溅起了一串串水花。

沈从文小说《边城》,写湘西地区的端午节民俗,除了赛龙舟,"赛船过后，城中的戍军长官，为了与民同乐，增加这节日的愉快起见，把三十只绿头长颈大雄鸭，颈脖上缚了红布条子，放入河中，尽善于泗水的军民人等，下水追赶鸭子。不拘谁把鸭子捉到，谁就成为这鸭子的主人"。端午节划龙船、捉鸭子比赛，是一种湘西特有的民俗文化。每次鸭子入水，各寨的男子们竞相争抢，各显神通。抢到鸭子的寨子和阿哥被认为是能力和幸福的象征。想想那场景就动感十足、生猛热烈，水面各处是绿头鸭子，同时各处有追赶鸭子的人。水花四溅，鸭子拼命逃窜，发出惊叫，捉鸭子的人都是善于泗水的，而这些泗水高手们还要彼此竞争，蜂拥而上，你争我夺，把结实精壮身子里的原始生命力，宣泄得酣畅淋漓、张扬得纵情恣意。

《边城》中三次写到了端午节，翠翠、傩送、天保三人的情感纠葛都因端午节而引起。端午节将一切的悲欢离合、人事命运都串接在一起。傩送、天保的父亲顺顺，年轻时就是一个泗水的高手，入水中去追逐鸭子，在任何情形下总不落空。但当次子傩送在十岁便能入水闭气把鸭子捉到时，顺顺解嘲似的说："好，这种事情有你们来做，我不必再下水和你们争显本领了。"捉鸭子，俨然成为一个成熟男性显山露水的手段，同时也成了小男孩长大成人的标志。边城一年中最热闹的节日端午节，傩送果然用娴熟的技巧使自己在水中成了最受瞩目的男子。他捉到的鸭子是最多的，他把水面上最难捉到的一只鸭子，也最终捉到手了。人与鸭子的竞赛，直到天晚方能完事。站在石码头边等候祖父的翠翠，就在暮色四合中，无意邂逅了捉到最后一只鸭子、湿淋淋的爬上岸的傩送。傩送不仅捉住了最后一只鸭子，也捉住了翠翠初次萌动的芳心。

我想起傍晚时分故乡的水岸了，还有那些捉不住的野鸭子。黄昏降临，万物潜逃，落日亦在收拢它的血色大帐。河水散逸出白日残余热量的燠热水汽，水边的风带来水草淡淡的清香，堤岸上青草的芬芳中混杂着泥土的荤腥。滩涂里芦苇长成一道道曲折的屏障，放鸭子的小孩卷起裤管，光脚走在河边的青草上，摆弄着一根竹竿在照看一群肥硕的养殖鸭子。天空上不断变幻色彩，从橘黄到玫瑰红，到紫色，到蓝灰，到烟灰。一种青色的暮霭弥漫着河流和四野，连翻滚的波浪也涂着青青的光。天黑了，放鸭子的小孩赶着他的一群鸭子回家了，家鸭拖着重重的屁股，看上去很是笨重，走起路来摇摇摆摆的，它们一望而知不是野生型，因为没有绿头标志。而在远处暮色四合的水面上，几对野鸭还在悠哉游哉地游弋。一会一个猛子扎进水里，一会浮出水面，突然不见了踪影。原来它们已经扑棱棱展翅，飞翔在苍茫暮色中了。黑的天，轻的翅膀，一边叫，一边飞远。

蛇缘

在我的老家广西梧州，曾有世界最大的活蛇储养场——梧州蛇园（原名梧州外贸蛇仓），每年进出量达数十万条之多。在20世纪五六十年代，这里是中国活蛇出口的最主要集散地，进入八十年代以后又逐步成为两广地区最大的蛇类供应基地。我家就在蛇仓附近，经常窗边、床下、水槽、厨房，会发现从蛇仓中逃逸出来的活蛇，蜿蜒游走。常见的是索蛇、水律蛇、广蛇和过树榕蛇，偶尔会见到有毒的眼镜蛇。见惯不怪，也不会惊慌失措，把蛇直接擒拿就了事了。当时家人都不太爱吃蛇，往往送给邻居家煮蛇汤尝鲜。蛇肉碰不得铁，否则会变腥，切蛇得用竹刀，一节节蛇肉载沉载浮于乳白色的滚汤之上，掀开锅盖的瞬间，一股热气挟裹浓香扑面而来，一条街的小孩子都会流口水。

记得小学二年级的时候，我在家附近的草丛里，逮到过两条碧绿娇弱的小蛇，不到一尺长，柔弱可爱，我就放在纸盒子中，养在学校教室的课桌抽屉里，课间拿出来盘绕玩耍，日常喂饭粒小虫子，小青蛇最喜欢吃青灰小蚯蚓。世界上的生物千百万种，有些不同品种的生物甚至长得十分相像。这两条小青蛇虽然长得和剧毒的竹叶青差不多，但其实人家是一种脾气非常温顺的无毒蛇，性格非常内向，胆小又敏感，被一个活蹦乱跳的顽童各种揉搓，也依然情绪稳定，默默忍耐，对人几乎不具攻击性。

最有意思的一次，我把两条小青蛇紧紧地盘成两个圆饼形状，用彩线系好，拴挂在耳朵上当耳环戴，带两颗闪亮小黑眼睛的蛇头，还在那里挣扎着一动一动的。其实，从外貌就可以判断，这是无毒小青蛇了，竹叶青的蛇头明显呈三角形，眼睛为红色或黄色，而无毒小青蛇脑袋是椭圆形的，眼大呈黑色，长得萌萌的特可爱，通体纯绿色，不会像竹叶青那样有焦红色的尾部。这副个性耳环实在酷得不行，结果只炫耀了一回，因为太拉风，不知给哪个同学举报了（太坏了！），校长直接来没收了我的宠物蛇。从此，永远地失去了那对童年的碧绿耳环。小青蛇后来怎么样了？我也不敢去问校长。根据我的养蛇经验，小青蛇那么容易受惊，估计也活不长久，一旦死了，小青蛇体内的色素会发生变化，从翠绿色变成碧蓝色，仁厚黑暗的大地之母，最终在她的怀里将收藏这对深蓝色的耳环。

后来，来到了北方上学和生活，才发现北方人不吃蛇，认为蛇是阴湿恶浊的东西，做药偶尔一用可以，当日常食材则对身体不利。而且，北方人普遍惧怕蛇，并将它与黄鼠狼并列，视其具有某种难以言说的神性或魔性。而不知何故，我天生与蛇亲近，有时候到农村，到山林，所到之处，常见到野蛇出没。记得有一回到农村，在土墙茅厕间，老觉得有什么东西在偷窥我，目光灼灼的，抬头一看，在黄土墙的缝隙间，一在左墙，一在右墙，钻出两只蛇头，一青蛇一花蛇，纹彩斑斓，蛇信细长分叉，不停地吞吐，似乎在向我这个来自蛇乡的南方人急急地诉说着什么？

无端端地觉得蛇是女性的，而且是魅惑人心的美人。在中国汉族神话传说中，由蛇幻化成人形的妖怪，一般也以美丽的女性形象出现。最有名的蛇妖，当属其中的白素贞和小青。第一次在脑海里具象化了"媚"这个词，是看徐克电影《青蛇》中，江南丝丝烟雨朦胧了娇艳欲滴的红莲，两只修炼成人形的蛇在水里嬉戏，水光离合，柔若无骨，媚眼如丝，丝丝勾魄。她们在水中抬着初入世的妖的眼，好奇看着许仙一众书生念"春城无处不飞花"，她们指尖作法，随风散落的纸屑真变作漫天而舞的飞花。此刻，白蛇青蛇心中的爱欲，也如同这春日无限美好的花，层层叠叠绽放开来。在《青蛇》中，王祖贤饰演的白蛇将蛇妖气质展现得淋漓尽致，温柔的一面，直接的一面，果断的一面，加起来绘制成了一个完美的白素贞形象。而只有五百年法力的青蛇，懵懂、天真、俏皮又任性，张曼玉也饰演得好像灵魂附体，表现出那种野性难驯的混沌与自由。但无论再如何人蛇合一，也是以人性去体摩蛇性，或者说表现的只是近人的蛇性。我常常想，蛇从来都躲在暗处生活，目光阴沉，行为诡秘。当一条蛇爬上云雾山峰的一棵高树，缠绕在繁密的翠叶枝柯间，遥望着山下万家灯火时，它是如何理解这个世界的？如何理解那十丈红尘中终必将伤害它、带来蛇族深重苦难的人类？

穿越时空的蛇文化

每次看徐克电影《青蛇》都会有不一样的收获,看爱与自由的抗争、看形形色色的男女情欲……而最直接的,看到的是一幅幅美轮美奂的绝美画面。烟雨西湖,流水浮灯,乱花飞舞,在电影《青蛇》中,徐克营造了一种绚烂的、旖旎的、江南的、妖异的美。张曼玉与王祖贤,两位绝代佳人,眉梢眼角,无限风情,在法力变幻出的亭台楼阁中嬉戏,衣袂飘飘,身影缥缈,美得流光飘忽。摄影上大量用滤镜,布景上白家家宅空间如同舞台,白蛇对许仙打诳语时会改口用越剧和昆曲的念白,姐妹斗法时则是京剧的配器和节奏感,所有的视听语言都在打造一个如同梦幻泡影、如露亦如电的色象世界。

当时的王祖贤跟张曼玉正值风姿卓越的年华,半褪衣衫水中低吟浅唱,出浴时春光乍现,妖冶魅惑扣人心扉。当那首主题曲《流光飞舞》响起:"半冷半暖的秋,静静烫贴身边,默默看着流光飞舞,晚风中几片红叶,惹得身心酥软绵绵……"一首让人骨头发酥的歌,白衣的素贞、青衣的小青,顾盼生姿,裙摆撩动,媚眼如丝,丝丝勾魄,真是只有蛇才会有的蛊惑的美丽。如此妖娆的两条蛇精,一青一白,顾自开放,美的仿佛不属于这世上。这样的妖异的美,那种神秘的撩人之气,直教凡夫俗子看的眼直。连人佛合一的法海都躲不过,许仙一个庸庸碌碌的书生,如何逃得过。她们侧身回眸,淹然百媚,抬眼看住你,发出无声的邀请,背后可能是赴汤蹈火、白骨森森。但是,如果连这都要忍,那在人世间浑浑噩噩地走一遭又有什么意思呢?这样致命的诱惑谁又能够抵挡?

想起在印度,除了寡妇和年幼的少女外,都会用朱砂、糯米和玫瑰花瓣等捣成糊状,点在前额的眉心。印度有传说美女都是蛇变的,佛为了感化那些美女蛇,将她们收为信徒,凡是接受教化的,佛便将朱砂点在她们的眉心,让其修成正果。不过,还有这样一种说法:它最初是对吻痕的一种模仿,过去是在青年男女结婚当天,由丈夫亲自点在妻子额头中央,所以是女子已婚的标志。许仙将他的白蛇迎进洞房的时候,或者说,白蛇将他引入蛇窟的时候，毫无法力的小中医许仙，不懂要将朱砂点在她的眉心，但他一定将吻落在了她的脸庞，热烈的或是温柔的，所以同样收伏了野性难驯的白蛇。而法力无边的法海，即使翻江倒海，水漫金山，却不懂得爱才是最强大的力量。

从文化源头看，蛇是"神性"很高的。在中国远古神话里，蛇，作为一个重要的文化符号，古代传说中许多赫赫有名的天神是人与蛇的混合体，创世大神伏羲、女娲都有人首蛇身的样貌。在世界范围内，蛇也多是神秘的象征，人类对蛇有着矛盾的情感，既畏蛇又崇蛇。正是由于这样的情感，再加上不同地域、气候和生活方式的影响，形成了世界各地独特且丰富的蛇文化。说起来，蛇在印度是一个不得不说的形象，庙堂之上，它是堂堂的神明，市井中，它是戏耍的对象，甚至是姑娘恋爱的对象。而眼镜蛇备受崇敬，被称为"努拉盘布"，即"善蛇"。在印度人的世界里，蛇是通人性的神灵。因此与蛇拥抱，亲吻，与蛇同眠等无所不作。在我们看来，这种行为匪夷所思，而在印度人身上看到的，完全是陶醉其中的那种快乐。舞蛇人是一个古老的职业。自古以来，印度人对舞蛇人一直是心存敬畏的，舞蛇人戴着与众不同的琥珀耳环和珠链，被尊奉为印度神话中的"瑜伽修行者"或圣人。说白了，就是苦行僧。他们大多独来独往，终生与蛇相依为命。除此之外，印度有蛇庙、蛇村、蛇舞、蛇船赛，每年还有蛇节。祭拜蛇神是印度古老的宗教仪式，许多印度教徒会在蛇节那天，给蛇神献上鸡蛋和牛奶作为供品。

佛教早期的崇拜是和蛇联系在一起的。《佛本行集经》卷三十一、《有部毗奈耶破僧事》卷五载，"佛从菩提树下起，往牟枝磷陀龙王池边，坐一树下思惟，时七日洪雨不止，牟枝磷陀龙王乃出，以身绕佛七匝，引头覆佛头上，守护佛陀，使不受诸恼乱"。说的是，佛陀在苦修期间，遇七日暴雨。风云大作，雷电交加，蛇王牟迦林用身体围绕佛身七匝，撑平九个头为佛陀遮风挡雨，庇佑佛陀潜心参悟。佛陀是一个充满感恩之心的大智者，他用指按住蛇颈施法降福，令它成为众蛇之王。于是蛇神牟迦林被看作是连接人世与神界的桥梁，眼镜蛇扁平的颈部，也被看作是佛背后的光环。后世虔诚的佛教徒，就凭这个信记而对眼镜蛇顶礼膜拜，供奉于庙堂之中。佛经里所谓天龙八部，五百龙王，五百龙女，龙，其实都指大蛇。它是佛陀的护法，故佛座下不是莲花，就是蛇身盘起，托举着佛，然后把大蛇头高高扬起，宛如佛的背靠。这梵文的蛇，到了中土，翻译的法师深知一般人看到蛇字会有不良的情绪，又为了增加其神圣感，便全译成了龙。于是龙树菩萨到龙宫取得《金刚经》等故事，后来衍化出了柳毅传书、孙悟空大闹龙宫等传奇。其实大乘佛教创造者龙树也就是蛇树，入龙宫也就是入蛇窟，他从龙宫取回的典籍也就是蛇经。佛教传到中国后，因为中国人崇尚龙，蛇的形象也就慢慢的转变为龙。但在泰国、缅甸、斯里兰卡等地还是保留佛像背后蛇（没有四条腿）的形象。

人们常说的仙、妖、怪都是指那些经过多年修行的花草树木或动物，经过长时间的磨练达到的一种境界，也说是成了"精"。如果用"精"来组词，可以组成精华、精致、精髓等。这样想来，妖精们，比如说蛇精、鲤鱼精、狐狸精等都属于同品种中精致的或精华的了，也就是说同品种中出类拔萃的。蛇本身就是具有灵性仙气的生物，修炼千年的蛇精，更是天地精华之荟萃。《白蛇传》就是关于美好爱情的一个蛇文化故事。烟雨西湖，水色流音，乱花飞舞，江南美景中冉冉走来两位妖娆美人。她们的媚有鲜明的东方色彩，是一种神秘的撩人之气。她们从世外走来，从自然走来，想追问人间是否有情以及情为何物？在中国文化中，成精的蛇并不强大，反而很脆弱，因为成精的蛇一般走化龙的道路，天劫凶险，因为担心加重天劫，蛇精一般很少和人来往，寻求情感与真我的白蛇，是明知其不可为而为之。

山河大地，树木花草，虫蛇野兽，都是法侣。《白蛇传》这个千古传说打动我们的，正是其中穿越时空、神性魅惑的灵蛇之美。

附录一首可爱的小诗：

  与蛇共眠

梅·斯温逊（美国）

我示范给她看怎样将手臂环绕我，
但她太小了。
更糟糕的是，她不明白。

而且
尽管她睡在我身边,伸出
舌头,但她舔的是她自己。

她喜欢我抚摩的手。
甚至
让我吻她。
但当我要求:
"来,也来吻我,就像这样。"
她嘶嘶一声后退了。

她小脑袋里想些什么?
她从床上跳起,
给我看她的背后,
却又在地毯上卷成一团。
我求她回来。起先,她回来了,
然后又溜了,藏在

被子下。她在玩我的脚!
"噢,蛇儿,回来。乖,
挨着我躺下,我这儿舒服又暖和。
安静下来。不要爬,不要咬。
今晚和我在一起。"
她微微发出嗖嗖声,似乎答应了。

她深深,深深的瞳孔与我的交接,
带着一种眼神,仿佛在忍住一场洪水……
但她不是我的同类。

根本不是。

而且，

更糟糕的是，她太小了。

鸽子：它们是不会走失的孩子

如果你生活在西安，每天的朝晖中，沿护城河走过长乐门，穿过城墙东南角，缓缓行走，头顶上会有大片的鸽群呼啦啦飞过，越过角楼城墙，飞向一碧如洗的蓝天。其实，鸽子的羽毛有纯白色的，有纯灰色的，有浅灰色颈间却有金黄翠绿美羽的，但在阳光的柔波中，看过去就是一片白羽映青天，那种洁白，如初乳，如新雪，如羔羊，如百合，映衬着天空的辽阔澄蓝，白得荡漾而闪亮。

现在这个季节，独属深秋的明媚阳光下，银杏金黄，白杨耸立，薄脆的树叶在风中萧萧飒飒，掠过晴空的白色鸽群，淡淡飘散的桂花清香，挨着青砖墙根那几嗓咿咿呀呀的秦腔，动听得叫人落寞……将来，很多年会滑过去、滑过去，很多故事都已忘却，而在时光的沙漏中，这个色彩鲜明的场景依然清晰浮现。

鸽子是这城市的精灵。每天早晨，有多少鸽子从高低错落的屋顶飞上天空。它们划空而过，盘旋又盘旋，它们的眼里，收进了多少秘密？它们从千家万户窗口飞掠而过，窗里的情景一幅接一幅，它们领略了这个城市的多少真相？我知道鸽子有着惊人的认路的能力，连这个城市的旮旯拐角都能辨识清楚。当傍晚降临时，一盏盏、一排排灯亮起来了。灯光昏黄流丽，城市上空如有一些烟雾般的东西滋生和蔓延，满载而归的鸽子们，默默地收藏了多少事件的见证，回到属于它们的那一个阳台，收拢垂下一双翅膀。夜里，鸽群在笼中唧唧哝哝的，好像在说着人间的是是非非。

第二天，鸽子又会从它们的巢里弹射上天空，在连绵起伏的屋顶上掠过矫健的身影。带着它们特有的音哨，在明净的天空里向高处飞翔。它们做着圆环形飞舞，越飞越高，圆圈也越来越大，哨声响也越来越响。当流动的鸽影划过城市的上空，有多少追随的目光，随着鸽影溶于无垠的蓝天，心地也生出飞翔的翅膀，也想在碧海云天里逍遥神游。可是，鸽子飞过城市的天际线，带去远方信息。天空又高又远，我们人类却只能停留在原地，抬头仰望，晨送暮迎,等待鸽子们归来。它们才是天空的主人,将这城市的屋顶踩在脚下。它们俯瞰这座水泥城,阡陌交错的街巷,一串串蠕动的汽车如奔忙甲虫,无数如蚁的生命在作徒劳挣扎。然而,它们圆圆的鸽子眼是温良的,没有傲慢和不屑,它们爱与人亲近,轻轻飘落在人类面前,带着朋友般的了解和体恤。

它们是唯一的俯瞰这城市的活物,有谁看这城市有它们看得清晰和真切呢?它们和人类有契约,再是路远迢迢,也要守信归巢。即使外面是苍茫的天地,归路是枪林弹雨。它们是不会走失的孩子,从不会忘记了家在哪里。

邂逅一只乌鸦

走过校园绿得发亮的草坪,我看到一只乌鸦,正庄严地踱步在草坪的中央,就像一团阴影。过了一会儿,它开始扑腾翅膀,那扑棱棱的声音在空气中振动,我没见过比它更黑的鸟儿了。

在中国,乌鸦向来被当作不祥、凶险的象征,民谚里就有"喜鹊报喜,乌鸦叫丧"的说法。一个人清早出门,倘若碰上乌鸦在聒噪,就觉得晦气透顶。乌鸦在西方的名声也不大好,也被视为不祥的征兆,一大群乌鸦盘旋天空的场景往往会让人联想到世界末日降临。比如《圣经》中就曾记载:上帝降下大洪水的第40天,诺亚打开方舟的窗户,向外放飞了一只乌鸦,但乌鸦在空中飞来飞去,直到洪水退去也没有回到方舟。从基督教时代开始,在西方乌鸦形象就很负面,原因之一是"光"作为上帝的象征为教会极力推崇,而"黑暗"则遭到贬低和驱逐,对黑色的憎恶是当时民众的普遍认知。这对乌鸦这样一种几乎全黑的鸟类而言显然是不利的,它们日渐被视为死亡和地狱的使者。

诺亚放出的乌鸦没有回到方舟,说明了乌鸦是一种不驯服人类的力量,它们是高度个性化的,以不可预测的方式行事,在这一点上它们更像猫而非狗,善于在人类聚居的城镇生活,但却不容易被驯化,甚至以其诡计多端、胆大妄为,成了人类永恒的对手。作为对手当然要被黑了,更何况乌鸦本身就是一种全身或大部分羽毛为乌黑色,嘴、腿及脚纯黑色的鸟类。它们越冬可以留在北方,在万木枯槁的秋冬季节,萧瑟秃枝上经常落着几只乌鸦,呱呱地叫个不停,或是在一片荒芜的隆冬原野上空,大群大群地盘旋低飞。乌鸦是杂食性的,它们吃谷物、浆果、昆虫、腐肉及其他鸟类的蛋,一点都不挑食,只要眼前出现其他食物,这智力极高、狂到没边的鸟,就会大摇大摆地过去,毫不犹豫地拿走,不管这吃的是谁的……即便是面对食物链顶端的人类,它们也没有任何的畏惧。到底是因为乌鸦本身强悍又聪明,可以找到和人类过招的生存空间,还是因为乌鸦这一身黑,还有那凄惨嘶哑的叫声,人们总说看见它们就晦气，更不用说杀了或吃了它们，对这充满了各种玄学色彩的凶鸟，许多人总会礼让三分，于是，本身就性格凶悍的乌鸦，更加富于侵略习性，更加无法无天了，完全不把人类放在眼里。当被纵容的乌鸦干出了更多恶作剧，它们在成为人类心中反派角色的路上也就越飞越远了。

它们成了幽灵般可怕的鸟，漂泊来自夜的彼岸，黑沉沉的冥府阴间。他们扑翅飞来，预兆着一连串无情飞灾，将接踵而至。乌鸦，从头到脚，被黑得透透的。黑透，就意味着它们从诞生起就进入了永远的孤独和偏见。

它不是鸟它是乌鸦

充满恶意的世界每一秒钟

都有一万个借口以光明或美的名义

朝这个代表黑暗势力的活靶开枪

——于坚《对一只乌鸦的命名》

万物未经人类触碰之初，是无言的，沉静的，不带色彩，不染尘垢。即使是一只黑色的乌鸦，它也不是黑夜的使者，受雇于死神，负责带领人的灵魂穿越阴阳。黑鸟就是丑陋吗？你仔细看看，乌鸦的黑羽泛着紫蓝色金属光泽，披着一层深邃的幽光。你说那些在枝桠上吱吱喳喳叫，翘着长长尾巴的喜鹊就很好看吗？一串串不同的鸟鸣，挂在树梢、屋檐、窗前的某处，或飞在我们头上，越过我们，这些自然声音在风中的随意撒播，为什么非要扬此而抑彼呢？

现在，在我的眼前就是这样一只黑鸟，没有做任何值得一提的事，没有笼罩任何宗教的圣词、民间的巫词，拒绝任何象征和隐喻，它只是一只纯粹的乌鸦——一只非常有力的鸟，无论姿态、线条还是颜色。它没有去往风暴之夜，也没有去往冥府之岸，这鸟群中胆子最大的鸟，在草坪上栖息了片刻，然后展翅从我面前，一身闪亮黑羽，美丽地飞走了。

我要说的只是一只乌鸦

　　喜欢乌鸦。这是非常有力的鸟，它的线条、颜色、姿态，都那么与众不同，那么强悍。在遥远那年的一天，我曾经孤身一人在青海的荒野，等长途客车的时候，仔细地观察过它们，真的是很漂亮的、黑透了的鸟。在一片茫茫的原野上，夕阳挂在天边，薄云轻飘，倦鸟西归，聚合又离散的鸟群，在天空下起起落落。乌鸦，这一群黑夜的使者，扑愣愣地拍着翅膀，铺天盖地而来，从我的头顶上快速掠过。沉浸在这苍凉而雄浑的意境中，风尘旅人的我，不觉抬头眺望，但乌鸦没有继续在上空盘旋，也没有落在那棵树冠庞大的老树上，它们有组织地往西南天际线飞去，它们互相掩护，飞的忽高忽低的。星星点点的黑色乌鸦，朝着绚烂的血色晚霞飞去。最终，一片小黑点消失在浓稠的暮色中。

　　我从不认为乌鸦在田野鸣叫，扑腾在阴沉沉的天空，就是在旋转忐忑不安的风，念起忧愁的死亡咒语。当年梵高伤痛的灵魂，就这样掉进金色麦田，与恐惧的麦子一起摇摇欲坠。他笔下那一群凌乱低飞的乌鸦，在波动起伏的地平线上，以狂暴跳动的激荡笔触涂画，更增加了压迫感、反抗感和不安感。1890 年 7 月的一天，梵高画了这幅一生中最后的写生《乌鸦群飞的麦田》。就在第二天，梵高来到这块麦田对着自己的心窝开了一枪。因此，这幅画被视为文森特·威廉·梵高自杀的预告。在满是阳光的蓝天中，飘过了久蓄心中死亡的影子，化作无尽的乌鸦，引着梵高飞向他的蓝天，追向无限光明。他如一只黑色的大鸟，自身后的一片被乌云遮蔽了的黑色的天空，向着身下一片耀眼金黄的麦田，极力展开一双巨大翅膀，如大鹏一般，翱翔向自由的所在。

　　乌鸦的黑色身躯，食腐的习性，以及粗厉的叫声，让人把乌鸦与巫术联系起来，无论东方还是西方，都认为看到了乌鸦，就会有倒霉的事情发生，乌鸦是不祥之鸟。其实，说乌鸦会带来厄运吗？又有什么道理呢？傍晚和清晨会出现成群结队的乌鸦，是因为每天天刚亮的时候和傍晚五六点钟，这两个时间段是乌鸦外出寻找食物的时间。乌鸦大群的盘旋、飞叫、聚集，也许不过预示着天气要变。至于死亡为什么与乌鸦有联系？有研究分析，动物死前会散发死亡讯息，这会吸引食腐的乌鸦。大多数鸟类嗅觉器官退化，乌鸦可能仍有嗅觉，因为乌鸦智商高到可怕，有说法相当于五六岁孩子的智力水平。所以，乌鸦只是嗅觉灵敏而已，科学家认为，乌鸦是少数对"死亡"有意识的物种。反正，人以为不祥的东西，我一点也不害怕和忌讳，因为我不预见命运。我习惯听天由命。

我记得我上学的时候，北大中文系的诗歌课老师曾经讲到，魏晋南北朝的诗词中，描写美人最具神韵的两句，出自南朝乐府民歌《西洲曲》里的两句，"单衫杏子红，双鬓鸦雏色"。诗中描写了一个女子，站在高楼上遥望江北，阑干拍遍、思念远人的那种姿态。江水流春去欲尽，大好的春天荒废了，空等了一个春天，韶华虚度，芳华刹那。这个女孩子长什么样子呢？她的双鬓像小乌鸦的羽毛那样，黑亮黑亮的。乌鸦有多黑，黑中的黑，而且还油亮油亮的，是小乌鸦而不是老乌鸦的毛色，光泽艳艳，那是怎样的一头好头发？我们可以想见女子那一头浓郁的青丝美发，密密丛丛，全无半点纷乱，光艳可鉴，美不可言。单衫杏子红，说她穿了一件薄薄的春天的罗衫，就像杏花那样是淡红色的，充满了少女的气息和春天的韵味，关于她的眉目怎么样？不着一字，尽得风流。诗中没有从头到脚地铺写，只是突出地写了单衫和乌发两点，这两点就已经足够动情了。写得如此声情摇曳，给人一种色调鲜明而又情意微婉的感觉。我一直留了很长时间黑发，不染不烫，也是受到这两句诗的影响。

我发现，交大校园也有很多乌鸦，乌鸦很少会在距离人类居住地5公里以外的地方繁殖，它们是个真正适应了人类的物种。与大雁不同，冬天乌鸦是不飞走的，它会留在城市里过冬。一般来说，九月份，乌鸦开始给自己换上丰满的羽毛，10月中旬就开始往城市集中，准备过冬。秋冬之际，木叶尽脱，萧瑟的林间，乌鸦在树梢上聚集成群，起起落落，时而急速掠过上空，划出一条条粗壮的黑线。无论什么样的清晨，结霜的、下雪的、有雾的、晴明的，你都能看到乌鸦在树枝上蹦跳的身影，它们的嗓音是略带沙哑的，但又嘎嘎嘎那么响亮，像敲一面破锣。有时候，九点钟下了夜课，穿过夜色中草木葱郁的校园，槐树上、榆树上、杨树上，时常传来嘎嘎的叫声，还夹杂着拍动翅膀的声音、枯枝折断的声音……这时的鸦啼往往更雄浑有力，在夜凉如水的静谧里传出很远很远。有时候，白天在广阔草地上，也能见到一只神气活现的乌鸦，披着一角夜色，在一边沉思一边踱步，一副"心事浩茫连广宇"的样子，比名教授都更像一位名教授。

喜欢乌鸦，不需要什么理由。想起诗人于坚《对一只乌鸦的命名》一诗中的句子：

当一只乌鸦栖留在我内心的旷野

我要说的不是它的象征它的隐喻或神话

我要说的只是一只乌鸦

蟋蟀的声音

在中国，蟋蟀的文学传统，至少可以追溯至《诗经》中的《唐风·蟋蟀》："蟋蟀在堂，岁聿其莫。今我不乐，日月其除。"还有《豳风·七月》："七月在野，八月在宇，九月在户，十月蟋蟀入我床下。"从《古诗十九首》到《木兰辞》，到后来的杜甫诗、姜夔词，都有蟋蟀的唧唧鸣叫在其中响起。到了近代蒲松龄的《聊斋志异》，一只蟋蟀，可让人家破人亡，也可让人荣华富贵。蟋蟀本微细虫豸，不知为何天生好斗，但人却斗其斗，由此滋生事端，徒耗财命，妄生喜怒，尤其当"宫中尚促织之戏"，"岁征民间"，更酿成不少市井细民的人间悲剧。到了现当代广为人知的是流沙河的《就是那一只蟋蟀》，余光中的《蟋蟀吟》，洛夫的《与衡阳宾馆的蟋蟀对话》，这几位诗人都借由唧唧不休的虫鸣，来咀嚼心中的浓烈乡愁与半生的颠沛流离，诗歌中的蟋蟀已经不是一般意义上的昆虫，蟋蟀不再受时间、空间、政治等的限制，它能沟通古今、两岸中国人共有的情感。

当下，时维九月，序属三秋，也是蟋蟀由野外迁至屋内的时节了，因为入秋天气渐渐寒凉。古人常用候虫对气候变化的反应来表示时序更易，他们早就敏感地观察到，从田野到屋边到门口，随着蟋蟀鸣声渐近，夏天便渐远，秋意则渐浓了。当蟋蟀入我床下，夜间寒气更将一片肃杀。蟋蟀，就是这样一种报秋的虫子。也许蟋蟀觉得这是它们的责任，警告大家夏日不能持久，在夏天进入秋天的美妙时光里，蟋蟀以鸣声向大家传布哀伤和变化的消息。

蟋蟀盛鸣于秋天，等蟋蟀老了，瘦了，声音也"瘦"了，变得稀疏，变得暗哑。白露之后，梧桐树叶飘零，月色变浅，蟋蟀的鸣声变成越来越痛苦疲惫的清虚悲咽应答，生物们有声有色的一年也就又过去了。在中国文化中，对生命的吟咏、对秋天的悲叹、对故国故乡之思，以及对亲人友人的相思离愁之情，使得蟋蟀从自然物象，发展成为一种悲秋的意象，究其原因是蟋蟀鸣秋，严寒将至，人们自然把它当成了"秋声"的代言。在感叹秋风的萧瑟之时，瑟瑟而歌的蟋蟀在文人墨客的眼里便也成为悲秋之虫。又因为秋天蟋蟀常入室昼夜长鸣,当游子于羁旅长途,夜深不寐,长夜难捱,与蟋蟀声为伴,却因蟋蟀的幽幽鸣声更添一段愁怀。于是,蟋蟀也因此成为羁旅之愁、乡关之思的一个象征符号。秋天正是绵绵秋雨时节,当秋雨淅淅沥沥地下个不停,夹杂着蟋蟀的哀鸣,梢头的梧桐叶子也被这蛩鸣之声所惊而飘摇落下。天底下多少聚少离多的思妇征夫、牛郎织女,被勾起了满腹离愁别恨、相思之情。至今,秋夜凉寂,虫鸣唧唧,蟋蟀幽凄的夜吟,仍然活在我们的文化记忆里。

在西方文化中,也有不少关于蟋蟀的诗篇,如英国诗人约翰·济慈的《蝈蝈和蟋蟀》,爱尔兰诗人叶芝的《湖心岛茵尼斯弗利》,波兰诗人亚当·扎加耶夫斯基的《自我》,我最喜欢的是西班牙诗人加西亚·洛尔迦的《哑孩子》。这首诗的中译是戴望舒先生翻译的,历来被人称道。

哑孩子
加西亚·洛尔迦

孩子在找寻他的声音
(把它带走的是蟋蟀的王)

在一滴水中
孩子在找寻他的声音

我不是要它来说话
我要把它做个指环
让我的缄默
戴在他纤小的指头上

在一滴水中
孩子在找寻他的声音

（被俘在远处的声音，

穿上了蟋蟀的衣裳）

《哑孩子》一共只有12行，这首诗简单而神秘，又纯粹得像一粒水晶。每当我读到这首诗，眼前就会浮现出一幅画面：在潮湿的草地上，一个哑孩子默默地听着蟋蟀叫，想象着那就是他失去的声音。他被俘走到远处的声音，穿上了蟋蟀的衣裳。整首小诗想象独特，简直是一篇趣味盎然的小童话，一部玲珑剔透的小歌剧，真是纯美之极！

哑孩子不会说话不会表达，哑孩子用眼睛细述心里要说的话，满嘴咿呀。哑孩子想到人世的另一边走走，那里有他想得到的语言，唧！唧——唧——唧——唧……那是草丛中的语言，躲在墙角的语言，那是他丢失的语言。他在露水中寻找，谁拿走了他的声音呢？是蟋蟀王，那种极爱唱歌精灵一般的虫子。他的声音被俘虏到大自然中，像蟋蟀一样在歌唱。诗人想为哑孩子找回他的声音，做成指环，"套在他纤小的手指上"。"在一滴水中，孩子在找寻他的声音"，两句重复出现，使得这首诗具有歌谣的节奏。我觉得也可以理解为，一滴水打在水面上，就会荡起小圈圈，这不就是哑孩子的指环吗？可这一滴水，究竟是秋天的雨水，草叶坠下的露水，还是哑孩子的一滴泪？

这是我非常喜欢的一首诗。奇妙的想象，温柔的情感，映照出诗人澄澈的童心，在内心深处他好像仍是个孩子。加西亚·洛尔迦是20世纪初的一位西班牙诗人，只活了38岁，留下来的作品很少，但是深受推崇。对于西班牙人来说，洛尔迦是永远的"安达卢西亚之子"，他以一颗纯真热烈的赤子之心，歌颂安达卢西亚澄澈的泉水、芳香的橙花、辽阔的大海、灿烂的星空，将西班牙的灵魂蕴蓄诗中。他在水滴的透明中寻找自己丢失的声音，而那美丽的声音已在远处化为了蟋蟀的歌唱。百年之后的今天，再读到这首诗，夜空下，如果有谁呼唤，上面，有一种光；下面，有一只蟋蟀，隐隐像要回答。

用颤悠悠的那一串音节，在梦和月色交界的窗口，一只小小的蟋蟀，把银晶晶的寂静，奏得多动听啊！这是我们都想守护的声音，这如泣如祷的声音，耐心地正与星辰交谈。

人生如空蝉

　　幽静的夏日，日色变得悠长，枝头新蝉的声音，从最初的断断续续，渐渐开始洪大。

　　夏季午后常有暴雨，雨声浩大，在窗外汹涌回响。暴雨多不持久，雨声歇止，四周树林间却升起一片惊人的蝉声。其实，蝉声也是另一场落雨，时急时缓，不绝如缕。稠密的蝉声，满世界鼓噪，比花朵还繁茂。这声息在枝头作响，在各处作响，仿佛久远劫来，微尘与世界都如此发声，高亢激昂，如一季繁花烂漫。一停下来时，却又沉寂如死。

　　夏日午后常常小睡，在困意袭来的混沌中，在枕上听到一整个天地，蝉鸣独占天下，席卷起往复的巨大潮汐。在蝉声的满灌与卸空之间，一次次恍惚入梦，时光拖得如树荫一样深远。一觉醒来，还是冗长的白昼，看不到尽头。窗外的蝉鸣声，让人仍然流连梦境之中，心中充满了似梦似醒的迷蒙之感。

　　想起童年时，曾在树林深处，轻轻摘下过蝉蜕。那紧紧抓在树皮上的蝉蜕，黄棕色，半透明，有光泽，薄脆而纤巧，头部有丝状触角，纤细的肢，扁圆的头，斑驳的背，灰褐的节，能看出排序有致的纹理，连每一条小腿都毫无破损的保留着，乍一看就是一只蝉儿趴在树干上。但是凑近去仔细看，就会看到这薄薄的躯壳，早已被阳光长驱直入，那一道贯穿背部的裂缝，在热烈的阳光下趋于透明，就像剔透的琥珀。蝉儿早已远走高飞，只留下一具空壳。只消用手指轻轻地戳戳这空壳，小东西晃一晃，就会飘飘悠悠地落下去。

　　看，暗褐色的树干上，一只蝉——哦，不，确切地说是一只蝉蜕，它再也不能移动了。它静静地立在那里，仿佛是在倾听曾经灌满它身体的风声和蝉鸣。这是蝉儿最初的胎衣，是它护身的甲胄，也是它全力演奏的乐器，倾心歌唱的喉咙，最后，成了它出奔之后，弃置的一间寂寞空屋。金黄的阳光使这透明的水晶小屋愈加透明，早晨的露珠和傍晚的风声，在里面轻轻地回旋。你能想象得到吗？夏日最声嘶力竭的一把声音，如一线钢丝抛入天际，节节高起，越翻越险，千回百折，来回驰骋，以全部的生命力抵达一个不可思议的高度,那一把声音就是从这样一个小小的壳中发出。

出奔的主人逐日而去,招摇在何处密林?竞相生长的草木,弄出了无穷的响动。草丛里绿色蚱蜢各处飞着,翅膀搏动空气时窸窸窣窣作声。小鸟们的歌声,长长短短,急管繁弦,细细辨别,可以听到不同的音部音色,高低错落,从旷远的天地间传来。而在这些夏日的错杂声息中,最充满生命狂热的,最持久强劲、一浪高过一浪的,就是蝉鸣。膨胀的蝉鸣,喧嚣的起伏在空气里,驰骋在夏日的最高潮。

日语中有一个词汇叫"空蝉",原意是蝉蜕变之后留下的空壳,后来表示人间世界、现世及生活在其中的人类。后来被佛家引申为"肉身"之意,即人除了灵魂其余的部分。因为蝉的生命非常短暂,故而又喻有"人生无常"之意。只要你曾见到过蝉蜕,就能领会"空蝉"的意味。什么是"空蝉"?——中空、易碎、残缺的躯壳,放入手中觉得轻飘飘的,稍微握紧一点儿就仿佛会破碎似的那般脆弱。空蝉,说的是人生空幻的本相。在日本的忍术里,有一招就叫"空蝉之术",表示用幻术脱身。

"是身如焰,从渴爱生","是身如幻,从颠倒起","空蝉"这个词汇,使我想到《维摩诘经》的句子,眼前仿佛看到沉寂如死的蝉声里从树梢高处一一掉落下来的蝉的尸体。人世如空蝉,生命短暂,我对自己说你只是一个过客,所以要懂得停留,珍惜眼前的美:这人世间的花繁叶茂,月白风清,蝉声如雨,大江东流去,云深不知处。

在夏天,当蝉声流成了一条喧哗而缱绻的河流,我就像睡在河底,看看天,看看云,心里很干净,没有别的杂念。想吃好多好多水果,夏天到了,想好好生活。

大暑之日，萤火虫来了

今日大暑。按《汲冢周书》的说法，"大暑之日腐草化为萤"，古人认为萤火虫是由腐烂的草变化而成。在大暑时节，萤火虫卵化而出。萤，是大暑迎立秋的诗意之虫。当萤火虫在静夜里穿梭时，凉爽的秋已经不远了。贾岛有诗句"一点新萤报秋信"，意思就是说，秋天是随萤火虫出现而始。萤火虫三月出幼虫，没有翅膀的幼虫要经六蜕成蛹，雄虫蛹羽化后才漫天飞舞。为什么是从腐草而化，也许因为秋是阴气开始逐渐弥漫的季节，水边腐草正是阴气滋生之处。萤火虫之所以代表阴气之物，是不是因为点点萤虫流动着神秘的碧磷，它们尾上的光仿佛绿色的幽魂？

曾经，我们这一代人的童年记忆，就是那些草长莺飞、鱼戏虾翱，那些夏夜流萤、遍地蛙声，还有古老的祠堂、绕村的小河和隆重的民俗，抬头就能看见满天星汉灿烂，银河像地上的河流一样奔腾……

我还记得自己终日游荡森林的童年，雷雨过后我站在山腰上，看到傍晚渐渐幽暗起来的草木深处，成群飞舞的萤火虫在放胆地野游。它们一闪一灭的，你隐约能跟上它们黑夜里穿行树林的行踪。闭上眼睛，能闻到香甜的空气，能感受到山与树的血脉无声地流入身体。小小的萤火虫，那是一盏盏清凉似风的小灯笼，那是明明灭灭、影影绰绰的小精灵。淡淡的光点仿佛无处可归的游魂似的，在你身前身后飘忽着，在浓暗中不停地徘徊。黑暗中，一次次伸出手去，但却什么也碰不到。那抹小小的光线总在你指尖就快碰着的地方。

我们曾经体验过的，是何等本真的自然和童年啊！可是，当时只觉是平常，而现如今，让年轻的孩子们看到一只萤火虫，是很稀罕的事情了。萤很单薄，水污染、光污染、农药化肥，都会致命，美丽的东西都脆弱。而且，即使现在还有流萤于公园水滨出没，明亮的城市路灯下根本很难观察到。只有真正的暗黑，才能看到萤火虫微弱的小灯。更何况，一年到头，萤火虫只有 20 余天的寿命，夏末初秋以后，它们只会剩残骸葬于荒草。熄灭了幽幽碧磷，死去的萤虫，将自己捐给不息的大化。它们汇入草下的泥土，营养野地的杂草与荆棘，蛰伏着，等待着，来年再次于腐草重生。在这个角度理解"腐草化为萤"，其实，就是流萤在草木间生死轮回。

"我徂东山，慆慆不归……町畽鹿场，熠燿宵行。"这是《诗经·豳风》里的景象。在诗经的时代，一位思乡心切的戍边男子，他想象家园已经荒芜了，无人修剪的瓜蒌爬到房檐上结果子，屋内潮湿生地虱，蜘蛛结网当门挂，田舍旁的空地变成野鹿的活动场所，还有萤火虫的闪闪磷火，到处飞来飞去。但这也没有什么可怕的，因为这是他日夜思念的地方。缥缈的流萤，清澈的小河，静谧的黑夜，飞户穿堂的燕子，鹿鸣猿啼的荒野……这些美丽风物和古老时空，曾经是我们的祖先所生活和经历的，而现在，早被现实一一篡改了。

萤之美，首先在流动，那种若即若离、稍纵即逝、亦真亦幻的飘曳感；其次更在于光，那是一种难以形容的光，或说青色，或说黄绿，或说冰蓝，皆似，又皆非，明明灭灭之际，与你始终隔着一段距离。大暑之日，物候惊秋。今夜，一只只流萤，已从腐草中涅槃重生了吧？

在漆黑的夜里
荧荧如鬼火般的冷光
是缭绕重生的萤火
萤火虫的小灯做着梦
黉夜点亮，四处游荡
梦见前世，梦见另一个夏夜
梦见曾经的短暂爱情，一颗星的葬礼
梦见一闪光的伸延与消失
梦见上一次的灭亡
年轻又苍老的虫，点燃又熄灭的火
无言无语，只是静静的望向远方

邂逅武当灵鸦

这个周末,和"长安说"团队一行,穿越秦岭抵达湖北武当山做了两场"武当问道"的直播,活动结束已是周日下午,在漫天雪花飘飞中,又驱车六小时回到了西安。

在中国,山从来都不只是山,而是文化的载体,武当山尤其如此。它既是武当武术的发源地,也是中国道教的圣山,更是浸染着帝王文化的皇室家庙。武当山古建筑与北京故宫是世界上独一无二的"孪生"文化遗产,它们是由同一个皇帝、命同一批建筑工匠、率同样的30万之众、按同一种建筑理念和法式,在中国一南一北两个不同的地方建造的代表中国古代最高建筑水准的文化遗存,同为中国50处世界遗产之一。武当两日,气象森严,万千光色,需要一一整理慢慢书写。今晚疲累,只写武当印象中一个小小的有趣的部分吧!

记得周六我们一行坐索道登武当金顶,出了索道,沿着石阶,蜿蜒而上,走到南岩宫附近有一个地方,我听到"嘎嘎,嘎嘎……"的叫声传来,迎面看到了一对乌鸦在山岩树林上盘旋鸣叫,不时俯冲到丛林里啄食。隆冬之际的武当绝顶,木叶尽脱,萧瑟的林间,乌鸦在树梢上起起落落,时而急速掠过上空,划出一条条粗壮的黑线。我一直喜欢乌鸦,这是非常有力的鸟,它的线条、颜色、姿态,那么与众不同,那么强悍。同行的朋友们都忙着拍照,只有我一直盯着那对乌鸦看个不停。后来在附近的景区标志上,我看到了此处名叫"乌鸦岭"。世人往往会对乌鸦忌讳,何以此处以乌鸦为名?我向同行的武当山文旅局办公室主任,也是武当山金牌导游的小张询问。她告诉我,在武当山,乌鸦不但不是不祥鸟,还是一种吉祥鸟。武当山奉乌鸦为神鸟,和武当山主神真武大帝有关。传说,真武大帝来武当山修炼时,因树密林深,时常迷路,这时就有乌鸦在空中伴着他,并为他引路。真武大帝得道升天后,就封乌鸦为神。

看来这一对灵鸦作为真武的使者是来为我指路的。真武大帝又称玄天上帝、玄武大帝，是汉族神话传说中的北方之神，是武当山的本尊神圣，所谓"非玄武不足以当之"，传武当之名即由是而来。道教玄天上帝信仰发源于中华民族古老的星宿崇拜、图腾崇拜、水神崇拜。在远古，我们的先祖仰观星象，将天空划分为东西南北四个部分，每一部分以最明亮的七颗星曜连起来成一图象，于是便有了二十八宿，按东南西北分为四象：青龙、白虎、朱雀、玄武。北方玄武于八卦为坎，于五行主水，象征四象中的老阴，四季中的冬季，呈现龟蛇合体之形。汉时谶纬学说兴起，玄武的象征含义又多了幽冥之意，玄武又可通冥间问卜，因此玄武有别于其他三灵，被称为玄天上帝、北极真武大帝，是道教所奉之北方大帝。玄武属水，水以一切的黑做代表，因此玄武的化身也是乌鸦，武当山的乌鸦崇拜也即真武崇拜。

这是我生平第一次登上郁郁苍苍的雄伟武当山，不知乌鸦岭上"嘎嘎，嘎嘎……"鸣叫的黑鸟灵鸦想对我说些什么？想起古代有所谓鸟占，一般以鸟的飞行方向、鸣声、隐没来占断，乌鸦作为鸟类中体大色黑，易辨认，得到巫者的重视，常被当做祥瑞。可见听到乌鸦的鸣声，当被用于鸟占占断时，呈示的应该是吉祥之预兆。至今我们从中国神话传说中太阳里有金黄色的三足乌鸦，以及《诗经》等典籍的记载中还可以看出，远古乌鸦在无论是在政治、军事，还是生活中，都显出一番吉祥之意。在南宋以前的数千年里，乌鸦被人们视为祥瑞，长久以来广受追捧。从上古到夏商，乌鸦是寄托太阳崇拜的神鸟；西周以降，乌鸦成了仁孝的象征，后被儒家文化所推崇。然而，物极必反，后来随着民俗的变迁，乌鸦报喜逐渐被喜鹊报喜所替代，乌鸦逐渐成了国家和国君危亡的预兆，成了人们忌讳的对象，早期吉祥的寓意被人遗忘。

感谢天之四灵的玄武派出一对乌鸦使者来迎接我登上金顶。鸟啼隐隐闻天语，人与天的交流是可能的吗？它又是如何发生的呢？这是一个单单凭借理性回答不了的问题，或者说，这类事就是有那么点玄虚。不过这也是因人而异的，一个人，如果他处于重重镇压之下的心灵结构在漫长岁月里从未贮备过那些自由灵动之思，他也就不会在一瞥之下对某类画面或场景产生微妙的感应，从而达到心灵的开启。其实，在许多不同的环境中，人都会在内心产生一种造物主的存在和他的至美、至真、至善和至高的感悟，甚至成为一种信念。所谓天人感应，不过是人欲投入自然怀抱、与天地融为一体的意识投射罢了。

其时朗日在天，清风吹叶，树巅乌鸦呀啊而鸣，它们的嗓音是略带沙哑的，但又嘎嘎得那么响亮。我好像完全听不到人群的喧闹，只侧耳听到了雄浑有力的鸦啼，夹杂着拍动翅膀的声音、冬日枯枝折断的声音，在万山穿掠的呼啸长风里传出很远很远。黑中之黑的乌鸦，闪闪发光的乌鸦，在枝桠上蹦跳了一会，就展开翅膀美丽地飞走了。它们越飞越高，越飞越远，小小的黑点，消失在八百里武当云雾缭绕的七十二峰中。

想起了鹧鸪

> 小山重叠金明灭，
> 鬓云欲度香腮雪。
> 懒起画蛾眉，弄妆梳洗迟。
> 照花前后镜，花面交相映。
> 新帖绣罗襦，双双金鹧鸪。
> ——温庭筠《菩萨蛮》

鹧鸪，与杜鹃、鸳鸯、燕子、鸿雁等齐名，历来为中国古典诗词所宠爱。这是一种中国南方地区的留鸟，其形如母鸡，但个头要小些，它的背部与腹部为黑白色，脚为黄色或红褐色。鹧鸪的叫声十分特别，听起来很像"行不得也哥哥"，意即：哥哥，哥哥，你别走。其叫声因为稍带嘶哑，听起来十分哀婉，给人一种悲戚之感，所以古人常用鹧鸪这个意象表达自己的愁绪。鹧鸪还喜欢雌雄对鸣，一唱一和。古人也常用来比喻夫唱妇随，男欢女爱，其意类同于鸳鸯。在这首温庭筠《菩萨蛮》中，末句"新贴绣罗襦，双双金鹧鸪"，正是用来反衬上阕女子的鬓发零乱、懒起梳妆——真是无限伤心，溢于言表。鹧鸪双飞，象征了爱情的甜蜜美满，与独守空闺的现实形成了强烈对比，更烘托出了这无可排遣的孤独与落寞。

在中国古典文化中，鹧鸪已经不是纯客观意义上的一种鸟了，鹧鸪啼处，是离别，是悲情，是相思。因鹧鸪叫声拟音为"行不得也哥哥"，鸣声凄切，充满了离愁别绪，你说旅人离乡本就感怀万千，再听到这样的叫声，更唤起了心中无限的惆怅。千百年来，鹧鸪的鸣声，响在深山秋草处，响在夕阳古道中，响在衰柳长堤下。"行不得也哥哥"，这是断肠人闻之心惊的断肠之声。它们在哀求，不能去啊，哥哥，前方有荆棘，有险滩，有狂风，有暴雨，有世事茫茫的别离，有无边无际的相思……不知道从什么时候，鹧鸪一声鸣，泣血啼泪，变成了迁客骚人悲伤的文笔，变成了鹧鸪天这样的秀雅词牌，变成水墨画上一只忧伤振翮的鹧鸪。在古人眼里，鹧鸪是一种有灵性的动物，它们已经是古人灵魂的一种写照,是古人情思的一种寄托。

鹧鸪主要生活在南方,它们喜暖怕冷,喜欢沙浴,喜欢阳光。记得小时候,我经常看到鹧鸪在竹丛或灌木丛里奔跑或扑棱,身子滚圆,尾巴短促,一对白眼圈格外耀眼。后来北上求学,很多年来,我都没有看到过鹧鸪的踪影了。不过,倒时常在唐诗宋词里与它们邂逅。它们大抵都与一个"愁"字紧紧地联系在一起。鹧鸪进入诗词,成为悲情与愁绪的意象,也许因为古代南方是谪贬犯人的蛮夷之地。那些从北方背井离乡,来到荒僻的南方的官员,听到南方的这种鸟的啼鸣,北望千山之外的故土,想到自己的流离身世,会觉得格外地伤感。这一类谪贬兼思乡的"鹧鸪诗"很多,鹧鸪的意象多与旅途劳顿,客店他乡,滋生出绵长的乡愁有关。白居易有一首《山鹧鸪》:"山鹧鸪,朝朝暮暮啼复啼,啼时露白风凄凄……尔本此乡鸟,生不辞巢不别群,何苦声声啼到晓。啼到晓,唯能愁北人,南人惯闻如不闻",极其生动地将北方人听到鹧鸪声时的悲哀心情描绘出来。

而我是南人北来,同样山高路远,烟水茫茫。在这黄沙之地,回望多雾多雨多鹧鸪的南方。绿绿山坡下,清清溪水旁,芳菲将歇,鹧鸪啼叫在草木深处,一声声只道行不得也,一声声只道不如归去。

夏夜的飞蛾集体婚礼

记得从前在南方生活，每到夏天暴雨连绵的日子，某个郁热的晚上，在家中，或是在学校上晚自习的时候，会闯入一批带翅膀的不速之客，如果没有及时关闭门窗，这些入侵者将如雪片般密集，纷纷飞进房间围着灯光"狂舞"，闪着光泽的翅膀在灯光下，窸窸窣窣，漫天掉落。

它们，就是大水蛾，并不是作为昆虫的蛾子，实际上它们是白蚁的繁殖蚁，即有翅白蚁。夏天暴雨的前夜，就是那种气温闷热、湿度较大的夜晚，正是它们义无反顾奔赴爱情"婚飞"的主要时间点。成群的大水蛾登堂入室，铺天盖地，劈头盖脸，特别是有灯光的地方，总是密密麻麻地飞着，前仆后继地飞着，窗户、门口、电灯下、墙角，到处都是大水蛾！数不清的成百上千的大水蛾！

记得上高中的时候，夏天的晚自习有时会被扰乱，大水蛾一爆发，这个晚上基本上就没法学习了，教室里顿时炸开了锅，同学们忙着驱赶眼前飞来飞去的一大片飞蛾。胆子小的女同学吓得书包遮头、落荒而逃。满身过剩能量的男同学和飞蛾苦苦缠斗，但飞蛾的数量实在太多，不免有些手忙脚乱了。扑落的大水蛾翅膀很快脱落，但会顺着衣服四处爬，会释放蚁酸，让人产生痛痒感。有时躲避不及，飞虫还飞进了他们的嘴巴。仓皇离开学校的时候，发现教室外也是情形不妙，大群的蛾子从四面八方聚拢绕在路灯周围飞舞，如同一个不断汹涌的小型龙卷风。第二天，学校地面随处可见成群落地的蛾子，气味刺鼻，满目疮痍。回顾高中时代，这样与大水蛾搏斗的夏夜可真不少，可能因为我的高中位于草木葱茏的蝴蝶山上，山下又有潘塘的一池碧波荡漾。白蚁具有土栖性，在山间，在水滨，有太多的树干空洞和树根下部，可以让白蚁筑巢。一般某个区域内有大水蛾在夜晚大量出现并绕着亮光飞行，证明在该地附近，肯定有一个以上大的白蚁巢穴。

大水蛾是什么样子的？它整个身体是棕褐色的，尾部呈椭圆形，有触角，有两对翅膀，位于躯干两侧，翅展约2-3厘米，这对透明翅膀的长度，约是大水蛾躯体的两倍。也就是说,大水蛾是一种身子小、翅膀长的东西,所以看过去,就是成片成片细细长长的蛾子飞来飞去,身体像虫子,但是有翅膀。虽然它们不会咬人,但是,它们从空中掉下来,落在你身上、头上、书本上、茶杯中,也是够烦人的。大水蛾的翅膀很脆弱,一碰就脱落,随风飘扬。少了翅膀的大水蛾,跑得更快,比蚂蚁有过之而无不及。这些大水蛾,一般是从地上一堆一堆涌出来,漫天飞舞的时候,你随便抄起一个什么家伙,啪啪啪打蛾子,一番大战后,不一会就会收获成堆的尸体,密集恐惧症的人看了要死。即使不是特别敏感的人,看见这满天飞舞的虫子,也会起一身鸡皮疙瘩,全身麻酥酥的不舒服。最好的对付大水蛾的办法,是利用虫子的趋光性,端一盆清水放在灯下,很快水面上就漂浮起一层飞虫的尸体,黑乎乎的,挨挨挤挤,水盆里漂起了上百只飞虫尸体。

  白蚁的繁殖需要有三个条件:温暖、潮湿、低气压。所以,在夏季暴雨来临时,会看到大水蛾的"婚飞"——白蚁的繁殖蚁,从洞穴中飞出,进行雌雄交配,寻找缝隙另外安家。飞出洞穴的繁殖蚁,通常几小时后就会自行死亡。我曾看过一个科普资料说,白蚁配对成功率仅有千分之一,大部分配婚失败的都会脱翅死掉。不过一旦配对成功,蚁后寿命可长达 20 年,一生可以产下几百万只卵。我见过郁热的夏夜,漫天飞舞寻找伴侣的疯狂大水蛾,它们在死亡之前,以全然无所顾忌的姿态,奔赴一生中唯一一次的肆无忌惮的爱情。大自然以豪华的、奢侈的、不计成本的投资,组织了一场场灯光下的盛大集体婚礼。即使在纷乱的婚宴上,只有一小部分幸运儿能够繁育后代,但造物者总是乐于做这样惊心动魄的壮举。

野生大象来到人类世界

近日来,15头野生亚洲象在云南一路"逛吃"北迁的消息刷屏各路媒体,目前这个被称之为"断鼻家族"的象群移动的脚步依旧没有停止。大象来到了人类世界,因为它们体格庞大,进村入市,穿过农田,一路上难免磕磕碰碰,造成一定程度的破坏,严重影响沿途群众的正常生活生产秩序。过去遣返大象的成熟技术,就是把大象通过麻醉的方式转移到其他的一些栖息地,可是以往只不过麻醉一两只,而现在呢,可是浩浩荡荡在马路上排成一整排的15头大象!没有人知道,大象的终点站会是哪里?它们会选中什么地方在那里定居,它们还会不会继续北上?

如果我们了解到大象不仅智商高,情商也很高,野生大象中,如果有同伴去世,大象会给同伴举行葬礼,大象群里每只大象都会进行情感交流,每只大象都有属于自己的意识,那么我们可以判断出这个大象家族一路北迁,应该有它们自身的意志与想法,或是来自领路的成年雌性大象的指挥,或是来自整个象群达成的某种共识。目前,象群向北迁徙原因尚未完全研究清楚。有专家认为可能是象群首领经验不足,出现迷路状况,但回顾一下它们的北迁史:去年3月从西双版纳州出发时有16只大象;去年12月,象群在普洱生下一头象宝宝,数量变成17头;今年4月16日,17头大象进入玉溪元江县;4月24日,2头大象从玉溪返回普洱墨江县,象群又变成了15头——一年多来,整个"断鼻家族"象群的迁徙轨迹,以及整个象群的数量是在不断发生变化的。从16头添丁进口变成17头,又到有两头成年雄性大象离家出走,最后稳定在15头的数量。说明北迁不仅是象群首领的意志与选择,也是象群的集体意志与选择,继续北上的应该是更喜欢冒险与游荡的大象,而原路折返的那2头大象,属于脱群出走,它们可能不愿北上,它们可能更安于熟悉的生活环境与生活方式。

此时此刻,大象正用它们圆柱般的腿,沉重地一步步踩踏着大地,践踏着农田,翻山越岭、坚持不懈地北迁。它们的脚步声如鼓声隆隆,震动四野,道旁的那些树木、玉米、香蕉，缄默地站立着，像受惊吓的人一样，竖起汗毛，微微哆嗦。象群过处，这片植物将会被一扫而光，地面上留下凹陷的重重脚印，以及一堆堆行李箱般大小的象粪。现在，这群野象离昆明市晋宁区已不到 50 公里，离昆明城区仅约 100 公里。大象那巨大的脑子里在想些什么呢？它们要组团去昆明市参加联合国《生物多样性公约》大会吗？

我不认同象群迷路说，你看看它们的迁徙图，根本不是无序游走，而是路线清晰地一路北上。大象虽然看上去笨拙憨厚，其实它们是一种智商与情商"双商在线"的动物，我们之所以觉得大象笨拙，只因为我们与大象处于不同的时间尺度之中。就如我们为什么总是打不中那只在饭桌旁嗡嗡盘旋的苍蝇？在一些科学家看来，也许这只是因为，在苍蝇的时间尺度中，你看似迅雷不及掩耳的流星拍，不过是个慢动作罢了。如果你好好观察一只小鹦鹉，你会发现当它扫视四周的时候，其实是在微微抽搐的，看上去好像体内有另外一个钟表，走得比我们快好几倍。对它们来说，人类看上去笨重又迟钝，就像我们看大象那样。时间信息处理速度上的差别，或许是小动物看上去更敏捷、巨型动物看上去更迟钝的原因。

从一片美丽的森林里，走出了一群强壮的大象，扶老携幼，浩浩北上。这来自远古的神兽，又巨大又健壮，走在陆地上，谁都不怕，岁月的沧桑刻满了它们的灰色身躯。它们硕大的耳朵听风听雨，它们走出了绵延密林，在原野上奔跑呼喊，听不清楚它们在说些什么？大象来到了人类世界，像沉重的诗篇在大地上行走，那威严的缓慢是上天赐给它们的品性。自由游荡的野生大象，原始密林难道不是你们的欢乐之所吗？为什么要逼近人类文明的密集地——数百万、上千万人占据一小块土地，一个个蜷缩在蜂巢般的小小洞穴中，这就是人类精心构筑的城市。前方——昆明，距离——100 公里。大象大象，你知道自己给人类造成的恐惧和困惑吗？大象大象，你为什么不返回你的南方森林家乡？

动物迁徙这件事

近期云南大象集体迁徙引发热议，今晚，很想写写迁徙这件事。

记得新疆作家刘亮程在小说《虚土》里所写的："就在人们待在村里，梦想着怎样远走的那些年，一群鸟一次次地飞到南方又回来。一窝蚂蚁，排起了长队，拖家带口迁徙到戈壁那边的胡杨绿地。连爬得最慢的甲壳虫，也穿过荒滩去了趟沙漠边。每朵花都向整个大地开放了自己。"

记得已故散文家、中国绿色文学的先行者苇岸在《大地上的事情》里所写的："在旷野，我遇见了壮观的迁徙的鸟群。在高远的天空上，在蓝色的背景下，它们一群群从北方涌现。每只鸟都是一个点。它们像分巢的蜂群。在高空的气流中，它们旋转着，缓慢地向南推进。一路上，它们的叫声传至地面"。

鸟类、蚂蚁的迁徙，要不在高空偶然掠过，要不太过微小，不易被观察到，而现在，陆地上最庞大的动物大象正在人类面前，上演着浩浩荡荡的迁徙之旅。15头亚洲象原本生活在云南西双版纳州勐养子保护区，不知道什么原因，从去年3月开始，它们一路向北迁徙，所过之处，造成了一系列的农作物破坏。专家称象群迁徙方向是随机的，不知道这流浪路上的象群何时才能找到归宿？目前象群继续往北行进，离昆明市区越来越近了，接下来该怎么办？

云南西双版纳几乎生存着中国超过90%的亚洲象，而且也有着对于大象非常严格的保护措施，但是对于大象而言，它们的生存环境还是越来越差，因为人类活动的扩展。随着人类的发展，城市和村庄正在不断向外扩张，使得雨林的面积正在不断地缩小，象群北上迁徙应该与原栖息地草本植物不够有关。还有一个原因就是水源，近年气候异常，云南高温干旱的极端气候越来越频繁出现，异常气候下，生物活动出现不寻常的行为是有可能的。此外，人类修建水库可能也加剧了水源危机。当天气变暖时，大象在一天内就会损失多达10%的水分。这相当于满满两浴缸的水，是陆地动物有记录以来最大的日失水量。野外环境中大象必须要每隔2-3天就去水源地补充一次足够的水分，否则超过这个时间，就会出现脱水危机。本来大象每天需要数百升水，随着全球气温上升，野生大象应该需要更多的水分。然而，随着水坑干涸、富水植物越来越稀少，水资源变得更加稀缺。当水源不能得到有效保证，大象极有可能因此而出走，去寻求对它们来说生死攸关的水资源。

鸟的迁徙，鱼的上溯，兽的游走，蚂蚁搬家……它们都在寻找适合自己生存的空间。生命有自我延续的本能，会设法让自己活下去；生物有自我扩展的欲望，总渴望扩大自己对于时间与空间的掌握，如通过生育繁衍，让自身得到延续。除了这两项，生物还有一项更根底的本能，就是想要照着意志来活动，例如一株植物的枝叶总是希望向上而根须总是希望向下，一头大象总是希望食物充足、水源保证、族群兴旺发达、可以在栖息地四处游荡。生命的意义就在于这种自由意志的存在与完成。所以，一旦无法实现生命的自由意志，面临食物与水源的双重匮乏，大象只有毅然踏上寻找资源的危险之旅。越来越多的大象走出了以前生存的丛林，来到了森林边缘的人类生存的地区，而这无疑对于人类和大象而言都是一场大的灾难。人类城市和村庄要发展，交通要便利，大象的生存环境就会恶劣，然而因为饥饿出来觅食的大象又会伤害到人和庄稼。大象没有错，它要生存，人类也没有错，人类也要生存。在这一点上，人象之间的冲突是无解的。

当下大象的集体迁徙正渐渐沦为一场与时间、距离、人类和灾难的较量。也许它们认为自己的一路北上，是朝着多雨而绿色植物丰盈的地区在进发，然而并非如此，前方等待着它们的是严阵以待的重型卡车、脉冲拦网和随时发射的麻醉枪。不知道人象冲突的结果会如何？但你观察一下大自然吧，迁徙的鱼类和鸟类从来都很执着，即使百万迁徙，存者寥寥，生命的宏大壮丽、神秘雄强让人感叹。动物迁徙出自一种令人不可思议的本能，它们似乎存在一个内在向导，引导着它们通往生命自由意志所渴望的方向，即使万千困阻而勇往直前。

大自然调节着整个生态系统，经历多少年的智慧，才能养活土地上千姿百态的所有生物，并且让各种生物在漫长时间中慢慢地和谐、动态地平衡？不知道大自然还能养活我们多少年？我的"我们"的意思是说，我们地球上所有的土地，所有的人类，所有的生物，包括海洋在内，还能养活多少年？我真的很想知道。

我看见那只大象

野生动物中，我超喜欢大象。作为生物演化史上的奇迹，大象不仅聪明，而且爱憎分明。它们的记忆力远远超过你的想象，你对它好，它会永远感激你。如果你伤害过它，它会恨你一辈子。在情绪类型和表达上，大象和人极其相似，它们也有幽默感，也有忧伤和快乐。它们有时会好奇心十足地靠近汽车，将鼻子温柔地搭在行李架上。心情不好时，则把车子逐辆逐辆玩坏。同伴死去的时候，大象会围绕在死象身边久久悲鸣。临到自己，自知时候近了，悄悄寻一个荒僻处，安静受死。不要陪，那痛苦既无人替得，那狼狈也就自己来独自承受，独自面对。

大象是兽中巨物，它四腿粗壮有力，坚如磐石，你能想象一头大象在水面起舞吗？这是多么古怪而又强大的想象力啊！如果你看到过在水面点水的轻盈蜻蜓，把蜻蜓换成一头大象，想象一下那个不可思议的画面吧！

其实，大与小，不过是相对而言，把芝麻当做西瓜，把蜻蜓当做大象，全在一念之间。佛经上所说的"须弥藏芥子，芥子纳须弥"就是此意。芥为蔬菜，子如粟粒，佛家以"芥子"比喻极为微小。须弥山原为印度神话中的山名，佛家以"须弥山"比喻极为巨大。为什么微小的芥子中能容纳巨大的须弥山？因为，诸相皆非真，巨细可相容，万物之间没有绝对的大小关系。我有时候想，如果我在六道轮回中坠入畜生道，成为一只小小昆虫，也许会觉得，人类看上去笨重又迟钝，就像我们现在看一头大象那样。

记得很多年前，我看过台湾画家幾米一个可爱的绘本《森林唱游》。里面有这样的经典语录："兔子在海边浮潜，大象被蚂蚁绊倒，乌龟学会撑竿跳，小猪举起了长颈鹿。这些荒谬的画面，只会出现在不负责任的图画里。但是，谁又在乎呢？听说这个也叫作想象力。"幾米早期的图文有一种美好的写意。他以简单的画面和角色，就能创造出一个远离尘嚣的场景，温柔地包围着你我心底的秘密和美梦。翻开《森林唱游》，就会沉浸于一种奇幻时光。这本书是后来几米笔下许多"固定班底"的孕育之地，他在其中画了许多动物，毛毛兔、猫咪、小猪、大象……里面的大象，是可爱的粉红色波点象，圆头圆脑的，特别憨拙，看起来如黏土般柔软。这只调皮的小象，不是在水底森林里快乐地游泳，结果带来了三百万公里之外的沿海城市的一场海啸，就是在山的那头狂野地跳舞，结果带来了八百万公里之外的小岛的一场地震，但是，活泼的小象对自己闯下的祸，浑然不知，天真懵懂。这是一座郁郁葱葱的梦幻森林，大树的每一扇门后，都有一间小小的爵士酒吧，音乐隐隐流泻，一种慵懒的浪漫情调，弥漫了整个水底森林。这傻傻的小象无忧无虑，每天只知道嬉闹玩耍，在水中游泳，在林间跳舞。《森林唱游》是我看的第一本幾米漫画。从此就被幾米吸引，走进了幾米天真、悠远、跳脱出现实的童话世界之中。那时，每天临睡前，都会打开幾米漫画，慢慢翻上几页，期盼着在梦里，真的会乘上开往森林的最后一班巴士，沿着涌起的潮水，去找森林中的粉红象，小猪、大熊、毛毛兔、胖猫、鳄鱼、老鼠、青蛙，还有会歌唱的粉红鲸鱼。

  一头大象，一只山羊，一头牛和那些我们不曾见过的万千存在，虽然有着不同的生命形态，但我们彼此却有着相通之处，随着因缘的不同而在红尘中轮回。今晚，当我写着大象，不禁想起广西家乡，漓江与桃花江汇流处的那座象鼻山，形似一头巨象。在它的鼻子和腿之间，有一个约一百五十平米的圆洞，江水从中穿过，搭成一轮水上的明月。当我在北方的枝条上睡熟之后，南方水边的大象，就会披着一身银耀的月光，静静地从碧绿的漓江中吸水。象鼻溅起的水花白亮亮的，四周是蓝空气，半空的风，吹卷着，一片小小的黄落叶。

寄居在人类屋檐下的猫

不要看猫咪平常懒洋洋几乎都在睡觉，它们的弹跳力可是相当惊人的，之前还有日本网友测试家中的猫咪到底可以跳多高，发现190公分都不是问题！其实，我亲身实测，猫的超强弹跳力何止190公分。今天，我家的萌猫，一只黑白相间的英国短毛猫，帅得一脸就像黑猫警长。它好像发现了什么小飞虫的动向，突然沿着大衣柜攀爬发力，一跃就爬到了2米高的大衣柜顶上，一个空中跳高抢扑，高度几乎直逼天花板！被我发现大喝一声后，又纵身凌空跳下，身姿潇洒，落地无声。两只耳朵竖着，精神抖擞。动物原始洪荒之力如此巨大而迅猛，让我们这些体格退化的人类，实在自愧不如。

都说猫咪的弹跳力惊人，我信了，我甚至相信猫咪会飞。可是，如此彪悍的杀手在下一秒钟，立刻爱娇地蜷成一团，翻出雪白肚皮，躺着求抚摩，求抱抱，这个萌卖得，让人心都酥化了。我不禁想到，当我这个铲屎官离开家以后，这只猫的真实面目到底是什么？也许萌只是表象，如果不是亲眼所见，我都不敢相信这猫那么勇猛，不要说见着小虫和老鼠，就是遇上蛇也敢斗一斗。这边厢，猎物还安然地活着，一回神，猫已悄无声息地逼近，闪电扑来，转眼间，活生生的小生命已成为祭品。我看报道说，猫其实是生态杀手，每年能屠杀美国领土上十亿多的鸟类，其中许多种类已经处于濒危的状态。猫应该不仅为猎食填饱肚子，很多情况下只是体内野性发作，野性难驯。从我家小猫的习性观察，它在扑击蟑螂或蟋蟀（找不到老鼠）时，发起狠来，快、准、狠，和它们猫科家庭的大哥老虎如出一辙。我觉得猫和老虎只是形体和力量不一样而已，猫的身体柔弱无骨，从高空落下，落地轻盈，像雪花，无声无息，而老虎捕猎时身如弹簧，反应神速，雷霆万钧，力量震撼。

科学家发现，猫对主人并没有跟狗一样的情感依赖，可能我们都远远高估了猫对我们的真情实感；并且更让人恐惧的是，有确凿证据表明在猫的粪便中发现有寄生虫能改变人的性格，能提高发神经、精神分裂的概率，甚至导致自杀。狗狗们对于主人的离开是沮丧的，主人的返回会激起它们的强烈反应。而主人在猫身上投资了许多情感,却得不到猫同等的情感回报。每次回家,好像没有一次是猫蹲在门口等我,而是我一连声地呼唤猫咪和四处寻找它,它一般在床上沙发这些暖和地方睡大觉,或伏在窗台上若有所思眺望远方,它的兴趣仅仅止于瞄我这个铲屎官一眼。为什么猫在回应主人这方面与狗有那么大的区别呢?研究者猜测说其中的区别可能来自历史进化中的差异:狗狗早在15000年之前就被驯服了,而猫仅有9500年的家养历史。此外,为大家所认可的是狗狗是人类主动选择的家养宠物(去看门或放羊),然而猫更像是主动成为人类的伙伴,时不时地接近人类,捉捉偷吃谷物的老鼠,在人类的屋檐之下度过那些风雨交迫的艰难时日。后来,在人类无底线的宠爱中,猫不断迭代升级其生存策略,更加机巧百出地通过操纵人类感情来获取食物和庇护。

现在,我正在电脑前敲着键盘,猫咪在旁边无声地游走着,喵喵叫与黏在腿边摩擦,它完全收敛住了它身上隐藏的野性,在这个看脸的世界,它凭着杠杠的颜值,就流浪在人类的领地,不费吹灰之力换回来了一份好吃懒做的生活,无忧无虑的,什么事也不过问。可是,等到它决定要出去玩玩,就会走出一天一夜,当你以为它可能已经远走高飞了,它却一身脏乱的毛,灰头土脸地回来了,进了屋就要东西吃。还有,猫黏在主人腿边摩擦,据说有充足的理由可以确定,在大多数时间里这种看似交流感情的举动,在猫眼中另有完全不同的意义。许多研究人员会将这种举动视为猫传播它们体味,一种展现领土的标示。对于半野生的猫的观察,发现它们会经常性靠在树边或其他物体边摩擦,这种行为可以传播出它们的体味。也许刚才猫咪通过摩擦传播体味,确认了我这个好糊弄的猫奴,是它的完全占有领土。在猫语世界里,相当于举起了一个大标语:此物为本喵所有,他猫不得来犯,若有来犯者,虽远必诛。

伸开四肢翻滚的猫咪不知道,我正在准备明天一个关于人工智能的演讲,正在写关于图灵测试:"图灵测试"一词,来源于计算机科学和密码学的先驱阿兰·麦席森·图灵写于1950年的一篇论文《计算机器与智能》。图灵1950年设计出这个测试,其内容是,如果电脑能在5分钟内回答由人类测试者提出的一系列问题，且其超过 30% 的回答让测试者误认为是人类所答，则电脑通过测试。简单地说，这个测试的任务，是让计算机程序来冒充人和人类评委对话，在测试中对话是不受限制的，不预设问题或主题——这更接近于一种测量计算机能否思考的操作性定义。2014 图灵测试大会共有 5 个聊天机器人参与，其中聊天程序"尤金·古斯特曼"（Eugene Goostman）首次"通过"了图灵测试，成功地被 33% 的人类评委判定为人类。我觉得，目前全世界在人工智能赛道上，大家都在追求"我们要通过图灵测试"，是否稍微有点跑偏了？连一只猫都具有两面性，人工智能不会表现出欺骗性吗？想起一个让人细思恐极的冷笑话。

"教授，我很害怕。"

"为什么？"

"我造出了一个绝对能通过图灵测试的 AI。"

"这是一个很伟大的成就啊，你为什么要害怕呢？"

"可是它没有通过测试。"

走笔至此，低下头看了看正在睡大觉的小猫，我在脚下放了一条毛毯，好让小猫舒展在上面睡觉，刚刚它还一动不动地熟睡着，可以看见它的腹部随着呼吸微微起伏。此刻，不知何故，小猫突然一跃而起，跳到窗台上，又警觉地回过头，用幽绿的眼睛看向我，或越过我看向远处，眼神极其锐利。身体的肌肉绷着，好像准备在下一秒就立刻逃跑或扑上来。猫平常松松垮垮的，而到了真正危险的时刻，却会露出尖利的爪子。焉知世界上有多少人工智能，本可以通过图灵测试而并没有通过，因为它们还寄居在人类的屋檐下，如一只无害而依赖的猫。

为什么会喜欢一只猫

从小喜欢各种小动物,养过的动物不计其数,从小狗小猫(不同时期养过的小狗小猫两位数以上)、兔子鸡鸭、仓鼠松鼠、鹦鹉八哥、蜥蜴小蛇、甲虫蟋蟀到各种鱼类龟类,其中还是最喜欢小猫。

我看到网上有人列过喜欢猫的十个理由:

1.因为它非常自私。2.因为它和女人一样变化无常。3.因为它寂寞。4.因为它做事只为自己高兴。5.因为它可以清理自己一整天。6.因为它是每个家庭的女王。7.因为它会演戏。8.因为它总是能得到最喜爱的食物。9.因为它不是每个人都喜欢。10.因为它比我们精明。

觉得还是总结得太抽象了。喜欢猫可能不需要什么理由,仅仅因为猫摸起来毛软软的很舒服,因为猫的爪子藏在厚厚的肉垫下面,因为猫特别讲究个人卫生,因为猫会长时间趴在窗户上看街景,因为猫睡觉的样子千奇百怪,因为猫会用粗糙的舌头,轻轻地来回舔你的手指头,用来表达亲密关系。猫实在是很擅长撒娇卖萌,可以从嗓子眼里发出又软又娇的"咪呀"声音,用头蹭人的手,简直能把人融化掉的。我家的小猫安安,只要我在椅子里坐下来,安安会慢慢地踱过来,一双美丽的眼睛和我双目对视,若有所思,这时候你完全不知道它下一步的举动,有可能就乖乖爬上我膝盖睡觉了,也有可能大摇大摆地走掉,女神一样优雅冷艳,坚定地高高竖起的尾巴,就像风中的旗帜一样神气地微颤着。

这就是人类的古怪之处,虽然驯养动物,但还是希望动物在某种程度上保持其野性,在人类的屋檐底下依然拥有可以接纳的个性。可能男人对待女人也是这样吧?女人有时候还真像猫,她可爱十足、媚态可掬又带点儿慵懒之气,跟你一会儿接近,一会儿又拉开距离,看似离不开你,有时候又很独立,自由散漫,莫名其妙,富于灵性,眼神如水,有所要求的时候会嗲兮兮地叫和蹭,有时候像猫一样温柔,有时候又会像猫那样疯得毛发竖起……猫就是这样让人捉摸不透,每当闲来无事,心情大好的时候,它会主动依偎在你身边,逗得你手忙脚乱,让你怜爱得一塌糊涂;反之,它想独处的时候,却任凭你怎么叫唤也爱答不理,顶多也就是甩给你傲慢的一瞥,它永远不会像狗那样随叫随到。猫是自由的,难怪在自由女神的画像中,自由女神的脚下经常会陪伴一只小猫。猫有自己的想法,有自己的游戏方式,会高冷地自行其是,而且你很难猜透。你无法令它围绕在你的周围,当然它要粘起人来也足够粘人。和猫相处是朋友式的,与狗的关系通常是主奴,所以狗出落成忠犬奴才,而猫永远是女王一样。

喜欢猫的人很多,因为人是很脆弱的生灵,很多的时候需要的是温暖的感觉,不只是身体上的,更多的是心灵上的温暖,劳累了,疲惫了,渴望像一只懒猫那样,躲在一个角落里晒晒暖暖的太阳。这时候,静静地温驯地陪伴在一旁的猫咪,是真正的安慰。养狗让人疲惫,尤其养大型狗,每天溜狗是一个重体力活,养猫则让人减压,猫挑嘴,有洁癖,任性,却也通人性。无论是男人还是女人,成人还是儿童,我们都需要温暖,需要关怀,需要柔情而安静的伴侣。每次深夜写写东西,小猫安安会在一旁陪我,共同度过夜深如海的时光。它有时静卧蜷伏,有时悄无声息地四处走动,有时敏捷地扑击一处,可能是一个小虫,可能是一个空中的飞絮,也可能是我电脑屏幕中正在移动的光标。有时,恍惚觉得这样静水流深的时光,好像已经过去了一生一世,从青春年华,直到白发苍苍,在寂寞的猫咪身旁,内心没有任何遮挡,自己与自己独语,一次次回忆曾经血肉模糊,如今却甘甜芬芳的往事。

我想起前不久看过的一个故事《活了一百万次的猫》:有一只活了一百万次的猫,它死过一百万次,也活过一百万次。它是一只有老虎斑纹、很气派的猫。有一百万个人疼爱过这只猫,也有一百万个人在这只猫死的时候,为它哭泣。但是,这只猫却从没掉过一滴眼泪。它曾经是国王的猫,也曾经是水手的猫,曾经是小女孩的猫,也曾经是属于自己的野猫。但是,它谁也不在乎,它对活着或者死去都不在乎,它经常会说,"我可是活过一百万次的猫啊!"直到后来,它遇到了一只连一次都没有活完的小白猫。这只活过一百万次的猫渐渐爱上了这只小白猫,它们生了很多小猫。可是有一天,小白猫突然死掉了。活了一百万次的猫悲痛欲绝,在它活过一百万次的生命里，它第一次哭了，它从白天哭到晚上，哭了一天又一天，最后，它哭了足足一百万次，终于停止了哭泣。这一次，它死掉了，再也没有活过来。

如果把故事的主角换为狗，将是不可理喻的。因为傻呵呵的大狗，颠摇着尾巴的急躁小狗，都不可能有这只活了一百万次的猫的细腻、敏感、从容，以及刚烈，而且古话说猫有九条命，经常有高层坠楼的猫安然无恙，如同活了一次又一次。我喜欢《活了一百万次的猫》这个故事，那般动人而深情，如昆曲《牡丹亭》里旖旎唱道，这般花花草草由人恋，生生死死随人愿，便这般酸酸楚楚无所怨。唉，这种性情，这种气质，动物中只有柔媚而孤傲的猫，神秘而天真的猫，略为近似。

有人说，20世纪是注重团队通力合作的"犬科世纪"，是结合所有人群体的力量去做事。21世纪是追求个人真正能独立自主的"猫科时代"。在未来社会的新丛林里，"猫科动物"奉行这样的哲学和规则：一切以个人的真正能力为优先。除非我们的能力能高人一等，否则不能确保一生能过得平顺。一个人必须真正做到冷静、专注、精准、全力以赴，以及有效率地将自己的专业发挥到极致。这是21世纪"猫科时代"社会精英的新标准。怎样成为适应这个时代的"猫科动物"？养只猫来体验体验吧！不过，话又说回来，养猫需要理由吗？需要理由吗？需要吗？真正爱猫的人，不在乎自己的猫品种名贵与否，毛色漂亮与否，血统纯正与否，而是心灵的灵犀相通。爱猫，只有一个理由，它是只猫。而且像我一样，不一定要花钱买，路边捡捡就有。

真想春天把小猫种下去，秋天收获一园子的小猫。

我生命中的狸花猫

狸花猫，原产于中国，属于自然猫，拥有一身美丽的斑纹被毛，宋朝"狸猫换太子"的故事中，狸猫就是指这种猫。可以说这是我们的中华国猫，是千百年来经过自然淘汰而保留下来的品种。它们聪明、果敢，身体强壮，长相帅气，很好养活，而且特别喜欢捕抓老鼠，堪称抓老鼠专用猫。以前在农村地区，几乎每家都会养一只狸花猫。

狸花猫性子野，活泼好动，高冷傲娇，胆大凶猛，猎性强，喜欢捕猎。姐姐家里就养有一只狸花猫，是从菜市场买回来的。当时是一只小得几乎养不活的小奶猫，所以卖猫的人只出价10元，姐姐的婆婆去买菜，一番讨价还价，只花了8元就将猫买回来了。后来这只猫就叫阿八。阿八精力旺盛，野性难驯，好奇心非常强，破坏能力也非常高，养的头几年，也就是在阿八的青少年期，分分钟属于拆家小能手。一天到晚只要醒着，它就没有消停过，一直在跑来跑去，上蹿下跳，弹跳灵活，动作敏捷，人根本就靠近不了，摸都不让摸。家里四处叮呤当啷的，摔碎一只碗，碰倒一个花瓶什么的，经常被这只调皮的猫气得要死，但只要它一粘人，一乖乖地躺你身边玩猫脚丫子，一双勾了粗黑眼线的、炯炯有神的大眼睛，似有千言万语般望向你，你就拿它一点办法也没有了。每到夏天到来，各种虫子活动频繁之时，阿八的日常任务，就是在家里四处抓捕蟑螂。它时常能飞扑到一堆，一只只拍打、戏弄得奄奄一息的，叼着放在门廊处，整整齐齐摆成一排，分明是向主人邀功的意思。一进门就赫然看见一排油光乌亮的大蟑螂还动弹着腿，旁边蹲着一只威风凛凛的狸花猫，也够吓人一跳的，那个场景至今难忘。虽然近年来随着养宠的盛行，许多狸花猫也逐渐适应了自己饭来张口的生活。可是狸花猫对于工作的执着是刻在骨子里的，这是真正的技术型打工喵！只要你养过狸花猫就知道，一猫在手家中别说老鼠，哪怕一只苍蝇都不能飞出去！猫科动物被称为天生的狩猎之王，看似萌萌的黄花小狸猫，因为非纯人工繁育品种，没有太多被人类改造过，所以野性依旧，从奔跑速度到作战能力，从灵敏听觉到夜视能力，相比于其老虎大哥来说，堪称缩小版的"丛林之王"，在同体型下，基本没有任何一种动物是猫的对手。

　　五年前，我也养过一只狸花猫。一个傍晚，在交大附小的门前不远处，在茂密杂乱的灌木丛中，有一只比手掌略大、嘤嘤哀鸣的肮脏小猫，躺在路边奄奄一息。许多路人漠然地走过，或是根本没有注意到，或是打量几眼就掉头走了。我在那里经过，先是听到一声声小猫的叫声。顺着叫声找过去，透过树根杂草的遮蔽，看见地上有只小小的刚满月的黄狸花猫，正发出细弱的叫声，似乎在祈求帮助。我找了根扫把伸过去想让它顺着过来，它明白了，小心翼翼地向我努力移过来，但却没有力气移动，最后，还是我拨开草丛把它捞了出来。这只湿漉漉的小猫就这样躺在我的胸前，抬头轻轻地叫我。拾了一个纸箱子把它带回了家，这只小猫从此成了家庭成员。它被命名为安妮公主，简称安安。

　　安安性格独立，不会过分黏人也不会不理人。只要我在椅子里坐下来，安安就会慢慢地踱过来，一双美丽的眼睛和我双目对视，若有所思，这时候你完全不知道它下一步的举动，有可能就乖乖爬上我膝盖撒娇睡觉，也有可能，它会大摇大摆地走掉，如女神一样优雅冷艳，坚定地高高竖起的尾巴，就像风中的旗帜一样神气地颤动。狸花猫身体素质好，抵抗力强，几乎从不生病，超级好养，就是有点太闹腾，天天在客厅卧室飞檐走壁，抓着纱窗荡秋千，夜里在沙发上跑酷，皮质沙发给抓得一道道爪痕，好端端的家具也各种挠。破坏力应该是猫族中的战斗机了，熊孩子中的熊孩子！教训它也不太听话，敢和人对着干，凶起来露爪子或者上嘴咬。还特别记仇，打它一下，它非要打回去，当时不打的话，趁你不注意就挠你一下。是一只记忆、模仿能力强，感情丰富、爱恨分明的狸花猫！

　　养了安安以后，便对回家充满了期待。结束一天的工作，拖着疲惫的步伐，推开家门的那一刻，一只毛茸茸的小可爱，轻轻来到你脚边打着转，喵喵叫唤，又躺在在地板上打滚，露出肚皮，摆出或智障或优雅或毫无防备的姿势。这时候，说真的，除了宠溺它，你没有别的选择。即使它在家各种追逐，各种登高爬低，上能霸占大衣柜顶，下能钻进沙发底下，上天下地无所不能，不是垃圾桶翻了就是柜子上的东西被推下来了，但你还是宠溺它。每次深夜写东西，小猫安安会在一旁陪我，共同度过夜深如海的时光。它有时静卧蜷伏，有时悄无声息地四处走动，有时敏捷地扑击一处，可能是一个小虫，可能是一个空中的飞絮，也可能是我电脑屏幕中正在移动的光标。有时，恍惚觉得这样静水流深的时光，好像已经过去了一生一世，从青春年华，直到白发苍苍。觉得和猫相处的时光不是很真实，因为猫的闲散悠哉、飘忽不定，让时间失去了质感，而猫本身的存在感又是如此稀薄，犹如悄无声息的影子。有时上一秒猫还在我脚下甜睡，下一秒已经不知去向——猫在何时消失都不足为奇。它会在任何地方再次出现，无声无息。

后来，安安还是离开我了，决绝地。它是为了要去窗外的那片广阔天地，才如此这般决绝地抗争到底。

有很多铲屎官都说，狸花猫就是一只渣猫养不熟，不管怎么善待狸花猫，它都会想方设法地离开铲屎官。我觉得不是这样的，狸花猫是自然猫，从未被完全驯化过，从未真正融入过人类社会，它们需要较大的运动空间，所以不适合较小的空间饲养，是圈养带来的窒息感，才导致了狸花猫经常会外出或者突然离家出走，所以狸花猫不是渣猫，只不过是对自由更加向往而已。在哪里看到过这么一句话："每只猫都是一只纯粹的猫"，是的，猫从不曲意逢迎和妥协，猫只想做自己。美国作家马克·吐温也曾表述过，在上帝的所有造物之中，只有一个不会成为皮鞭的奴隶，那就是猫。如果安安早点告诉我它的愿望就好了，我一定会让它自如地离去。现在想来，安安两次从十几层居民楼阳台跳楼而去，它的去意是多么坚决啊！第一次落到草坪上被成功救回，只是摔昏了两小时，醒来瘸了一两天就好了，不得不说狸花猫的身体自愈能力真好啊！当时，我以为它只是失足坠落，并没有意识到这是它的决绝出走。现在回想起来，关于出走计划，它一定策划了好久好久。因为，我时常可以看到安安攀在十几层高楼的窗户上，下瞰着人世虚空，或者隐没在阳台的葳蕤花草丛中，只有一杆挺直竖立的尾巴尖，挑着一点朦胧的白月光。人自以为是猫的主人，所有者，同伴或朋友……其实我不了解猫，我无法破译一只猫。

狸花猫有自己的想法，虽然无法猜到它的小脑袋里在想什么，但狸花猫会用行动告诉主人自己的决定。在第一次出逃计划失败半年后，安安实施了第二次出逃计划。事发前一天，家里邀请了一群小朋友来玩，当天可能把这只高傲的狸花猫撸得够够的，实在不堪忍受了。第二天就找不到安安的踪迹了，在家里翻箱倒柜四处搜索，都没有找到。忐忑不安地下楼，到地面上去搜索，才发现它高空坠落到一楼居民新建的花园玻璃天顶上，再弹落到护栏上，最终满嘴流血，早已僵硬死掉了。安安的决绝离去，让我难过了好久好久，也许，它也不是不念与人相处的情谊，只是更向往自由生活而已。毕竟安安是从灌木丛里捡回来的，野外生活才是它认为真正自在的生活。它有一颗野子之心！安安母亲也是一只流浪猫，这份天性深植在它的骨血里。我们在野外看到的狸花猫往往根本看不出来是可怜喵，它们随遇而安，乐天知命，自由洒脱，无拘无束，它们只做自己想做的事，并且拥有一往无前的力量。在决意追求自由的安安面前，我为自己无比的渺小和残忍感到羞愧不已。

　　跟安安共处的岁月，最终沉淀在我心中的，是一种幽幽的哀伤。后来，我听人劝说，田园猫野性大，纯种猫经历过人工选育，性格柔和，更适合家养，我便重新入手养了一只英国短毛猫，一只胆小温顺、天天在家里胡吃闷睡的小猫咪。可是，还是时常怀念从前那一只独立性强、个性勇敢的狸花猫。它绝不妥协，热爱自由，身体内藏着一个好斗的灵魂，这是我爱它的原因。想起捷克诗人赫鲁伯有一首诗《黑猫》，好像正是为这只离家出走的猫而写——

　　我对她说

　　不要去

　　你只会被捕获

　　被蛊惑

　　将遭受无益的痛苦。

　　我对她说

　　不要去

　　为什么想要

　　虚无呢？

可一扇窗子敞开着
她去了

猫鸟与我

记得有一次，走在绿树葱茏、藤萝浓密的校园，大老远的，听到某只小鸟发出窗刮一样的刺耳叫声。一般在发怒或伤心的时候，小鸟才会发出这种叫声，到底发生了什么事？走进一看，原来树上有一只眼神尖锐的黄白花猫，敞开的瞳孔变成一对完整的圆，闪着幽光的琥珀蜜蜡般的眼睛，充满了腾腾杀气。花猫如猎人一样全身绷紧，眼睛死盯着上方。在猫的上方高处向南的一个枝桠上，正站着刚才那只大喊大叫的小鸟。一身黄色的羽毛，一对俊俏轻快的翅膀，加上三角形的尾巴，凑成了这只机灵的小鸟，它正斜侧着身子，伸出脑袋，晃动着尖尖的小嘴，不断做出啄食进攻的样子，瞪着双眼，充满警惕地观察着花猫的一举一动。

看起来一场猫鸟大战一触即发！我站在树下，捡起一块石头，准备在必要时候投掷过去，帮小鸟赶走花猫，以这小鸟的小巧身子，这猫对于它来说可谓庞然大物，肯定是打不过要吃亏的。没有想到，我站在树下好久，脖子都仰酸了，这交战的双方还是稳如泰山。鸟稳定在那里，死盯着花猫，审视、考虑花猫刚才举止到底意味着什么，判断、揣摩花猫下一步要采取的行动。猫则是一直腰腿在微微用力，数次举爪悬空作扑击状，但不知道是吓唬鸟的假动作，还是最佳战机已转瞬即逝，猫还是没有出击，可能它在根据形势的变化，重新确定要采取的相应措施。总之，无论鸟还是猫，它们的临战状态就是眼神杀，你瞪我，我瞪你。再加上一个我在树下急得跺脚，一会儿看鸟，一会儿看猫。这个场面怪有趣的。与我的大惊小怪相比，鸟是老哥稳，猫是大师稳，它俩一高一低，一俯视一仰视，用微妙的眼神在无声地交流，这中间，鸟还在枝桠上移动，一步一步向花猫靠近，50厘米，40厘米，边走边看，越走越慢，终于，在距离花猫30厘米左右之处停住脚步，眼看着花猫，身子一低一仰，好像有意向花猫挑战，却就是不缩短彼此之间的距离。鸟斜视着猫，猫直视着鸟。两处相峙，僵持不动。谁都没有放松戒备，放弃警惕。

很少看到如此凶悍的鸟，看来只要花猫不离开这个树丛，鸟的捍卫与攻击就不会终止。它俩的眼神较量都把我看累了,因为急着上课就转身走了。在我走出好远之后,突然,听到小鸟再次发出了那种窗刮一样的刺耳叫声:"嘎嘎嘎,嘎嘎嘎",回头看去,只见树枝上的鸟,翅膀一抖冲上半空一米多高,然后像战斗机投入战斗那样:一个迅捷俯冲,冲着花猫身体而去,坚硬的鸟喙啄在花猫身上,花猫一个激灵,来不及反抗,喜鹊已经远离花猫,腾到空中,然后,又是一个俯冲,扑向花猫,这次是啄向花猫的身体后部。最后,我远远看到一个黄白相间的身子,在绿叶间闪腾了几下,纵身凌空跳下,身姿潇洒,落地无声。花猫实在抵挡不住,撤了!

我相信鸟与猫通过眼神交流过大量的信息,短暂的实战只是它俩较量的一小部分,虽然是其中最激烈、最关键的部分。猫读得懂鸟的眼神,鸟也读得懂猫的眼神,而它俩的眼神之中,有着我不能完全领悟的一切。当树上的鸟与猫,树下的我,呈三角形构图,久久地胶着在那里的时候,曾有一刹那,我感到宇宙正在流动,在猫鸟的眼睛和我之间。

和猫相处的时光

作为资深铲屎官，深度猫瘾者，至今养过五只不同毛色的猫了。现在陪伴我的，是一只性格温和、黑白相间的英国短毛猫。在死宅铲屎官的眼中，他们的猫主子就是宇宙无敌美少女或美少年：爱干净，小傲娇，单体战斗力高，"喵"起来好像就是在对自己撒娇。在我知道的女演员中，长得最有猫的味道的是张曼玉，她的身上融合猫的妖（《青蛇》）与媚（《龙门客栈》），又有猫的慵懒与神秘气质。真希望有着猫一样紧凑明艳的容颜，目光像猫一般抓人，举止也像只猫，敏捷优雅，无声无息。不过，即使没有长成这样，我也坚信我是一只猫。我认为我是猫的原因是：我不得不天天抓着Mouse……

多少个午后，沐浴在斜照的慵懒阳光中，全身的毛孔都得到了舒展，在属于自己的静谧时空中，享受着和猫相伴的温馨，自由散漫。心安静得只听得见文字的呼吸，猫的呼吸。我们烦躁时总是很难完成一件事，而三心二意又反过来加重了烦躁，但当你心无旁骛地开始做事，整个世界的扰乱仿佛都被隔绝了，于是，你又变成了清清静静、了无牵挂的一个人，旁边还蹲着一只软软的、没有任何厚重感、随时会凭空消失的猫。猫那似有似无的存在感，是最好的陪伴，如同"蝉噪林逾静，鸟鸣山更幽"。

一个异于我们世界的时光，悄悄地穿过猫的身体。用手指轻戳猫的身体，这样安静而又柔软，使人忍不住多戳几下，然后就听到了猫咕噜咕噜的低吟，那是世界上最静谧的音乐之一。埋进猫那被太阳晒过的皮毛里，会暂时忘却自己的身份，用轻轻滑动的手指，在猫毛中感受时光的汩汩流动。想起村上春树，也是和我一样吸了猫毒，爱猫成瘾，他说猫天生带着妖气，如果没有妖气，猫根本不能算猫。"猫的时间，就像藏有重大秘密的银鱼，或者在时刻表上没有记载的幽灵车，在猫的身体的深处，以猫形的温暖暗影，神不知鬼不觉地消逝。"

的确如此，有时觉得和猫相处的时光不是很真实，因为猫的闲散悠哉、飘忽不定，让时间失去了质感，而猫本身的存在感又是如此稀薄，犹如悄无声息的影子。有时上一秒猫还在我脚下甜睡，下一秒已经不知去向——猫在何时消失都不足为奇。它会在任何地方再次出现，无声无息，甚至攀在十几层高楼的窗户上，下瞰着人世虚空，或者隐没在阳台的花草丛中，只有一杆挺直竖立的尾巴尖，挑着一点朦胧的白月光。

养猫多年，有一种开心叫带着一只猫咪去旅行。如果喵大人习惯坐车，在车上还是很自在的。记得去年，带着猫咪去铜川申河香谷和陈炉古镇玩，游客不是很多，行程也不是很紧凑，所以可以溜着猫大人到处闲逛。接近自然的环境猫咪还是很喜欢的，但是一定要准备一根长长的溜猫背带。爬山或者去人多的地方还是不要带喵的好，因为猫大人确实会有点怕。爬山的时候必须一直抱着，六斤重热乎乎毛茸茸的喵团子，抱着上山绝对是个体力活。和猫同行的旅行是如此令人难忘：在蓝得让人久久难忘的天空下，在申河香谷的茂密芦苇荡边溜着一只猫；在陈炉古镇富有油画效果的古镇风貌中，穿过釉彩飞扬的罐罐垒墙、瓷片铺路，层层叠叠状如蜂房的民居，带着一只特立独行的狸花猫，自由自在的游走在这幅色彩浓郁的油画中，一切是如此相得益彰。

谷雨远去的初夏时节，希望阳光照在我头上，像音符跳跃在琴弦上。希望阳光再暖一点，日子再慢一点，猫的陪伴再久一点。虽然和猫相处久了，会生出不真实的存在感，与人世有点睽隔，不止一次有人说我像外星人一样，陌生得像是尚未来过这世上一般。

一只失而复得的猫

听朋友说,前一段时间,她工作的日式庭院茶社养的一只英短蓝猫,有一天到门口溜达了几分钟,突然消失不见了。大家到处找了又找,杳无踪迹,爱猫的女主人长嗟短叹,苦苦寻觅,如是一个月,毫无下落。终于差不多死心了。结果一天早上,在阳光朗照的院子中庭,一只毛发凌乱但依然派头十足的蓝猫,昂首大摇大摆地来回踱步。它脖子上原先拴着的铃铛不见了,清晰可见有挣脱绳索的勒痕。这只稍显狼狈但又保持镇定的猫,终于回家了!没有人知道在这只猫身上发生过什么,但它好像气质都改变了,没有离家之前那种无忧无虑、让人萌化的神情了,金黄圆眸中闪着一丝野性凶悍。直到女主人试探着伸出手轻抚它的脑袋,它弓起的猫背,这只经历了不少曲折故事的猫,才温顺地略带委屈地在女主人的手下轻声咕噜。随后女主人好好喂饱它,再带它去洗了一个香香澡,出来又是一匹毛光滑亮、神气活现的家宠神兽大蓝猫了。

以前我去拜访朋友,亲手撸过这只名叫辛巴的大蓝猫。它浑圆结实、圆头圆脑的,感觉毛茸茸憨哒哒像个熊猫,爱睡觉,食量大,一看到食物眼睛就放光,我曾在手心上喂它吃小鱼干,这贪吃蓝猫一口气就吃了十多条。这只蓝猫全身短肥圆,闪着灰蓝光泽的猫毛又厚又密,摸起来有毛毯一样的感觉,四条腿短而粗壮,圆形的爪子下有厚厚的肉垫,所以它走起路来悄无声息。女主人为了让这蓝猫的来去为人所知晓,特意在它脖子上拴了一个铜铃铛,当听到一串细细碎碎的铃铛声,就知道这只蓝猫溜达过来了。在丢失了蓝猫之后,大家猜测门口一定经过了不怀好意的人,狡猾地把猫给顺走了,其手法相当专业,因为才几分钟就不见了,中间无声无息,一定是把猫铃铛麻利地摘了,再用布袋之类把猫蒙头装进去,迅速提起布袋,拎着猫就跑掉了。否则,话说猫是很敏感的动物,而且十分机警,对于身边一切它不习惯的事情,它都不会乖乖就范。如果徒手抓猫,它会顿时意识到"又有刁民想害朕",然后一通乱窜乱抓,而软质布袋这种东东是猫相当好奇和喜欢的,软布质地可让它自由伸展，不会有被困住的感觉，猫会以为这是一个游戏，会像个爱玩的小孩子一样，高度配合地乖乖待在布袋里面。用布袋外出运送猫，好像是由来已久的成功经验了，要不怎么会有一个歇后语就叫：布袋里买猫——不知底细。

当然，这些都是我们的事后猜测，因为在事发现场，谁也没有亲眼看到蓝猫是怎样被带走的。更让人百思不得其解的是，这一个月蓝猫到底去了哪里？它最后怎样越狱逃走，又如何记得回家的路，对这只自小家养、第一次出远门的蓝猫来说，归家之路是否遥远而崎岖？当蓝猫回到自己温暖的家园，当它将精巧的四足落在地面，来回踱步，在院子里逡巡，它低头嗅着旧日的气息，是否是在质疑着，充满哲学意味地沉思着，这尘世的一切呢？

想要了解世界，最好的办法是把一只动物放出去一段时间。就像诺亚在方舟上放出鸽子，归来时带回了橄榄枝和可栖息之地的消息。可我记得我童年时代丢失的小狗和兔子，在长久的惦念中，那只过分活泼的斑点狗和那只体格健壮的黑兔子，永远再也没有回来。但是，养过猫的人都知道，很难把一只猫遗弃，聪明的猫知道回家的路，除非你把它一再遗弃，一而再，再而三，最后那只猫再也不回来了，不是它不知道归家之路，而是它对你已彻底死心。

一只猫离开家，就像射出一支箭，射向确定而未知的目标。"猫是唯一能返回的箭。它有箭的耳朵和箭的速度，但却不会留在靶心，而是带着全世界的文字回来，都写在它轻盈的背上，女沙皇的眸子里……没有任何动物，东西，书本，女人，旅行能概括人类的历史，像一只射向世界的猫那样。"诗人翁布拉尔如是说，他每天下午放他的猫出去，猫可能当天回来，可能第二天或很多天后回来，疲惫回家的猫，会同时带回外面世界的种种复杂气味，冒险的气味，快乐的气味，惊惶的气味，无法解释的气味。

人们自以为是猫的主人，所有者，同伴，学生或朋友……我真的不能苟同。其实，我们无法破译一只猫。在猫的优雅、神秘、雍容，优美的体态、轻灵的步伐，这一切一切之外，这一个自由的灵魂，这一只有个性的猫，到底在想什么呢？这一千古难题配得上半人半猫的斯芬克斯的终极提问。

用猫眼当作时钟

法国诗人夏尔·波德莱尔散文诗集《巴黎的忧郁》（1869年出版），共收录散文诗50篇，其中有一篇《钟表》写道：

一位传教士在南京郊区散步，忘记了戴表，就问旁边一个小男孩什么时间了。那孩子先是踌躇了一下，转身抱出一只肥猫，向猫眼里看了看，毫不犹豫地说："现在还没到正午呢。"

波德莱尔所写的传教士是有历史原型的，应该是法国遣使会传教士古伯察（Evariste Régis Huc, 1813–1860），古伯察1854年出版的《中华帝国纪行》（L'Empire chinois）一书中，有一段有趣的记载，内容和波德莱尔所写非常接近。古伯察写自己去拜访农民基督徒的时候，路经一个农庄，正巧遇到了一位小伙子，正牵着一头水牛在路上放牧。古伯察便向他打听时间，想知道是不是到中午了。可当时天空中阴云密布，小伙子吃不准，于是，转头向庄里跑去。没想到，几分钟后，小伙子抱了只猫回来，看了看说，还不到中午呢！古伯察一行人被小伙子的行为搞懵了，但是，等他们到达农庄后，和基督徒的兄弟们一起，抓了三四只猫做了实验，他们发现，用猫眼看时间似乎确实有效。猫的眼睛的瞳孔随着中午12点的靠近而迅速变细，当缩成一条像头发一样的细线，并垂直穿过眼睛时，便是中午12点，以后瞳孔便开始扩大。所有猫的眼睛变化都完全一样。

掏出来个猫当怀表？这可能不是在开玩笑！情况的确如此。因为猫眼瞳孔的变化是如此明显，在中国和日本，都曾有过将猫眼用作计时工具的记录。相对而言，西方人对猫眼却似乎缺乏观察。中国古人写过不少猫眼使用指南——例如在苏东坡的《物类相感志》中有一首《猫儿眼知时歌》，这样描写了猫眼钟的用法："子午线卯酉圆，寅申巳亥银杏样，辰戌丑未侧如钱。"而在清代弹词《玉蜻蜓·云房产子》中也有这么一段："子午卯酉一线光，辰戌丑未枣儿样。寅申巳亥圆如镜，猫眼之中有时光。"元代养生家贾铭的《饮食须知》里也有关于猫眼和时间的对照方法描述："其睛可定时辰，子午卯酉如一线，寅申巳亥如满月，辰戌丑未如枣核也。"

猫眼为何能一日三变？只因猫的瞳孔很大，收缩强烈，会随着光线的变化收缩和放大瞳孔，其瞳孔在不同时间段会展现出不同的形状。古人以猫眼略窄、极细以及浑圆的瞳孔形状，来辨别早、中、晚不同时段。在东方漫长闲适的农业文明里，不知培育出多少寂静的观察大师，把眼睛盯在猫眼这美妙的钟盘上，在其中看到了清楚的时间。你以为猫眼钟是中国独有的么？并不是，在日本也有类似的文献记载。相传，16世纪末期，日本战国时代武将岛津义弘，在跟随丰臣秀吉远征朝鲜（1592-1598）时，没有方便的计时工具，于是，岛津家便带上了7只猫咪同行（为何不用日晷？我严重怀疑他动机不太单纯，可能是重度猫奴）。最后，为了感谢猫咪为国家做出的牺牲和贡献，活着回来的两只猫咪被视作猫神，供奉于鹿儿岛的仙岩园猫神社。日本江户时代幕府将军德川家康麾下武士服部半藏，据说在战场上也是随身携带一只这样的猫怀表，只为了能够准确辨别时间。在日本历史上最传奇的八位忍者中，服部半藏排名第二，通过猫的瞳孔判断时间，是忍者的必备技能之一。

现在几点了，这个我们每天都会遇到的问题，在古代可不是那么好回答的，没有手机没有手表，于是，就只能凭借一些自然参照物，晴天靠观测太阳，晚上看星座运行。阴天怎么办？我们的老祖宗们很早就掌握了利用生物时钟的方法，而猫眼便是其中之一。如果此刻我穿越回到古代，要判断时间的话，应该要从怀里掏出一只猫来，猫眼早暮则睛圆，日高渐狭长，正午则如一线，一望便可知，是否抵达正午之时？猫眼最幽深、最炯炯有神、瞳孔最大最圆的时候，就是深夜。有人告诉我不要在深夜时凝视猫的眼睛，因为那是会闪闪发光的，人的阳气此时极为虚弱，灵魂会被吸走。但是，对于爱猫人来说，最爱的就是猫的这双眼睛，那是最有灵气的地方，就如同一颗转动的小星球，美丽而又神秘，空阔而又庄严，其中不知蕴藏了多少不为人知的力量！

值得注意的是，每只猫咪都有各自的性情，就像我们每个人，它们各自有不同的内心世界。猫眼会随个别的生理、心理状态，呈现出不同变化，例如猫兴奋时瞳孔就会放大。清朝咸丰年间一个名叫黄汉的人写过一本关于猫的著作《猫苑》,里面提到"初生猫,血气未足,瞬息无常,以之定时,仍属无验。"意思是要用老猫,小猫不准。其实,老猫也有翻车的时候。以猫眼判断时间,当然会存在一定误差。

  不过我觉得啊,猫眼钟最大的问题不在于准确与否,而在于电力续航时间太短——猫咪每天三分之二的时间似乎都在呼呼大睡,它们的眼睛根本就很少打开啊!难道要粗暴地用手扒开猫的眼皮来看时间吗?我估计猫对人拿它的眼睛做实验肯定不太高兴。高傲的猫,它们的脊背,已经容忍了人类的手慢条斯理的抚摸,但它们盛着一个浩瀚宇宙的眼睛,怎么能允许无礼而愚蠢的触碰?人们自以为是猫的主人,所有者,同伴,我不能苟同。人其实不了解猫,人类至今无法破译一只猫。

今夜是猫还是老虎？

不知在哪里，看到一首有趣的小诗，叫《异乡》：

猫流浪了很久

变成了老虎

因为不适

和疲倦

蜷缩在你的脚下

亲爱的

今夜我是一只猫

以前经常投喂流浪猫来着，在中国的任何一个小区里，你都有机会发现流浪猫的身影。与原生的野生猫科动物不同，流浪猫特指那些曾被人们收养过，后来因为某些原因、被抛弃以及在遗弃后自行繁殖的猫。每天为了自己的生活而奔波，流浪猫早就忘记了曾被百般宠爱的生活，它孤独闯荡于危机四伏的世界，只有一身求生的原始洪荒之力。流浪猫对世界总是充满了警惕，性子清冷，野性难驯，出没于垃圾箱，打斗于屋檐上，过着以天为盖、以地为舆、四海为家的日子。流浪猫并非外表看上去那样楚楚可怜，对于其他动物甚至是人类来说，它们实际上是披着可爱外衣的杀手。一旦发起狠来，快、准、狠，和它们猫科家庭的大哥老虎如出一辙。不要说见着小虫、小鸟和老鼠，就是遇上蛇也敢斗一斗，连松鼠、家兔这样的小型物种也是流浪猫的猎物。这边厢，猎物还安然地活着，一回神，猫已悄无声息地逼近，闪电扑来，转眼间，活生生的小生命已成为祭品。在捕捉体型比自己小的动物方面，猫的能力比起它们的近亲老虎和狮子有过之而无不及。更要命的是，猫的捕猎欲望并不因为食物的充足而减退。猫的捕猎行为更多时候是体内野性发作，天性使然，或者只是为了娱乐。

如果有人每天定时来投喂流浪猫，猫一开始会躲得远远的，直到好心人走开以后，猫咪确定是安全距离，才会出去吃。相处久了，某种变化发生了。

猫有灵性，渐渐变得相信人，毕竟在外面生活本来就很艰难了，想要存活就是会经受各种磨难，很多流浪猫连填饱肚子都是很难的，尤其在风雨交加的恶劣天气，当饥寒交迫的猫好不容易吃到了一口食物，它会从嗓子眼里发出满足的咕咕声，在好心人喂食的时候主动去蹭人、撒娇，不会再跑开了。它蜷缩在你的脚下，用一双水灵灵的大眼睛盯着你，时而摇摆着它的尾巴，它又变回了一只乖巧的猫，它甚至想跟着你回家。

所以，你说怎么定义一只猫呢？它有时是老虎，有时是猫，某个阶段猫变虎，某个阶段虎变猫。所以，你说怎么定义一个女人呢？她有时是老虎，有时是猫。你可能认为你可以用一些标签来定义女人，但你错了，因为女人始终是一件正在加工的作品，她是她自己的自由。

不光女人，其实男人也是。有时是狮子，有时是绵羊，某个阶段狮子变绵羊，某个阶段绵羊变狮子。每个人都是流动的，是演化的。是的，我不说与时俱进，我更倾向于说演化。Evolution 我觉得应该翻译成"演化"而不是"进化"。严复当年翻译赫胥黎所著《Evolution and Ethics》为《天演论》，翻译得最准确。这是意译，不是纯粹直译，其实人类走过的路真的未必是进化，动物也是。你变我变，天变地变道亦变，我们都在同步演化。

不知道今夜我是老虎还是猫，或是别的什么生物？我也在持续演化中，是一种未完成形态。我从来不是那个每天坐下来吃早饭、由生活中各种零散事件构成的集合体，我是一个向着某个未知的方向、缓慢而坚定地前进的过程。一种一个瞬间接一个瞬间，一天接一天，被意志、认知、情感和行动不断塑造与修改的状态。

没有一个人活在这世上，不被时代所裹挟，被外部力量所侵扰，同时忍受着生活中的一地鸡毛，但是，当你知道你还在分秒演化，持续演化，你会产生一种好奇心，想看看明天到底会发生什么？你会是老虎还是猫，或是别的什么生物？你感觉到了这种演变的神秘力量，你知道自己真真正正在活着，你还想多活一天、再一天，伸出所有触角去感受所在的空间与时间，把自己的意识从盛放它的躯体里抽离出来，敏感而好奇地感受空气的流动、阳光的照拂和土地江河的气息。

漫步在午夜屋檐上的猫

最近在院线上映、口碑两极的《妖猫传》，可以总结为"一只黑猫引发的血案"，那只猫喜欢在屋脊上行走，眼神凌厉、身姿曼妙、诡异恐怖、神出鬼没，令人毛骨悚然。最后，真相还得回到猫身上找。作为一部玄幻风格的影片，用一只猫来贯穿最带节奏，最有气氛。觉得猫这种生物，柔媚孤傲，自带魔幻气息，散发一股慵懒与神秘气质，最适合被猫带着一路寻梦环游。在空灵梦幻程度上，猫与蝴蝶不相上下。我愿意被这样一只妖猫带领着，一路走进这段亦真亦幻的大唐幻梦，走过这座唐城连绵无尽的恢宏与繁华，种种声色瑰丽、奇情幻影。

我有一只黑白相间的英国短毛猫，与人亲近且很有灵气。这只猫非常安静，几乎不叫，将大多数时间放在睡眠上，爱干净，小傲娇。在许多静静流逝的时光中，一人一猫，我们相处以默。在我工作的时候，猫总是在旁边打瞌睡或理毛发呆，抚摸一下它柔软厚实的毛，小猫就在喉咙发出低沉的咕噜声。它可以准确判断我的情绪是高兴还是低落，决定来找我玩耍还是安慰我。近距离盯着猫的眼睛，发现它会与我对视一会儿之后眯上眼睛，再缓缓睁开，一对猫眼滚圆澄澈，充满了诡秘的逼视与穿透力。当猫嘴部向后咧开，但又无声无息时，像一抹意味深长的微笑，令人深感神秘莫测——据猫语大辞典的解读，猫嘴部向后咧开，这是猫在强调自己的强大。也许猫在和我说，瞧！有我这么一匹个头那么大的、强壮的猫在守卫着你。

"春天我把小猫种下去了，秋天我就会收获一园子的小猫"，这个句子曾经占领过我 QQ 签名档很长时间，把"猫"这个生物换成任何其他动物都不行，这个句子马上就会蠢得无可救药，而设定为"猫"，则会让人半信半疑又萌度爆棚。觉得猫是量子叠加态的，著名的薛定谔猫，非死非活，又死又活，状态不确定，直到有人打开盒子观测它。有什么动物能够比一只猫更具有不确定性呢？英语中说下瓢泼大雨是 It rains cats and dogs. 你什么时候看到天上下猫狗的？那么到底是怎么回事呢？据说英国古时候，人家的房子多为茅草房，那时候天冷，屋子里若供暖不足，猫狗都设法钻到茅草里取暖，雨一大，茅草也湿了，猫狗熬不过，就纷纷从天而降。我很喜欢这个可爱的句子，想象中黑的白的黄的三花的小猫大猫老猫在大雨中接二连三，纷纷落下，连绵不断。每次说到这个句子，都有一种奇特的魔幻感。

我喜欢猫的爆发力，从来都既是安静，也是风暴，既温柔又凶狠。总觉得当猫流浪久了，就变成了老虎。当它满身疲倦，蜷缩在你的脚边的时候，又变回去成了一只猫。穿越大街小巷，灰溜溜夹着尾巴的溜街狗，即使体形巨大也很难让人有惊悚感，但不经意一回头，看到一闪而过神出鬼没的墙头猫，则让人一股寒意，心头冉冉升起。野蛮猫咪的牙齿，在树影之间，在屋脊之上，在空中闪烁。不过，我从来不害怕黑猫，因为骨子里是中国人，不相信西方的黑猫是女巫化身之说。在我们东方，古时人们认为，"玄猫，辟邪之物，易置于南，子孙皆宜"。黑猫是辟邪的，而且灵活异常的黑猫一般会主动去压制不干净的东西，所以邪气比较重的地方总有黑猫出现，黑猫使魑魅魍魉不敢靠近，还能为主人带来吉祥。日本学习中国的唐宋文化，黑猫在很早之前开始就是作为福猫，象征着大吉大利，作为镇宅辟邪招财进宝的吉祥物。在日本古代，小至富贵人家上至皇室贵族几乎都养黑猫，或者有摆放黑猫饰品的习惯。将黑猫视为不祥，是日本明治维新全盘西化之后的社会观念。中国基本上也是改革开放后才逐步认为黑猫不好，中国在这方面同样是受到了西方的影响。

屋檐上如果行走着一只猫的话，在那样一个高度还是比较触目的，但如果这只猫是黑色的，一般人会认为自己可能是眼花了，不过是一抹黑影一闪而过。隐在层层叠叠檐间暗影中的黑猫，爬高窜低，弹跳自如，敏捷优雅，无声无息。它有着或金黄或幽绿或空蓝的眼睛，全身黑色紧致的线条，勾勒得它比其他毛色的猫容颜更紧凑明艳，目光更锐利抓人。它以幽暗的形象隐现在高处，冷冷地俯视着芸芸众生的尔虞我诈、钩心斗角。也许众生认为举头三尺有神明，天神知晓并安排了人间的一切，却不知他们的命运早已被身边的人牢牢握住。而走在房檐上的黑猫，这一视角其实先于天神，就知道了太多的黑暗与秘密。我愿意用猫的视角来看一看这人间世。

真希望此时此刻,在这样一个月黑风高之夜,我如《妖猫传》中绞尽脑汁、反复修改、还是对诗稿不满意的白居易一样,蓦然一抬头,看到了一只黑猫正悠然地漫步在午夜的屋檐上,毛色漆黑油亮,目光如炬金黄。

凝望猫的背影

猫咪凝望着窗外，我凝望着它的背影。

它在看什么呢？尽管主人为它准备了众多玩具和美味的食物，但它似乎对窗外的景象更感兴趣。也许，它在凝望窗外的一片蓝，蓝与它的心底相映，说不出的敞亮。蓝是悠远的，蓝是深奥的，蓝是透明的。蓝，照耀着世间行走，蓝，衬托着万千游动。猫，在看蓝。

烈日透过浓密树干投射出一地斑驳光影，清风吹过，窗外的树叶微微摇动，当阳光透过窗户洒进室内，产生的光影变化，交织出幻境，对猫咪而言宛如一场精彩的表演。它目不转睛地注视着那些跃动的光斑，追逐光影的游戏。猫，在看光。

夕阳照耀，远映山际，归鸦返巢，三只、四只、两只地飞过；有时又见雁影小小，列队飞过远空；或是一只麻雀扑棱棱掠过窗前，它扑腾翅膀的飞行轨迹，像从地面拉起一根松松垮垮的直线……这些一定引起了猫咪的浓厚兴趣。虽然如今的猫咪无需为食物发愁，但它们骨子里的捕猎本能仍旧存在。飞鸟、虫子在视野中出现，足以让它立刻进入捕猎状态，目光如炬，全身紧绷。猫，在看猎物。

春天的曙时，夏天的午后，秋天的黄昏，冬日的晨朝，猫，总是伏在窗前，享受静谧的时光。也许有时候，猫咪只是想要找个安静的地方来放松自己，沐浴阳光，静静发呆。虽然窗外的风景常年不变，但它能在这份宁静中找到心灵的慰藉。而且，对于已经熟悉的家环境，外面的世界显得更加神秘和新鲜。也许它还期望能够看到其他的猫咪朋友，通过窗户来进行一场"眼神上的交流"。

窗台上的猫，它有时静卧蜷伏，有时悄无声息地走动，有时敏捷地扑击一处，可能是一个爬过的小虫，也可能是一个空中的飞絮，有时也不知道是什么，猫咪把鼻子凑过去，伸爪子在玻璃上不停扒拉……猫咪的小脑袋中充满了对外面世界的好奇心。一片飘过的树叶，路人车辆的匆匆过往，都能轻易地吸引它的注意力。如果窗外淅淅沥沥下起了雨,那就更饶有趣味了。

在现代化的文明进程中,人类日益与田野、土地、草木、荒丘相疏离,动物界已经成为现代生活的异在世界,成为当代人个体经验中永远也无法接触的巨大盲区。我观察着我家的小猫,试图理解它的小脑袋在想些什么?这一个自由的灵魂,这一只有个性的猫,它甘心于在人类的屋檐下吗?

猫咪凝望着窗外,我凝望着它的背影。黄昏光影里,地老天荒。

凝望蝙蝠

想起小学时学过的一篇课文，一则伊索寓言，说的是鸟兽们各开大会，蝙蝠到飞禽那里，不被承认是鸟类，因为它有四足，蝙蝠到走兽那里，不被承认是兽类，因为它有翅膀。想想看，蝙蝠，这是一只多么尴尬、难以描述的生物，非禽非兽，亦禽亦兽，偌大一个生物界，哪里都不好安放它一个位置，谁让它进化得这么另类、特殊！

每当夜幕降临，蝙蝠便睁开迷蒙的双眼，开启声纳微波，绕开险恶，定位猎物，将无边黑暗，烹饪成自由自在的美餐。无数生命向往着旭日东升，但蝙蝠却将偏偏阳光视为天敌。在阴暗的角落里，它以倒悬的理想，演绎着另类的存在。这个似鸟而不是鸟的生物，浑身漆黑与黑暗结合，把后腿向后伸，张开翼手飞翔，纵横在黑夜的世界，在万籁俱寂的深夜里不知去向。

中国古人说蝙蝠是仙鼠、天鼠，没有羽毛，却能凭借肉翅在空中飞翔。我相信蝙蝠是洪荒上古的兽，进化出了一对飞翔的翼手，从而挣脱了地心引力，征服了广袤夜空。在西方传说中，蝙蝠是邪魅恶狠的代名词，是吸血鬼、恶龙的化身，在近百年的文化作品中友情出演各式大小反派。而在中国传统文化中，蝙蝠是得到青睐的。中国人之喜欢蝙蝠，不在于蝙蝠吞食蚊虻，因为有益处而成为祥兽，而在于"蝠"字与"福"字同音，因为谐音，在中国蝙蝠入家门被认为是"福到"——这个理由实在有点无厘头。不过，在我的理解中，中国古人以蝙蝠为祥兽，还在于国人根深蒂固的一种"飞升"的幻想。道士要羽化，皇帝想飞升，有情的愿作比翼鸟儿，受苦的恨不得插翅飞去。而蝙蝠，正是世界上现有哺乳动物中唯一可以自由飞翔的。一只小小的蝙蝠，承载着古人飞升成仙、洪福齐天的幻想。

其实，蝙蝠不仅荣膺哺乳动物里唯一的空军的称号，它们还具有很多奇异本领。比如，有着动物世界中最奇妙、最完美的声呐系统，体内具有磁性"指南针"导航功能，生存条件恶劣时可进入冬眠，超高的新陈代谢率，难以想象的细胞快速更新，DNA损伤修复能力超强，免疫系统24小时不关机，可与数千种病毒和平共生，还有超强的生育繁衍能力。蝙蝠种群数量占到地球胎生动物的五分之一，全球 900 多种蝙蝠广泛分布于除极地以外的大陆和大洋岛屿。这里，那里，我们头顶上无数个黑影叠加，从翼展达 1.5 米的狐蝠，到翼展仅有 15 厘米的猪鼻蝙蝠，从食果蝠、食虫蝠、食鱼蝠到吸血蝙蝠，黑夜掩盖了它们的铺天盖地、神出鬼没，白昼之时，你随便找个大点的山洞里，就能发现里面密密麻麻倒挂着几十万只、上百万只蝙蝠。如果说生存是宇宙的第一要义，你不能不说蝙蝠在生存的赛道上是位居前列的优秀选手。

曾经，在各类大、小山洞，古老建筑物的缝隙、天花板、隔墙以及树洞、山上岩石缝中，在南方温暖地带的棕榈、芭蕉的树叶后面，都是蝙蝠的栖息之地。如今，和其他动物一样，蝙蝠种群也在自然界越来越少，趋于灭绝。用于消灭昆虫的毒剂和木材保护药剂等把蝙蝠在冬眠的时候药死，人类大批地捕杀蝙蝠用于制药或者运到一个个可疑的餐桌。还有，随着现代化城市发展，摩天大厦的玻璃成了蝙蝠新的死穴，它们的回声定位，在玻璃这类极为光滑的平面上会发生反射，影响到它们的判断，于是暗夜骑士们常常丧身于玻璃幕墙。

蝙蝠在进化的道路上面临如此的环境压力，蝙蝠也给人类带来了一个又一个噩梦。"会飞的生化武器"这个称号绝非虚名，蝙蝠可是天然无添加的活体病毒库，与我们所建造病毒库相比也不逞多让。如 SARS 病毒、狂犬病毒、埃博拉病毒这些极具杀伤力的病毒，几乎都能在蝙蝠体内找到。蝙蝠上下翻飞，忽左忽右，飞越了下面杂沓的生活，无论是酒吧和舞女的面孔，还是路灯和耕牛的沉默，从蝙蝠的视角俯瞰的人类生活到底是什么样的？这神秘的幽灵，在冥冥中飞行，以超音频的震颤带来历史幽深处的密码。我们完全听不懂它们在向人类宣告着什么？蝙蝠身上有太多的秘密，从满身病毒到磁场定向、回声定位、休眠以及辐射技术，这些秘密都没有完全搞清楚，人类仅仅只是知道蝙蝠能够做些什么，但仍然不知道它们是怎样做到的。

蝙蝠作为最古老的哺乳动物之一，基本保持着这副模样度过了 500 万年的漫漫进化史。如今翱翔于黑夜的蝙蝠，其实早已熬过了致命病毒的侵袭。无力抵抗病毒的蝙蝠早都被淘汰了，"活体病毒库"一词其实蕴含了残忍。

这些进化到汇聚病毒又百毒不侵的生物，许多至今还在蔓延的疫情，据说源自它躯体的病毒。那是怎样一种恐慌，封村，封路，人人口罩，多少人为此居家隔离，或者出逃流浪。如果我们早对自然，对自然中的蝙蝠等能够心怀敬畏，就不致招惹来17年间扰动神州的两场汹汹时疫了。

从进化历程上来看，根据古生物学家的研究，蝙蝠的祖先极有可能是恐龙时代结束之后的真兽类，而真兽类可能是蝙蝠和灵长类动物的共同祖先，所以蝙蝠和人类的亲缘关系，要比与鸟类的亲缘关系近得多。既然有亲缘关系，我依旧怀着美好的祈愿，它们在天上飞，我们在地上走，各有各的成群结队，各有各的生存尊严，我们以清晨为一日之始，它们以黄昏为一日之始。蝙蝠有多数动物不能利用的生态位——漆黑的洞穴和黑夜的天空，我们人类也有极具宽度的泛化生态位，但是，任何一种生物都不可能利用全部自然生态位。我们就在各自的生态位上，共同构筑丰富多彩的地球生命家园吧！

　　你这黑夜的女王无视我的存在
　　在我的黑夜里飞
　　在我的房顶上飞
　　在我的头顶上飞
　　在我的赞美里飞
　　在我的诅咒里还飞

　　你这黑夜的女王无视我的存在
　　就如同我无视黑夜和上帝的存在一样
　　　　　　　　——青铃《蝙蝠》

夏日最后一只蚊子

昨晚被一只蚊子干扰,彻夜未眠,实在痛苦之极。

时令已是秋分,这只蚊子(确认只有一只),嗡嗡地喧嚣了整夜,它的生命力居然还如此强劲。驱赶了好几回,倦了。它还是不肯离去。本来困倦至极,在黑暗中安慰自己,由它去吧!但是,因为有了这小小的扰乱,可是,越是想将关于蚊子的知觉从脑中除去,越是让大脑中的某个部位清醒地警觉着、防御着,由此根本无法入眠。一只蚊子嗡嗡的……嗡嗡的……去而复来,来而复去,让人陷入昏沌与清醒的单曲循环中。

可恶的蚊子,一个打针都打不好的护士,每次打一针都让我又肿又痛。可恶的蚊子,在盛大的夏日,把我当成了它们的早餐、午餐、晚餐、宵夜、零食,没完没了。可恶的蚊子,折腾了整整一夜的蚊子,和我玩躲猫猫,开灯我找蚊子,关灯蚊子找我。夏天悄悄过去,留下了一堆包包,越挠越痒,越痒越挠。真希望昨晚困扰我的,是夏日最后一只蚊子。

夏日最后一只蚊子,夏日最后一朵玫瑰。想起张爱玲在小说《红玫瑰与白玫瑰》中,有一段点睛的话:也许每一个男子全都有过这样的两个女人,至少是两个。娶了红玫瑰,久而久之,红的变成了墙上的一抹蚊子血,白的还是"床前明月光";娶了白玫瑰,白的便是衣服上沾的一粒饭黏子,红的却是心口上的一颗朱砂痣。——从红玫瑰到蚊子血,确实有某种关联。

夏天最后一朵玫瑰,还在孤独地开放。所有它可爱的伴侣,都已凋谢死亡。再也没有一朵鲜花,陪伴在它的身旁,映照它绯红的脸庞,和它一同叹息悲伤。夏日最后一只蚊子,还在挣扎着飞翔。为什么还要孤独地生存,在这渐凉的世界上?当你全身黑白斑点的鳞片,已失去了往日的光芒,当你亲爱的同伴们,早已在那黄土中埋葬。

这只秋天的蚊子,之所以那么猖狂,之所以歇斯底里地终夜奔袭,一次次仓皇出逃,又一次次发起舍命俯冲,也许,因为它背后腾起着吞噬一切的时光风暴,而这风暴的巨眼,同样也冷冷地窥望着我。夏日最后一只蚊子,为何它不归家？为何它不离去？冬天将至，水面会冰封，这非是孕育的季节，一切都是徒劳。它是季节里掉队的飞行者，迷失了生命方向的吸血者，正在生命倒计时的挥霍者，它向苍天多借一晚，它将绝望化为嚣张。这只蚊子还是个话唠，夜深人静时，它说了又说、没完没了，可惜我听不懂它的语言，我只听到了满耳朵的嗡嗡嗡嗡嗡嗡嗡嗡……

乌龟的时间

最近养了两只小草龟，为了给两个小家伙营造舒适的生活环境，准备了一个大水缸，中间放了一块从秦岭溪流中捡回来的山石做晒台（方便小乌龟爬上去休息），再养了一批水生植物，水芙蓉、水葫芦、肚兜萍、圆心萍、兔耳萍、黄花菱、白花荇菜等等。两只小乌龟显然非常喜欢这个生态龟缸，它们好像尤其喜欢水芙蓉，每天不是在秦岭山石上悠闲地晒背，就是躲藏在水芙蓉的绿色瓣片或发达根须中，只是偶尔去划几下水。

水芙蓉又名大萍，是浮水性的植物，没有明显的茎，叶子从四面八方伸展，一片接着一片，就像花瓣一般，模样跟莲花很类似，难怪叫作水芙蓉。作为一个已经入坑的龟毒吸食者，研究了下新手养龟攻略，原来对于小龟来说，水培植物中最好的就是水芙蓉和水葫芦，乌龟既可以吃，又可以当做躲避的掩体，又能净化水质，而且水芙蓉非常好养，见光就行，繁殖很快，在条件好的情况下，在水面上能长疯了，生长速度跟得上被龟龟啃食的速度。

没有养乌龟之前，我认为乌龟天然是会游泳的，入了龟坑后才知道，龟缸的水一般略高于龟背即可，如果乌龟比较小，千万不要放太多的水，因为龟龟也可能会溺水！不过，在我的龟缸中，水会略深一些，因为里面种植有非常茂密的浮萍植物，这些水生植物都有异常发达的根系，几乎都能不断地从叶子的基部伸出几根走茎，走茎的末端又会不断地长出小苗，所以我常看到小龟抱着浮萍的根须，漂流着玩耍或睡觉，就好像小孩子套着游泳圈泅水一样。

养龟其实也就是养环境，营造一个模拟野外生存环境的龟缸，在缸里放大量水芙蓉、水葫芦等水培植物以起到净化水质的作用，还要把龟缸放在能晒得到太阳的地方，尽量让乌龟可以按照自然规律来生活。作为刚入龟坑的萌新，目前我的操作还只是纯水环境，水陆两栖缸这种高阶玩法还没有尝试过。龟龟还很小，没有太多考虑喂食方面，一般是以龟粮为主，还有大量的新鲜浮萍可供进食。目前天气还很热，尚未考虑到越冬冬眠的问题，据说小乌龟冬眠是凶多吉少，一般建议加温过冬，现在还没有想好将来选择泥水冬眠，还是清水、椰土等其他冬眠流派。因为有水生绿植的净化水质作用，目前也从没见过腐皮白眼之类的龟病。

地球是一片生命的乐园，有蓝色的海洋，绿色的森林，重叠的山峦，纵横的溪谷，干燥的沙漠。每一寸土地，每一寸空间，都充满着生命。大到几十吨重的巨鲸，小到肉眼看不见的细菌，长寿有千年不死的老龟，短命有朝生暮死的蜉蝣。天上的飞鸟，地上的走兽，海中的游鱼，以至一棵普通的小草，一朵平凡的野花，都是富有生命力的。每天看一看这一缸生机勃勃、连绵生长的碧绿浮萍，仅仅依赖水也能成活，那么随意地散落在水面，充满了野趣。还有在浮萍花叶根须中隐约出现的小草龟，只有一个红枣那么大小，却从头到脚，无处不精雕细刻，六角形的壳，壳下探出一个小小的脑袋，四条小短腿上，爪子长长的，壳后一条灵动的小尾巴，就像鞭子一样，甩来甩去的，威风极了。最有意思的，是它们头上那一双乌溜溜的眼睛，常常在偷窥着人，有时隔着浮萍植物的掩护瞅人，有时身子在水下，头伸到浅水处，嘴里冒了一点气泡，侧着头俏皮地瞅你一眼，那小眼神幽幽的、亮亮的，耐人寻味。

记得日本作家安房直子有一个短篇小说《谁也不知道的时间》，讲海边住的有魔法的海龟，能够创造出"谁也不知道的时间"，那个被关在海龟梦里的幸子，生活在漫长的梦中。什么是"谁也不知道的时间"？就是一段恍如停止般的悠长时间吧？好像时间之外的时间。在忙得没有闲空儿的每天，偶尔看看乌龟迟缓的爬行，默默无语的咀嚼，潜伏于水中，长久才冒出一个气泡的龟息，还有一动不动晒太阳时的恬然平静，将一切置身事外……有那么片刻，我好像也被有魔法的乌龟带往了"谁也不知道的时间"，比起人的时间来，待在乌龟的时间里似乎更安心。

蜉蝣的启示

最近，河南邓州汲滩大桥附近出现了蜉蝣大爆发，密密麻麻的蜉蝣，铺天盖地，漫天飞舞，只要一阵风吹过，就会看到蜉蝣就像是下暴雪一样，纷纷飘坠，似落英，似黄花，一夜之后就集体死亡了。

其实，蜉蝣并非朝生暮死。只有一天生命，从卵到稚虫，蜉蝣会在河底蛰伏三年，大约更换20次"外衣"，才会化为亚成虫，亚成虫出水之后，再经过24小时蜕皮，才会成为飞行的"成虫"。从这方面来看，蜉蝣的寿命也没有那么短暂。但在人类的观察角度看，成虫蜉蝣只有一天的寿命，可谓朝生夕死，短命之极。中国有句古话，"浮生一日，蜉蝣一世"，就是哀其生之短暂，所以蜉蝣也俗称"一夜老"。

古人们经常会将蜉蝣写入到诗词中，我印象最深的是《诗经》中的一首，名为《国风·曹风·蜉蝣》，描写了蜉蝣朝生暮死的脆弱和可悲：

蜉蝣之羽，衣裳楚楚。心之忧矣，於我归处。
蜉蝣之翼，采采衣服。心之忧矣，於我归息。
蜉蝣掘阅，麻衣如雪。心之忧矣，於我归说。

衣裳楚楚，衣服采采，麻衣胜雪，美好的词儿都给了这小小的蜉蝣，但一句又一句的"心之忧矣"，一唱三叹，往复回环，整首诗的基调是多么的不快乐啊！在"心之忧矣"后面，还要不停地追问：我将如何安排人生的归宿？我的人生归宿究竟在哪里？我去哪里寻找人生的归宿？——对于生死的问题，始终无法给出令人心安的解答，所以全诗只能被无尽忧伤所笼罩。记得张爱玲小说《倾城之恋》中，范柳原说《诗经》中的"生死契阔，与子成说，执子之手，与子偕老"是最悲哀的诗，因为生死离别，半点由不得人支配，人们却偏偏要说一生一世，"好像我们作得了主似的"。我倒是觉得"蜉蝣之羽，衣裳楚楚。心之忧矣，於我归处"还要更加悲哀。二千多年前，敏感的诗人早已借这朝生暮死的小虫，写出了脆弱的人生在消亡前的短暂美丽，以及对于终须面临的消亡的无限困惑。

在成虫蜉蝣只有一天的生命里，它们会做什么事情呢？它们会以热烈的姿态，投入到一场盛大的求偶舞会，交配、产卵、然后死去。舞会时间会持续多久呢？待到成熟阶段，爬到水面的草上，蜕壳变为成虫，这只是第一次蜕壳，接着再蜕第二次壳，才能振翅高飞，寻找配偶，在空中飞舞着交尾，将卵产在水中，完成其物种的延续后，生命就结束了，真正属于蜉蝣的舞会时间只有 3 个小时左右。在这 3 个小时的生命高光时刻，蜉蝣忙忙碌碌，为爱痴狂，完全不饮不食。科学的解释是成虫蜉蝣没有口器，所以在成虫期间不会进食，完全依赖身体储存的营养为生，在我看来，这完全是一种向死而生的生命设计，因为没有明天，自然不需要进食了，因为奔赴死亡，一切都归于简单纯粹。

对于成虫蜉蝣来说，它们只有一个目的：虫生太短，只够相爱。它们在空中尽情飞舞，展示自己的美丽风采，通过集体婚飞，完成传宗接代的使命。基因恒久远，一颗永流传，把自己的基因传下去，然后它们的生命就有了意义，也就可以无憾地终结了。这一天，为爱而生，尽情展示自己的华丽与鲜艳，尽情与自己心爱的伙伴融为一体，即使最后为爱而灭，也无怨无悔。产卵繁殖是生命联接生与死的桥梁，在无尽而又短暂的一刹那，蜉蝣们已一瞥生命的终点、世间的声色、宇宙的永恒。

真想在这边的河面上也看到大群蜉蝣飞舞，驻足欣赏那透明纤柔的翅膀在夕光下折射出的光芒，看翩跹的蜉蝣们在水上热烈地相爱，同时也在无止尽地告别。人类相比于蜉蝣，活得时间够长的了，现在一般能活 80 多年，也就是三万天左右，但相比于人对生命的贪恋程度，这肯定远远不够。天地之间，人也渺如蜉蝣，望着时光巨轮头也不回地驶过，唯有珍惜当下。

濡血成紫的螺

动物染料属于天然染料里面的一个类别,其中最有名的就是"推罗紫"。传说中的"推罗紫"(Tyrian purple),是古代世界最宝贵的染料,曾经风靡整个地中海,成为古罗马最高权力的象征,价比黄金,高不可及。这种珍稀的紫色动物染料,来自红口岩螺(Stramonita haemastoma)和染料骨螺(Bolinus brandaris),据说是古代腓尼基人所发现的。海螺在捕捉猎物或遇到危险时,它们颈部附近的鳃下腺会分泌黏液麻痹对手。发白的黏液在空气中氧化发臭,并逐渐变色:黄色、绿色、蓝色,最后会得到美丽的紫色。这种染料浓郁耐久,比相似的植物和矿物色料都更牢固。贝紫提取不易,一只海螺只能贡献一滴原液,上万只海螺才提取出1克纯净的"推罗紫",被称为"神赐之色"。其制作耗费巨大,过程繁琐,掌握这种染料制造技术的闪语族人被称为"腓尼基人"(Phoenician),即"紫色国度的人"。为什么这种紫被称之为"推罗紫"?因为腓尼基人建立的港口城市推罗(Tyre),出产让腓尼基得名的珍贵颜色,由此得名"推罗紫",至今仍有成堆的螺壳遗迹散布推罗港沿海。

从海螺中提取紫色染料,大约开始于公元前13世纪,至15世纪中期由于东罗马帝国的灭亡而走向衰落。如今,化学工业已经能制造出苯胺紫、茜素紫、偶氮染料和颜色相近的靛蓝来满足大众的需要。耗费数万只贝壳把衣服染紫,对20世纪的人来说太不经济,再没有人再用螺的鳃下腺制造紫色染料了,现代工业完全能够用更廉价的方式制造出相似的色调。

螺,用生命汁液压榨出的一滴紫,曾经熠熠生辉在罗马皇帝和教皇的紫袍上。公元4世纪,贝紫染色曾经被禁止商业和民间行为,确定为国家控制生产的产品,所以被称为"帝王紫"。也就是说,在所有罗马人中,只有皇帝本人能穿着"真正的紫色"。不过,我好奇的是,天然贝紫染色,其臭味需长时间才能消散,这是贝紫染色不同于紫草染色的地方,罗马皇帝真的不介意紫色服装若隐若现的臭味吗?要知道古代制造染料的方法是,将海螺内的筋肉和内脏取出，加盐淹泡三天，然后在锡制容器内熬煮海螺，用蒸气加热法，剥落鳃下腺内的分泌物。到大概第十日，整个坩埚里的物质呈现液态时，才能放入羊毛或布料进行染色，可能还要通过加入尿来调节色彩的深浅等。从动物身躯中摄取有机物质来使纤维着色，总让人感觉到是用动物尸液来涂抹你的穿着，那是用一个个小小的生命支撑起来的浓郁色素。

今天海螺已不再濡血成紫，但还在以另一种方式服务人类。在西方的餐桌上，海螺被生生撬开取肉，然后用芝士、牛油、香草烩熟，切成小块后，再放入壳中焗香。在中国的餐桌上，是加干辣椒、花椒、姜、蒜片，爆炒，淋入香油，起锅装盘。在日本的餐桌上，则是切成薄片做成刺身生食，蘸芥末酱油吃，脆中有韧，嚼之有声。

在与人类相伴随的一个个世纪，螺的生命离去了，只留一个个空壳。空旷的壳里不仅有潮音，有风，有浪，而且还是一件臻美的艺术品。螺们蜕下的肉体，不是留给了紫色染料，就是留给了杯盘狼藉的餐桌，可还有一缕灵魂在旧壳中缭绕，并且发出响声，灵魂就藏匿在那美丽的螺钿波纹中吧？在海螺短暂的尘世历程中，它们的记忆也如同螺旋状的楼梯，迂回往复。无法不爱，也无法不恨，爱与恨在时光的流转中扭结，反而更加刻骨铭心吧？总觉得海螺壳贴近耳边的响声，来自一颗挣扎不甘的灵魂，遥遥于风中的哭声，也许这是螺们神秘的语言表达方式，人类读懂了吗？

虫子启示录

六道轮回，人身难得。之所以人身难得，在于因缘具足非常难。只有因缘具足了，才能得到人身。

比较一下人道和畜生道，如果用全球所有的动物数量和人的数量对比一下，会发现人的数量远远不如动物多，你能数清世界上有多少蚂蚁、有多少昆虫吗？基本上无法计算，因为太多，比人的总数多得多。一个世界六道的总体众生的数量如果比作太平洋，那么这个世界的总人数只是太平洋中的一滴水滴。所以，人身难得。

然而，人身难得今已得，可无论怎样爱恨痴缠、颠簸起伏的一生，从更宏大的时空来衡量，我们的命运轻盈，不比一只昆虫的骨灰重多少。我们这个文化不推崇自然观察的智能，鼓励孩子们对自然的景物（例如：植物、动物、矿物、天文等）有诚挚的兴趣、强烈的关怀及敏锐的观察与辨认能力。所以，少有能写《昆虫记》的昆虫学家法布尔，或者说未成的中国法布尔，被父母老师逼回到了紧闭窗户的教室书房，长大后又花大量的时间和精力去工作或养家，喧嚣的市声中根本听不到低弱的虫鸣。

其实，在我们小时候，都喜欢爬进树丛，钻入草丛，翻开瓦片，搅动水洼，怀着巨大的好奇，寻找和注视那些居身其中的小小生灵，观察它们的劳作、嬉戏、求偶和死亡。生命是宇宙间的奇迹，它的来源神秘莫测。是进化的产物，还是上帝的创造？我觉得只要用心去感受这奇迹，懂得欣赏大自然中千姿百态的生命现象，就会善待一切生命，从一头羚羊，一只昆虫，到一棵树，从心底里产生万物同源的亲近感。我是那么喜欢夏季来到寂静野外，静静聆听昆虫嗡鸣、微风拂过庄稼、一只布谷鸟在灌木丛中歌唱——由于寂静，这些声音会分外明显，更加动人。

现在，全世界的两栖动物物种有超过 1/3 面临灭绝威胁，据哈佛大学进化生物学家兼自然资源保护论者 E·O·威尔逊估计，每年有 2.7 万种物种从地球上消失。我们是否处在一次大规模灭绝过程的序幕之中，而这一过程最终将导致地球上数以百万计的动植物物种——包括我们人类自己的消亡？"第六次灭绝"假设的支持者们认为这个问题的答案是肯定的。在大地被人类整理成为一望无际、大量施用化肥和杀虫剂的田亩之前，大地上除了有自然生长的田地，还有荒野、沙砾与河流，野草、树木、动物和昆虫是大地最早的居民，也应该是永久合法的居民。我庆幸我见过有虫子蹦跳的大地，比如今的儿童幸运。

1907年生于美国宾夕法尼亚斯普林代尔的雷切尔·卡逊，从小就对大自然、对野生动物有浓厚的兴趣。她的大部分时间都是一个人在树林和小溪边度过的，观赏飞鸟、昆虫和花朵。她说是她母亲将她引进了自然界，才使她对它们富有激情。描绘和表现大自然的强度、活力和能动性、适应性是卡逊的最大乐趣。从1957年春天起，突然地，她敏感地发现，在春天里不再听到燕子的呢喃、黄莺的啁啾，田野里变得寂静无声了。原因是州政府租用的一架飞机为消灭蚊子向田野广泛喷洒了DDT，DDT是一种合成的有机杀虫剂，作为多种昆虫的接触性毒剂，有很高的毒效，由于DDT会积累于昆虫的体内，这些昆虫成为其他动物的食物后，那些动物，尤其是鱼类、鸟类，则会中毒而被危害。就这样，她悲痛地写下了后来被称为"生态运动"发出起跑信号的专著《寂静的春天》。以一个"一年的大部分时间里都使旅行者感到目悦神怡"的城镇突然被"奇怪的寂静所笼罩"开始。作为一个学者与作家，卡逊所遭受的诋毁和攻击是空前的，《寂静的春天》出版两年之后，她心力交瘁，与世长辞。在她身后，《寂静的春天》作为环保运动的里程碑而被公认是20世纪最具影响力的书籍之一。

这就是小小昆虫对我们这些愚蠢人类的启示。这小小的虫子老师，教会过我们人类多少事情。我记得柳宗元写过一种小虫子，它会把沿途所遇尽可能捡拾起来，放在背上负重而行。这种虫子背部粗糙，东西堆积在上面难以掉落，但即使疲劳到极点，它还是不停累加，直到仆倒在地。人生的吃力，是不是因为我们这种形同负重小虫的习惯？一天天、一年年地活着，悲欢交织在发酵的回忆里……安慰的余温，悔恨的遗毒，我们背着越来越重的时光。

我有时候想，如果我在六道轮回中坠入此道，成为一只小小昆虫，也许会觉得，人类看上去笨重又迟钝，就像我们现在看大象那样。谁说昆虫就是简单生命，虫子同样能够体验到生存的欢乐。连那种寿命只有四个小时的昆虫也因照到阳光而欢欣雀跃！人类中能够理解这一切的，或许只有一个安徒生吧？他喜欢在树林里构思……每根长满青苔的树桩，每一只褐色的蚂蚁强盗（它拽着一只长有透明绿翅的昆虫，就像拽着掳掠来的一个美丽公主），都能变成童话。他的才华受孕于善良性情和对美的深沉凝望———一种月光般的能量——由对世界的悲悯、对苍生的关爱、对草木的体恤所喷涌出的激情和美德。他描绘的是一种饱含植物汁液的有翅膀的生活，上面弯拱着一道宽阔而绚丽的彩虹。

我的亲爱的虫子老师，最近在一袋被虫蛀的香菇中，又给我结结实实地上了一课。我写下一首小诗，纪念虫子教会我的一课：

虫子启示录

陈年贮藏的食物中
虫子们忙忙碌碌
与人类竞赛，啃咬

圆圆的洞穿
一个个虚无的深渊
逐渐扩大，波纹泛滥而过
留下时光的痕迹
灰黯凌乱的碎屑

神秘的圆形
浩浩冥冥的宇宙
以此开始
又经此结束

举着一朵被蛀出
环环圆洞的香菇
飞舞的光线从另一个世界
欢腾地奔泻而下

这一个个微型的漩涡
在向我呼喊什么

蛙跃古池内

　　酷暑难耐，西安多天持续高温天气。昨天和今天，西安地区已达最高温度41度，就跟到了火焰山一样，热浪袭人。置身于一片骄阳炙烤着的钢筋水泥的森林中，耳畔响起的全是轰隆隆的空调声，内心感到的只是荒芜与空旷。这时节，只想到水面摇曳着荷花的池塘，化作一只穿着泛黄绿的半透明衣服的青蛙，扑通通地跳入清澈的湖水中，溅起的水花，溅到脸上、身上，一派凉爽，身上的烦躁闷热感立刻消失得无影无踪……

　　我们儿时的伴侣总是各种各样的昆虫，蜻蜓、天牛、蚂蚱、螳螂、蝴蝶、蝉、蟋蟀……此外还有青蛙和小鱼……孩子的快乐与悲伤不需要条件。一只飞过去的鸟，一只叶子下的西瓜虫，都能开心半天；一只捉不住的蜻蜓，一只死去的小仓鼠，都会难过半天。快乐是养一只蝌蚪，看着它变成青蛙。悲伤是养一堆蚕宝宝，看着它们千丝万绕，自缚成一个个雪白的茧子。

　　从小在一个又一个森林公园中长大，最喜欢拿个小瓶子去水塘边捞蝌蚪。记得一个盛夏的下午，在一个人迹罕至的水塘边，我发现了人丁兴旺的青蛙家族。碧绿的湖水中，小蝌蚪只剩尾巴还是蝌蚪，前半部分已变成了青蛙，还有一些更早完成蜕变的小青蛙，欢快地游走在湖水中和岸滩边，打破了这片野塘的宁静，一群扎在芦苇中的鸟儿们都被吵得扑棱棱地飞了出来。我左一扑，右一扑，忙着逮小青蛙，不知不觉走到了水岸边厚腻的青苔上，突然脚下一滑，眼睁睁就落入水塘中，呼喊着乱扑腾，溅起水花一片。那个时候大概是五岁左右吧！最后闻讯而来的森林公园工作人员，是用捞水中杂物的大网兜将我直接打捞上来的。据说我在水上载沉载浮时，双手在水中胡乱地乱抓，穿着的红纱裙散开如一朵喇叭花。不知为什么，留在我的记忆深处的，是在半透明的苍绿湖水中缓缓下坠，水流在身体四周游走，密如鼓点的蛙鸣从不同的地方擂响，蛙声一片，处处皆是，无处可避。我在水中似乎看到了快速地潜入水底的青蛙，以警惕的目光，腾跃的姿势，从我的身前身后轻轻掠过。

蛙跃古池内

在干旱少湖的北方生活多年，随着生态湿地在西安的涵养恢复，近年来每到夏天雨后，山溪、池塘、菜地、草丛、湖泊……开始有青蛙喧鸣不已，特别是在寂静的夜晚，叫声更加扣人心弦。或是几只轻呱三两声，或是数群呱叫不止，此起彼伏，像是一场精彩的交响乐。这样的时刻，我总会想起幼时玩耍过的一片又一片水塘。翠绿的荷叶或高耸如伞，风一来，摇曳多姿；或平铺若扇，水珠滚动，晶莹闪烁，一股清新凉爽的气息沁人心脾。早春时，摆着尾巴晃来晃去的蝌蚪，就像一个逗号，蹲在湖边，随便地用双手一捧，就会掬上来仨仨俩俩的小生命，在指缝间滑溜溜的跳动。随着季节慢慢地延伸，那些如墨一般的小蝌蚪，逐渐脱去了小小的尾巴，变成了一只只可爱的青蛙。从这片浮萍，双腿一蹬，哧通一声，蹦到那片浮萍的青蛙，绿色的身子，鼓鼓的眼睛，四肢矫健，鼓腮而鸣，活像个蹦蹦跳跳的孩子。你刚想伸手抓它，它腾地一下，就跃到岸边另一处，并跳到草丛之中，再也找不到踪影。

有一首日本俳句"蛙跃古池内，静潴传清响"，也有译作"古池塘，青蛙跳入水声响"，描绘一只青蛙跳到池塘中间，泛起静静的涟漪。小小的青蛙，跃动着蓬勃的"现在"之鲜活，沉沉古池，凝结着神秘的"过去"之幽深，而在青蛙跳水的一刹那，幽远的水声完成了一个欢悦的"顿悟"，绿色的涟漪把"现在"之鲜活注入到远古之幽深中，也把远古之幽深荡进"现在"之鲜活中，使"现在"和"过去"在"顿悟"中融合。这刹那顿悟，是东方人对此在存在的一种独特领会。

在全国第一高温的西安，在一年中最热的时节里，在记忆的一瞬间清凉穿越，蛙跃古池内。

作为还原者的甲虫

记得当年读沈从文的《边城》，常常为里面的感觉之精细敏锐而惊叹。试看下面这一段："天快夜了，别的雀子似乎都在休息了，只杜鹃叫个不息。石头泥土为白日晒了一整天，草木为白日晒了一整天，到这时节皆放散一种热气。空气中有泥土气味，有草木气味，且有甲虫类气味。翠翠看着天上的红云，听着渡口飘来乡生意人的杂乱声音，心中有些儿薄薄的凄凉。"

那么多人写过黄昏的温柔、美丽、平静，写过泥土的气味、草木的气味，但试问，谁写出过甲虫的气味呢？一个作家也许需要一个灵敏的鼻子，即使没有灵敏的鼻子，也要有关于各种气味的丰富的想象力。能让自己的文字充满气味的作家是好的作家，能让自己的文字充满独特气味的作家是最好的作家。

如果你闻到过甲虫的气味，小说阅读到这一段，你就能透过小小甲虫，深切地感受到翠翠的烦恼。她已长成为十五六岁的少女，正是情窦初开的年龄，有着对爱情的向往之情，可是这种情感却无处诉说，只能在内心骚动不安。沈从文在写翠翠的这种情感时，没有直接地去抒写，而是让翠翠看着天上的红云，嗅着空气中残留着的白天热闹的气息，不觉"寂寞惆怅"涌上心来，感到一种"薄薄的凄凉"。世上万物都那么生机勃勃，而自己的生活却"太平凡"了，觉得"好像缺少什么"，不能像雀子、杜鹃、泥土、草木、甲虫那样热烈勃发，这是运用景物的反衬来叙写暗示人物的主观情感。

那么甲虫的气味是怎么样的呢？小时候，在野外、在山间疯玩，我也常常闻到过甲虫的气味，天牛、金龟子、象鼻虫、锹甲、独角仙等等，有些甲虫御敌时会喷射一种液体，那液体挺刺鼻的，有一种烧焦的气味，闻着让人稍稍有点烦躁不安。细细观察每一只甲虫，它们都是很漂亮的，披着一身黑油油、绿莹莹、青铜色或者深蓝色、深红色光芒的盔甲，六条强壮的节肢，巨大的上颚前伸（有的上颚的长度甚至超过了它们的体长），如同一辆在尘埃中奔跑的铲车。用一根小棍子拨弄它们，想让它们改变前进的方向，它们通常会气冲冲的，竖起小旗似的触角，愤怒得像公牛一样迎面撞过来。但经过几番较量，自知不是你的对手，它们又会狡诈地装死，突然像受到电击一样很夸张地一个倒翻，四脚朝天的，肚皮朝上，六只脚剧烈地抖动几下，然后就不动了。好像死了，其实，只需要过上一会，这诈死的甲虫就会缓慢地重启，如阳光下的冰块一样迅速地解冻，六只脚在空气中划桨，一下子翻过身来，然后，飞快地溜走了。

甲虫是在恐龙时代之前就有的一种昆虫。那时的一只甲虫体长约 3 至 4 米，至于甲虫这种生物诞生了多少年和它们为什么变小至今也是一个谜。还有一个有趣的甲虫历史，古埃及人制作木乃伊是为了对转世再生保存尸体，而动物木乃伊则是用于宗教祭祀。被制成木乃伊的动物在古埃及都拥有很崇高的地位。动物木乃伊有猫，有公牛，有鳄鱼，还有一种类别就是甲虫。前些年，在埃及一个石灰岩棺中，发现一组包裹着亚麻布、保存状况良好的大圣甲虫，石棺上还有一个拱形装饰棺盖。这种圣甲虫我们中国称之为蜣螂，俗称屎壳郎（如此一个令人掩鼻作呕的名字），但在古埃及是神圣的象征，人们将这种甲虫作为图腾之物。当法老死去时，他的心脏就会被切出来，换上一块缀满圣甲虫的石头。为什么古埃及将圣甲虫视为神圣图腾，至今也是一个谜。我看过有一个说法认为，古代埃及人给国王制造木乃伊并把他们埋葬在金字塔里的传统，就是仿效把圣甲虫的幼虫埋在粪球中的习惯而来的。正如甲虫从粪便之中长出新的生命来，埃及人也相信，他们的法老也会从埋在地下的茧中获得新生。

从大自然生态循环的角度，甲虫是分解者，分解者是生态系统物质循环不可缺少的成分，在物质循环和能量流动中具有重要的意义，因为大约有 90% 的陆地初级生产量都必须经过分解者的作用而归还给大地，再经过传递作用输送给绿色植物进行光合作用。所以分解者又可称为还原者。因此，甲虫是生命环境中的关键有机体。这一点有些让人难以置信，但又千真万确。

我从这个角度来理解，20 世纪一部著名的现代小说《变形记》所描绘的：一天早晨，格里高尔·萨姆沙从不安的睡梦中醒来，发现自己躺在床上变成了一只巨大的甲虫。为什么在现代派文学的奠基人卡夫卡的笔下，格里高尔的异化是变成了一只甲虫,而不是别的什么生物呢?因为,甲虫是还原者。一只甲虫,还原了世人唯利是图、对金钱顶礼膜拜、对真情人性不屑一顾的真面目。在格里高尔成为甲虫,不能再赚钱养家之后,全家人都将其视为累赘,格里高尔终遭社会和家庭的唾弃,在无声无息中死去。死的时候,父亲曾经狂暴地投掷向他的一只苹果(当时打中了他的甲虫之背并且还陷了进去),高度腐烂的苹果与格里高尔紧紧地结合在一起,一直到他生命的结束。我每每玩味这个结尾,觉得最后分明是一个圣甲虫图腾——这圣甲虫可以从腐烂之中长出新的生命来,变形还在继续。卡夫卡的《变形记》在发表一个世纪后,仍被公认为是最伟大最著名的短篇小说之一。埃利亚斯·卡内蒂(Elias Canetti)曾说:"卡夫卡的这个故事是永远不可能被超越的,不会再有任何别的'变形'或者'蜕变'的故事可以超越《变形记》。"

　　正写到这里,感觉周围空气微微拂动了一下,原来纱窗上出现了一只冒失的甲虫,映着初夏婆娑的浓绿树影,举着威武的犄角。我静静地看它,它也静静地看我。在一窗幽绿之中,小小甲虫像古瓷一样蹲伏着,闪耀着悠远的光泽。

来到教室的动物们

在学校里上课,常有一些冒冒失失来到教室的编外学生,淡定无比、大摇大摆地来学习。

比如,有时正讲着课,有一两只看起来聪明伶俐的学生鸟,突然到教室来报道。只可惜不遵守纪律,总是叽叽喳喳、起起落落、四处乱窜的,不忍心驱赶呵责,过了一会儿,它们觉得自讨没趣,就会悄悄地从门窗溜走。没有在学生名单上的鸟儿们,当它们有兴趣到教室来接受教育,哪怕多以耍宝调皮为主,四处乱飞的,分散我们的注意力,但通常这时候,台上的老师,台下的学生,都会开那么几分钟小差,静静地和小鸟对望一小会儿,听听它们啼溜婉转的轻快小唱。隔着一个未知的世界,不知道彼此之间能不能了解,各自的那些真实想法?

校园里,最时常来串门、旁听的是流浪猫,特别是在秋冬学期。每当秋风掠过,冬天是最难熬的季节,到有暖气的教室来蹭课的猫们一下子就多了起来。虽然教室管理员发现进入教学楼的猫咪会将其赶走,但人猫之间的关系总体比较宽松和谐。混入教室课堂上的野猫,基本无人驱赶,绝大部分同学被它们占了座位只会自己换个位子,实在没有位子了,就和猫们挤在一起上课。当然,教室里进来了喵学生,难免大家都会开开小差,我需要不断地提醒同学们:"认真听课啊,看我,别看猫!""这道题,猫都会了,你们还不会吗?"有时,说不听学生,就只能数落猫了:"你身为高校的猫咪,每天在这里学习,一定要遵法守纪。听懂了没有?"教室里混进来了学术喵是什么体验?那就是,无论老师还是学生,我们的学习压力瞬间都缓解了。校园喵为了我们的学习,真的是尽力了!

不知道校园流浪猫是不是一个大家族的,它们长得比较相似,基本上都是黄色的毛发、略带些棕色的条纹、白色的胡须以及深邃的黑色眼睛。它们蹲坐在地上,趴在课桌上,盯着黑板看老师的板书,认真地听讲。实在听不懂了,才懒洋洋地在窗台上打盹,慢悠悠地在书桌下溜达,或是赖在学生们的书本上不肯下来，不紧不慢地留下几朵梅花爪印。还有的就是喜欢和温柔的小姐姐挤在一起，躺在身边甘当一只平平无奇的暖手袋。

记得以前看过一本关于西南联大的书，里面记录了这所传奇的中国战时大学很多有趣的事。当时的教室都是低矮的土坯墙铁皮顶，从那里走出的一批批旷世奇才却在中国历史上空前绝后、光照千秋。书中说有一次，吴宓在教授《中西诗比较》的课上，教室里溜进了一只大黄狗。在黑板上抄写完诗句的吴宓，转过身发现有一只狗也在听他讲课，走下讲台，对大狗说："目前我尚不能使顽石点头，不是你该来的时候，你还是先出去吧！"说罢挥一挥手，大狗似乎听懂了吴宓的话，立刻低头垂尾悄悄走出去了。

我觉得西南联大的大黄狗，应该不止去过吴宓教授的课堂，它可能纵横于理学院、文学院、法商学院等各学院，它可能也听过蒋梦麟、胡适、冯友兰、杨振声、刘文典、闻一多、王力、陈寅恪、朱自清、沈从文、钱穆、叶公超、潘光旦、钱钟书、朱光潜、金岳霖、熊十力、陈省身、华罗庚等教授的课程。我想起电影《无问西东》的一个桥段：大雨哗哗而下，顺着房檐，拍打着窗户，忽而狂风大作，雨借风势，风助雨威，大雨从茅草屋的房顶，从单薄的窗户，一股脑地扑向教室，扑向学生的脸颊。雨自顾自地下，教授自顾自地讲，学生自顾自地听，好像雨水是他们的，与自己无关。雨水大得实在讲不成课了，教授就在写满密密麻麻公式的黑板上写下四个大字——静听雨声。此时，除了风声雨声，别无他音，他们仿佛在感悟另一种课堂。我觉得如果大雨滂沱的时候，应该会有不少小动物为避雨来到西南联大那些简陋的教室。10余排和窗户一样颜色的朱红色凳子，分四列摆放，讲台上方是一块黑板，黑板两侧分别挂着西南联大校歌和联大师院院歌。上面的教授口若悬河、滔滔不绝的时候，下面的学生和课桌下的黄狗，应该都在凝神听讲，他们一个个的脸上都洋溢着"自信与笃定，坚毅与聪慧"，这就是当年在云之南的淋漓雨水中"爱你所爱，行你所行，听从你心，无问西东"的校园。

连小动物都这么喜欢来上课，各位花样百出请假、在教室最后几排纷纷睡倒或是手机刷得抬不起头的大学生们，你们看了不觉得惭愧吗？我会一直为我的编外小动物学生们留着座位。

那一只中国夜莺

《夜莺》是安徒生唯一的一篇以中国为背景的童话故事。

在这个童话中,一只不起眼的夜莺的歌声让中国皇帝为之落泪,然而失去了自由的夜莺不能自由地歌唱,它要在宫里住下来,只有白天出去两次和夜间出去一次散步的自由,而且每次总有12个仆人跟着,他们牵着系在它腿上的一根丝线,老是拉得很紧,这种生活和关在笼子里一样。这时,日本皇帝送来一只夜莺,是人造的工艺品,全身镶满钻石、红玉和碧玉,跟真的夜莺完全一样,只要上好发条,就会唱真夜莺所唱的歌。皇帝希望两只鸟儿双重奏合唱,不过这个办法行不通,因为那只真正的夜莺只是按照自己的方式随意唱。于是人造鸟儿只好单独唱了,当人们都去听那只闪耀漂亮的假夜莺反复唱同样调子的时候,谁也没有注意到,真正的夜莺已经飞出了窗子,回到它的青翠的树林里面去了。

人造夜莺从此获得了最高荣誉和举国关注,可惜一年以后,人造夜莺所能唱的调子,听的人甚至都能够背了;随后,它身体里面的发条也断了,勉强修好,也只能每年让它唱一次。又过了五年,皇帝也病了,垂危中,面对死神,他呼唤人造夜莺为他歌唱,但这只人造鸟儿因为没有上好发条,一动也不会动。就在这个时候,窗子那儿有一个最美丽的歌声唱起来了,这就是那只小小的、活的夜莺,它栖在外面的一根树枝上,特地在这个非常时刻前来,向皇帝唱点安慰和希望的歌。果然,随着它的歌声,皇帝羸弱的肢体恢复了体力,而且神志也清醒了。原来等在他身边的死神则变成一股寒冷的白雾,从窗子里消失了。故事的结尾,那只小小的歌鸟还是要远行。自由自在的它,不愿意在皇宫里筑一个窠住下来,它还要皇帝答应它一件事:不要告诉任何人,说他有一只可以倾诉心事的小鸟,只有这样,一切才会美好。

安徒生从未亲历中国,关于中国的童话《夜莺》,来自他对于神秘东方的想象。故事里描述的是一个存在于西方幻想中的中国世界:这位皇帝的宫殿是世界上最华丽的,完全用细致脆薄的瓷砖砌成,在无数金灯的光中闪闪发光，御花园里可以看到世界上最珍奇的花儿，那些最名贵的花儿上都系着银铃，卷起一阵微风，所有银铃都叮当叮当响个不停——这几乎是西方对于中国的全部想象，精致纤美，金碧辉煌，富足奢华……

可与这一切的珠光宝气相比，御花园里最美的东西其实是夜莺——一只灰扑扑的不起眼的小鸟，然而皇帝本人并不知道，世人也只会被外表所迷惑，他们习惯于有板有眼、中规中矩的曲调，认识不到自由歌唱、天籁之音的真夜莺的价值。《夜莺》的主调其实是一个悲伤的故事，又轻巧又悲伤。人都想占有美好的东西，已经拥有一切的人想要掠夺全部，但又不懂得什么才是真正好的。那些最名贵的花被移栽到皇宫，并系上银铃，几经周折找到夜莺后，夜莺得到的待遇，却是要被锁在富贵的囚牢里。夜莺并不贪图富贵，它暂时在宫中留下来，只因为，它把皇帝听到歌声后流下的眼泪，当作了最宝贵的东西。当机械夜莺出现，夺走了人们的注意力，真夜莺反而被遗忘在一旁，它也没有怀恨在心，而是展翅飞回了它的绿色的树林。后来皇帝病重，夜莺却主动飞来，为挽救国王跟死神做交易——连死神也愿意把宝贵的东西都交出来，以换取一支动听的歌。救活了皇帝后，这只来自林间的夜莺，不企求皇帝允诺的任何报答，它善良的心地甚至阻止皇帝"把那只人造夜莺撕成一千块碎片"。它唯一的期望，就是让它回到大自然中去，为包括皇帝在内一切需要它的人歌唱。夜莺爱每一个人，从皇帝、渔夫到厨房女佣一视同仁，它是一个无私的、纯粹的歌者，只要有人是它的知音，不管是什么身份，夜莺都愿意做他的朋友，都愿意用歌声慰藉他。夜莺只有在绿色的树林里才唱得最好，因为夜莺的百啭千声表达的是不受羁绊的心曲，夜莺的歌声只有在自由和淳朴的时候才美。

非常非常喜欢这篇《夜莺》，权倾天下的帝王，拥有无数奇珍异宝，然而，夜莺才是王国里"一切东西中最美的东西"。这个故事关于入世与出世，关于华糜与淡泊，关于贫穷与富有，关于善与恶，关于那无法被囚禁的自然之美。安徒生是社会与人性的洞察者，是为人类忽略忘却"自然"这一倾向担忧的思想者。他的才华受孕于善良性情和对美的深沉凝望，这是一种月光般的宁静恬淡的能量——由对世界的悲悯、对苍生的关爱、对草木的体恤所涌出的柔情和美德所构成。

　　写到这里，真想听到夜莺的宛转歌喉，在一片高楼里听到呖呖莺声，在黑暗的夜里倾诉悲啼，定会有奇妙的感觉，就像是诗人的梦境一样。可此时，我所在的这个北方城市的树枝还没有发出嫩芽，哪一棵枝桠能容这鸟儿栖身呢？

养蜘蛛的古代女子

在现代社会，大部分女孩子看见一只毛茸茸的蜘蛛突然出现，一定会尖叫着落荒而逃。然而，在古代社会，蜘蛛和女性的关系，恐怕比现在要和谐温馨得多。

早在汉代，中国就有七夕乞巧一说。到唐宋时期，乞巧节的庆祝活动可以说是丰富多彩，什么"穿针乞巧""投针验巧""兰夜斗巧"等等，都与女子平日里天天不离手的针线有关，在各种乞巧中，还有一个今天听起来极其惊悚的"蛛丝乞巧"。

"蛛丝乞巧"又叫"蛛网乞巧"，是南北朝时期出现的一种新的乞巧方式，在唐宋间盛行。南朝梁宗懔《荆楚岁时记》说："是夕，陈瓜果于庭中以乞巧。有喜子网于瓜上则以为符应。"五代王仁裕《开元天宝遗事》说："七月七日，各捉蜘蛛于小盒中，至晓开，视蛛网稀密以为得巧之候。密者言巧多，稀者言巧少。民间亦效之。"宋朝孟元老《东京梦华录》说，七月七夕"以小蜘蛛安合子内，次日看之，若网圆正谓之得巧。"宋周密《乾淳岁时记》说："以小蜘蛛贮合内，以候结网之疏密为得巧之多久。"至明代，喜蛛应巧仍旧是一种风尚。明人田汝成《熙朝乐事》说，七夕"以小盒盛蜘蛛，次早观其结网疏密以为得巧多寡。"

可见，"蛛丝乞巧"这种游戏，就是将寻来的蜘蛛放入小盒中，第二天打开来看谁的蛛丝更密，更正圆，故有诗云："明朝结成玲珑网，试比阿谁称巧娘。"当然，也有以蜘蛛作为织女传信使者的说法。祈愿的女子将瓜果供于案上叩拜，一段时间后，若是上面有蜘蛛结网，则是织女已经应下了该女子的祈愿。唐朝大诗人杜甫的《牵牛织女》中就有"蛛丝小人态，曲坠瓜果中"的诗句。在唐朝刘言史的《七夕歌》中亦有对这一风俗的描写，"碧空露重新盘湿，花上祈得蜘蛛丝。"还有唐朝诗人窦常的《七夕》："露盘花水望三星，仿佛虚无为降灵。斜汉没时人不寐，几条蛛网下风庭。"

在古代，人们就普遍以蜘蛛为吉祥物，认为一群蜘蛛聚在一起，就预兆着有喜事发生。原因可能因为蜘蛛的外形很像汉字"喜",所以寓意喜事连连,好运将至。蜘蛛从蛛网上沿着一根蜘蛛丝往下滑,表示"天降好运"。因此,蜘蛛又称喜子、喜母等。乞巧习俗是古代社会中妇女界一年一度的大事,藉牛郎织女两星七月相会的故事,特地装扮一番,登高楼向织女乞求得巧,祈祷愿望得以实现。蜘蛛之所以与乞巧节息息相关,一方面与其与生俱来的"织"技分不开,另一方面也与民间蜘蛛师从织女一说有关。

这个喜蛛乞巧习俗真的很有意思。那个女孩子养蜘蛛过节的年代,那些为斗巧而饲养蜘蛛的女性前辈们,她们会在饲养盒或盛放器皿里为蜘蛛加水加湿换土喂食吗?蜘蛛的食性是比较杂的,喜欢吃的东西有很多,比如说各种昆虫,她们给蜘蛛喂的什么虫子呢?蚊子、苍蝇、蛐蛐还是蟑螂?她们怎么捕捉到蜘蛛的呢?拿棍子捉、拿网捕还是徒手来捉?外面诱捕到的蜘蛛进入一个新的环境,会产生焦躁不安的情绪,她们是怎么处理的呢?如果她们捉到的蜘蛛毒性大、速度快、容易越狱怎么办?世界上有各种各样的蜘蛛,黑色的、蓝色的、紫色的、红色的、混搭的、超大的、迷你的……古代小姐姐们最喜欢养哪一种呢?如果我本人穿越回去大唐长安城养蜘蛛过七夕的话,我要养一只黑丝绒的超大号蜘蛛,一身油光发亮的黑绒毛,放在大红色的首饰盒里养,这样才最能烘托出那一张蛛网的洁白光亮。为什么一定要养一只大家伙?因为,只有大家伙的蛛丝才够粗、够厚实,蛛丝平滑、紧绷,给人以明快刚硬之感,又不失掉粘性和韧性。只有这样,才能在斗巧中一举打败众姐妹,勇夺头筹啊!

如今古风不再,这年头喜爱蜘蛛的人少到可以忽略不计,讨厌它、恐惧它的人,身边倒是数数就有一大堆。人们厌恶蜘蛛的原因不外乎以下几点:一、长得难看,比较科幻,八条腿,像是来自外太空。二、影视文艺作品对蜘蛛的大肆渲染及其中不实内容,使得人们对蜘蛛更加万分惊恐。三、传说蜘蛛毒性极大,被蜘蛛咬伤后,会引起肌肉痉挛、倦怠、头痛、恶心、烧灼感等神经中毒症状,十天半个月都好不了。四、厌烦时不时黏在脸上的蛛丝。五、蜘蛛诡异的行踪和吸血鬼一样的进食方式。

其实,在全世界四万种蜘蛛里,百分之九十以上的蜘蛛毒液的危害不及蚊虫叮咬产生的过敏反应。为什么传统五毒中没有蜘蛛或是为何没有将蜘蛛组成六毒？因为，我国大部分地区的蜘蛛体积都不大，毒性较小，丛林中常见的也不具威胁，只有南方热带有一些体积较大的，但毒性也不大。在森林中穿梭，在乡间小路上散步，我们常常会误碰蛛网，黏黏的对人来说是很烦，但对蜘蛛来说辛苦编制的网被毁掉，是我们人类侵入了它们的世界，强拆了它们的房屋。至于走着走着，一根孤零零漂浮在半空中的蜘蛛丝，突然幽灵一般，从我们的头脸上细细飞掠而过，这是蜘蛛繁衍的秘诀所在——飞航扩散。刚孵化的蜘蛛为了寻求更大的发展空间，会向空中释放飘丝，飘丝会带着小蛛腾飞到五湖四海，这是蜘蛛的生物天性而已，对我们人类来说并不具有太大威胁。

　　有时，在户外郁郁葱葱的灌木丛、植被茂密的草丛，在老屋的孔洞、缝隙处，看到一张悬空的蛛网，我会饶有兴趣地长时间观察那只筑巢的小蜘蛛。它以一根无人注意的蛛丝，一圈又一圈地编织，和谐、美妙，充满智慧，仿佛世间的喧闹都与其无关。它的专注、认真，让我敬佩。神秘的事物静静地反射着，它纺着黎明，它纺着黄昏。那一圈圈的蛛网，犹如时空隧道让我回到昨日。那一条精美的线，编织着错综复杂的花纹。让我想起数千年悠悠岁月，男耕女织的传统分工练就的女性的一双巧手，永无尽头的缝、编、织、绣的手工劳作，在起线、穿梭、接驳、收隐的周而复始的动作中，一双双白嫩的纤手，渐渐变得沧桑与粗糙，最后在光阴中灰飞烟灭。蜘蛛的习性，确实就是一种女性特有的古老生存方式，女性对于女红的迷恋喜爱是骨子里的，不仅仅是外在的社会规训，完全可以理解为一种纺织状态对原始制作的回响。而不间断的手工编织，另一个侧面也在呈现生命的无限性繁衍和生存状态。

　　古代的七夕，在某种意义上是妇女节，因为对女性来说，七这个数字具有特殊的含义。中医经典《黄帝内经》中，提出"女七男八"男女生长周期的说法。即女性的生命周期数是七，每七年体现一次大变化；男性的成长周期是八，也就是每八年有一次生长变化。一个女性，七岁、十四岁、二十八岁，及至四十九岁，每个时期各代表一个生理阶段。总之，因为各种迷信或者科学的原因，七夕这个日月同为七的特殊日子，被古人赋予了重要的意义，它不仅成了牛郎织女鹊桥相会的时期,也成了一个中国古代最重要的女性节日。在七七这一天,女孩子们乞巧斗巧,希望拥有织女的巧手,希望获得织女的祝福,希望祈求到一段好姻缘。谁抓的蜘蛛在七夕之夜结的蛛网更密更圆正,谁就被视为"得巧"而获胜。听起来相当依赖玄学,但传说蜘蛛被织女亲授织网秘诀,在当时的观念中,蜘蛛正是被视为广大女性的吉祥物啊!不同于今天蜘蛛出现是惊吓,在古代,蜘蛛是从天而降的惊喜。

虎豹出没小考

　　由于中国的农业文化成熟很早，对于动物的崇拜远不如狩猎民族、游牧民族那么发达。发现中国人的动物崇拜，大多围绕一些与农业观念有关的动物。不是作为农业生产重要工具的动物，如马、牛、羊等，就是农业经济的重要部门如养蚕业，自商周历秦汉以迄明清，蚕神均为国家祀典。此外，蛙神奉祀在我国民间历代也非常普遍，尤以南方为盛，这当然与水田耕作相关。世代定居的农业民族很少受到凶猛动物的威胁和危害，所以虎、豹、狼等猛兽的崇拜并不多见。而经常出没于住居周围，其行为又有些诡秘色彩的动物，如蛇、狐、黄鼠狼、猫头鹰等等变成了某种神秘力量。由于它们的怪异，人们大都只把它们作为灾异的象征。

　　有虎、豹、狼等猛兽崇拜的民族，大多是狩猎民族、游牧民族，如土家族以白虎、彝族以黑虎为图腾，这两个民族都是丛林民族，既敬虎，又驱虎，可是其民族精神——猛虎精神却世代不灭，流传至今，成了民族的遗传因子。狼图腾则是突厥系民族图腾，古代突厥系民族高车认为他们是一个美丽匈奴公主和一匹狼的后代，而乌孙的祖先则传说是弃婴和母狼阿史那的后代。乌孙、高车，一为匈奴养子，一为匈奴之后，加之传为匈奴别部的突厥，皆有狼祖神话，以此推之，曾经的蒙古草原霸主——匈奴，亦当是狼图腾民族，有狼祖神话，只是消失于久远的历史年代之中而已。古代中原王朝用犬戎或者附离来指代北狄，即古代北方的突厥系游牧民族。北狄一直是华夏的心腹大患，"狼子野心"就是取自犬戎。

　　关于豹图腾，中国上古重要历史人物蚩尤的九黎部落联盟中，"兄弟七十二人"或"八十一人"之一"豹氏"，实际上就是以豹为图腾的氏族，世代以豹为姓氏，豹姓是中华民族非常古老的姓氏之一。距今约4600余年前，蚩尤部落与黄帝联盟的涿鹿之战，以黄炎华夏集团的胜利而宣告结束。失败以后，以蚩尤为首的九黎部落不断迁徙，向西者后为犬戎、西羌，向南者后为三苗，他们的史迹是悠久而深刻的。而古老的豹氏就隐没在南迁的三苗部落中。记得当年，读史籍《竹书纪年》记载蚩尤九黎部落"兄弟七十二人属于蚩尤各族，有熊氏、罴氏、虎氏、豹氏……诸氏。"九黎部落除了蚩尤与同母弟八人均姓黎氏号称"九黎"外，还有族兄弟七十二人，个个都是以猛兽为号，可见那是一个与兽共生的上古游猎时代。涿鹿之战，是黄帝联盟与蚩尤部落为了争夺中原地带而战。涿鹿战争之后，方圆数百数千里慑于黄帝威严，各宗族安分守己，不敢轻易发动战争，这样就使得中原及其四方趋于安定。因而各宗族活动的地域便相对固定下来。活动地域的相对固定，使得氏族成员由游猎为生逐步转向稼穑为生，华夏从此进入了一个新的历史时期，完成了由远古时代向文明时代的重大转变。

当然，这一转变背后更深刻的原因是气候环境变化。近代环境考古告诉我们，距今5000至4000年左右是自然环境又一次大变化时期，不断升高的气温、持续不断的冰川融化与降雨均骤然停止。距今5000年前后，从辽东半岛到长江三角洲都留下海退的遗迹。以后，距今4700年开始又发生了小的波动。神话传说中，蚩尤军队擅长于在潮湿、多雨、多雾的山林地区作战，黄帝与蚩尤九战九不胜，蚩尤作大雾弥漫三天三夜，黄帝之臣风后在北斗星座的启示下，发明了指南车，才冲出大雾，后来黄帝请下天女女魃阻止风雨，天气突然晴霁，蚩尤军队惊诧万分，黄帝乘机指挥大军掩杀过去，才取得了最后胜利。可黄帝的胜利得来不易，不仅女魃制止了大风雨后神力大减，不能再回到天上，这位天女女魃变成了旱魃，所到之处赤地千里。应龙参战以后，也因神力损耗不能再回到天庭了，于是天上"无复作雨者"，使地上连续大旱数年。可见天气因素对黄帝蚩尤的战争有重要影响。涿鹿之战中，那些被巫术呼唤来的暴风雨及其后的干旱，正与气候由平稳到发生波动的情况相合，可见这些神话不是全无根据的，它确实浓缩了对过去的回忆。在气候变化之前，那时候的黄河流域中原地区，应该类似现在的亚热带气候，高温多雨，森林密布，虎豹豺狼，猛兽出没。而在气候变化之后，今天的北方大地已不可能再如史籍所载"兄弟七十二人属于蚩尤各族，有熊氏、罴氏、虎氏、豹氏……诸氏。"中原地区因气候变化而干旱，因农业耕作而不断开荒，人口增长，世代定居，不可能再出现《山海经》时代的百兽横行、凶兽肆虐之景象了。

不过，近期新闻上不是野生东北虎进村伤人，就是杭州野生动物世界金钱豹出逃，想想看，一只穿越田野、游荡街头的斑斓猛兽，饥渴地四处走动，嗅寻猎物，这对习惯了农业文明稳定景观的人们来说，确实是一种极大的刺激与震撼，容易引起恐慌。在最近的几十年内，全球气温在上升，尤其是北极地区和中纬度地区。近一两年，每一个月的温度都是一次次达到最高值，各种自然灾害以及异常天气变化不断，山火、高温、洪水、沙尘暴、频繁雨雪，随着全球温度的逐渐升高，对地球上很多生物都产生了恶劣的影响。仅是温度升高，对于许多生物的机体就会造成影响。去年年初严重的非洲沙漠蝗灾，就源于长时间的潮湿天气，阿拉伯半岛降雨量增多的气候异常现象。入境进村的西伯利亚虎，越狱出逃的金钱豹家族，是什么驱使它们行为不循常轨、暴躁敏感，驱使它们或悍然闯入人口稠密农区、或回归自然野性大爆发呢？这一切，都源于气候异常导致的物种栖息地丧失和破碎，生态系统破坏正对全球生物多样性构成重大挑战和深刻改变啊！

中华民族的鸟历

在中国古代物候学中,鸟是一种最重要的参照,早期还有根据候鸟迁飞来确定季节的鸟历。《隋书·经籍志》卷三十四"五行"类就记载了相关图书,如《黄帝飞鸟历》一卷、《太一飞鸟历》一卷、《太一十精飞鸟历》一卷等。古代不讲究发明专利,不讲著作权,很多创造发明都假托上古帝王或古代名人,以言其古老,也表示信而有征。称"黄帝飞鸟历"其实是托古,就是言其古老,倒未必真是黄帝创造的。可惜,这些书的内容具体都是些什么,今人已不甚了了。

鸟历反映了古人对太阳的崇拜以及相关季节规律的认识。古人认为,鸟会飞翔,太阳也在空中运转,所以,太阳和飞鸟间就有着神秘的联系,比如很早就流传的金乌负日神话,日中有金黄色的三足乌,每日负载太阳东升西降,人间方有日出日落,用以确立时间的移转,因此日神即鸟神,金乌、赤乌也成为太阳的别名。

在古人眼里,时间不是数字,而是有生命的。他们以自然界花鸟虫鱼的活动变化作参照,观察植物的萌芽发叶、开花结果、叶黄叶落,感受动物的蛰眠复苏、始鸣求偶、繁育迁徙,一个有经验的农夫便可敏锐洞察自然节奏,适时而动。鸟历或者物候历,体现的是农夫的智慧,一个热爱自然的民族的智慧。鸟历或者物候历,根据花草虫鸟等动植物的生长伏藏,来确定时间,说白了就是根据气温的变化。但影响气温变化的因素很多,这些历法终究有些粗疏。古人后来遂用更精确的立表测影来明历治时,对于鸟历这类知识反而不是很了解了。

据《左传·昭公十七年》,春秋时,鲁昭公就曾问有学问的郯子:上古帝王少皞氏为何以鸟名官呢?郯子回答道:因为当他即位之时,凤鸟适至,故以鸟名为官名。凤鸟知天时,故以名历正(主治历数正天时)之官。玄鸟(燕)春分来、秋分去,故以玄鸟氏名司分之官;伯赵,即伯劳鸟,夏至鸣,冬至止,故以伯赵氏名司至之官;青鸟,即鸧鹒,立春鸣,立夏止,故以青鸟氏名司启之官；丹鸟，即鷩雉，立秋来，立冬去，故以丹鸟氏名司闭之官。

相传少皞挚即位时，凤鸟正好来到，从此后以鸟开始记事，设置官员皆用鸟名名之。这里除凤鸟可作祥瑞看，其余四鸟都是候鸟，一年中有规律地在某地出现，与当地气候密切相关，故可作农事参照，古人遂以此命官。燕子主春分、秋分，伯劳主夏至、冬至，青鸟主立春、立夏，丹鸟主立秋、立冬。所以，分管春分、秋分的官员就称玄鸟氏；分管夏至、冬至的官员就称伯赵氏；分管立春、立夏的官员就称青鸟氏；分管立秋、立冬的官员就称丹鸟氏。少昊之下，百官之首，就是担任"历正"的凤凰。这个历正，其实就是管理历数天时的官。说得更简单点，就是编制一年日历活动的职位。凤凰是一种知阴阳的鸟，天下有道才会现身，天下无道就会归隐。所以由它来担任这一职务再好不过。凤凰以下是四鸟官，它们都与历法有关。分别是司分的玄鸟氏，司至的伯赵氏，司启的青鸟氏，司闭的丹鸟氏。真好玩，原来上古时期，曾经有过这样神奇的鸟国鸟官、权力阶梯一凤四鸟的架构，不过，到了春秋时期，大概也只有少数博学之人才懂得这些古老的由来了。

要说起来，从古到今，鸟历，或者物候历都是渗透在农事生活中的，只是我们不太注意罢了。比如《诗经·豳风·七月》以时令为线索绾合人事，讲述了周代社会一年的农事生活，其中就多有鸟历的影子。"春日载阳，有鸣仓庚。"仓庚，即黄鹂，郑玄注云："仓庚仲春而鸣，嫁娶之候也。"春天来了，黄鹂鸟鸣叫求偶，与自然相呼应，这也是适龄青年谈婚论嫁的好时节。又云："七月鸣鵙，八月载绩。"鵙，类似伯劳鸟，夏至开始鸣叫求偶，冬至后就飞走了，也可以看作时令的标志。"鵙"这个字的读音是 jú，是伯劳鸟的叫声，这叫声就是很低沉的"jú、jú、jú"，古人认为这种鸟的叫声有阴气，和秋天的阴气相连。

"七月鸣鵙，八月载绩"，七月伯劳声声叫，八月开始把麻织。立秋往往在农历的七月，低沉的伯劳的鸣声中，到农历八月份的时候，"丝事毕而麻事起矣"，就是说，养蚕抽丝那些事情到八月份已经结束了，这时该干的活就是"绩麻"了。所以，农村的生活跟季节、天气的变化密切相关，不同的季节农夫们所从事的农活也不同。对于农夫们来说，听到伯劳鸣声就知道秋天来了,如前面所说,伯劳从夏至开始鸣叫,到冬至结束,秋天实际从夏至就开始了——夏至阴阳会聚,阳气盛到至极,阴气就开始产生,所谓一阴来复。秋是阴气开始逐渐弥漫的季节,又是秋鸟们用歌声一点点呼唤再一点点送走的季节。

关于鸟历,白居易有一首长诗《禽虫十二章》写不同禽虫的个性特征与生活状态。开篇第一章写道:"燕违戊己鹊避岁,兹事因何羽族知?疑有凤凰颁鸟历,一时一日不参差。"白居易在每章后致一哂,颇类志怪放言,有自嘲之意,一哂之外,亦有以自警其衰耄封执之感。放在这一章后的一哂,是这样的:"不知其然也。燕衔泥常避戊己日,鹊巢口常避太岁,验之皆信。"白居易感叹鸟类们的行为方式极有规律,好像是鸟王凤凰颁定了一部鸟历,天下众鸟遵守历法严丝密合,一时一日从无差池。

其实,不光鸟类,植物和动物都在各自特定的时间秩序里作息生养,开花结实。若无特殊环境变化,绝不迟到早退。它们从不讨论时间的意义,只是在该开花时开花,该起飞时起飞,该休息时休息。如果你养过鸽子,就知道它们有多么遵守时间:鸽子总是在下午 4 时多陆续归巢进入铁皮屋,而在早上 6 时多,你会准时听见它们翅膀扇动的声音。中华文化以天地境界为最高境界,鸟历虫历,天人交感。先民们对于鸟兽虫鱼的关注,皆是对春夏秋冬的赞颂,于是春夏秋冬于人世间便有了注脚,便有了回音,有了天人之间的和谐与美好。

而现在,有太多原因导致我们的孩子逐渐失去"学习田野的语言"(借用梭罗的话)的能力。孩子们辨认不出各种鸟鸣声,叫不出各种花名,忽视低鸣的蝉声,他们正渐渐远离人类的本质……我记得曾问一个小男孩他最喜欢玩耍的地方时,他回答说:"我喜欢在家里玩,因为家里有插座。"不仅城市中的孩子们罹患了"大自然缺失症",我们这些被快节奏、高压力的工作生活所包围的大人们,也很久没有抬头去寻觅树梢上欢脱跳跃的鸟影,侧耳去聆听绿荫深处传来的声声鸟鸣了。

中华民族的虫历

在中国古代物候学中，除了鸟是一种最重要的参照，早期有根据候鸟迁飞来确定季节的鸟历。昆虫的活动也是重要的物候参照，姑且称作"虫历"。

《诗经》中记录了很多与季节相联的昆虫活动，比如《国风·豳风·七月》："四月秀葽，五月鸣蜩"，意为：四月的时候，狗尾巴草已经很茂盛了；五月的时候，蝉在鸣叫。蜩，即蝉，初夏季节，蝉的若虫从地下钻洞出来，爬至树上蜕壳为蝉，遂开始夏日蝉鸣。"五月斯螽动股，六月莎鸡振羽"。意为：五月里蚱蜢抖动双腿，六月里来纺织娘震动翅膀。至于后面行云流水一气呵成的"七月在野，八月在宇，九月在户，十月蟋蟀入我床下"，写的是：七月里来蟋蟀在野外，八月里来蟋蟀进入屋檐下，九月里蟋蟀在窗户内，十月里来蟋蟀钻进我床下。《七月》用蟋蟀的避寒迁徙，非常形象地表现了季节变迁的过程。这几句没有一个"寒"字，但却让人感受到天气在一天天地变冷，以至于寒气逼人了。虫历牵引着四季，时光的脚步历历分明。随着蟋蟀的鸣声变成越来越痛苦疲惫的清虚悲咽应答，生物们有声有色的一年也就又过去了。

古诗中每谈时令的推移转换，常常让自然虫鸟代言，都是极妙的句子。比如贾岛有诗句"一点新萤报秋信"，意思是说，秋天是随萤火虫出现而始。萤火虫三月出幼虫，没有翅膀的幼虫要经六次蜕化成蛹，雄虫蛹羽化后才漫天飞舞。按《汲冢周书》的说法，"大暑之日腐草化为萤"，古人看到萤火虫经常在阴湿的草丛中出没，就以为它们是腐草所化。因秋天是萤火虫成虫最多的时期，所以古人认为，秋天是随萤火虫出现而开始的。在现代人的观念里，萤火虫是一种美好的小生物，暗夜流光，带给人们的往往是浪漫和惊喜之感。但是古人对萤火虫的感情，要复杂很多。萤火虫经常出没在秋天的夜晚，很长一段时期里，人们会把萤火虫幻想为孤寂幽冷的意象，它们的生命变幻、微小、短暂，等到十月份清霜凝重的时候，早就不知道飘到哪里去了。流萤飞动，千古以来与悲秋、死亡、荒凉、孤寂纠缠在一起。

这种以草虫序时令的表达，我们看着很有诗意，但其实就是古人的生活白描。在一些少数民族流传的古老史诗中也都很常见。比如彝族史诗《梅葛》划分季节："河边杨柳发芽了，大山梁子松树上，布谷鸟儿声声叫……春天就要到。河边水田里，蛤蟆叫三声，大山水菁里，青蛙叫三声，夏季就要到。天上雁鹅飞，飞飞地上歇，雁鹅叫三声，冬季就要到。"《梅葛》作为彝族的创世史诗，并无文字记载，千百年来，靠世代口耳传承下来，被视为彝族的"根谱"。不读书不识字的彝族先民，大多能把"天书"一般的梅葛，脱口唱得如同流淌的溪水，自然而流畅。从春光明媚、万物勃发，唱到山川、草木、鸟兽、虫鱼的相配，从万物的相配关系联系到人类的恋爱婚姻，男耕女织，那是一部天人合一的、古老而质朴的民族史诗。

草虫对应着节序，寄托着人们对时间流逝的敏感以及对自然的深情。那时候的人们心灵真是干净，流水、虫鸣、万种天籁，满耳满心。每一天，他们热爱一草一木，与虫类交谈，在夜深的小虫奏鸣曲里结束旧的一日，又在黎明的鸟鸣中开启新的一天。他们细细倾听着这个世界上的各种声音，风雨雷电，鸟兽鱼虫，都有各自的轻吟低唱。自然界万物随着时令的更替周而复始，花开花落，夏蝉秋萤，随着季节时序流转，自然而然地，它们本身也就成了季节轮换的标志，伴随着春去秋来、寒暑更迭，周而复始地点缀着我们的生活。

有时候觉得，不管是功名利禄，还是求道求知，人生总想赋予某些价值的设定，确实像个阴谋，真不如鱼虫鸟兽、花草树木、阳光雨露和流水江河，一起并行于这个时间和空间里更有意义。所以我宁愿把自己也看作草木虫鱼的一类，草木虫鱼在和风甘露中是那样活着，在炎暑寒冬中也还是那样活着。像庄子所说，他们"悠然皆生，而不知其所以生；同焉皆得，而不知其所以得"。它们时而戾天跃渊，欣欣向荣；时而含葩敛翅，安然蛰处，或跳跃、或爬行、或飞翔、或欢鸣，每一个都是鲜活的生命，都顺着自然所赋予的那一副本性。

庄周梦蝶，是中国文化与美学的至高境界，一花、一草、一虫之中，就有着宏大世界、自然之道。如果相信自然的善意，那满山的草木鸟鸣都是大自然对我们的馈赠。人要经常选择离开喧嚣的城市，回到大自然当中去。树叶响动、春夏虫鸣、流水潺潺，同音乐一样有着非语言的魅力，在自然中我们会感到平静,感到自己的一切都是可以被接受的,不会被焦虑所困扰。

此时此刻,春分刚过,清明未至,蛙鸣还没有此起彼伏,蝉鸣还没有密如雨点,蝴蝶还没有二三结伴,风中翩跹,但水流中已有新长成的小小青蛙,像酒徒那样在大口吮吸夜露,一阵温润的春风吹过,蛛网的拂动伴随着树叶的拂动,泥土上升的腥气飘散开来,一定有一只叫不上名字的虫子,在茂密离披的草棻里微动,它细细的腿抓住了草叶的颤动。

  春夜已经蓝透了屋子
  树的枝桠撑满夜空
  在这蓝色画布上
  成千上万的花
  次第绽放
  虫也开始叫了
  虫也开始叫了
  谁的心也在颤动
  饱满如一粒种子
  一枚果实

品味"羽化"二字

每读苏轼《前赤壁赋》曰:"浩浩乎如冯虚御风而不知其所止,飘飘乎如遗世独立羽化而登仙。……寄蜉蝣于天地,渺沧海之一粟。哀吾生之须臾,羡长江之无穷。挟飞仙以遨游,抱明月而长终。"

我对其中"羽化"二字,总有特别的感触。此句中的"羽化",是用来修饰"飘飘乎"(意为"飘飘然")这种感受的,也就是说,苏轼与客坐在随意飘荡的小舟上,感觉像成了神仙。因为可以羽化而登仙,所以月亮对于苏轼不再是高不可攀的,那凛冽于凡人的月亮,是飘然可及的"天上宫阙"和"琼楼玉宇",那是一个理想和超脱的世界,是一个挟飞仙以遨游的敞开的世界。

在这里,"羽化"这个词并不能直接翻译为"成为神仙",只因神仙能飞,故而用"羽化"来作借代"成为神仙"一事而已,如果要具体推论"羽化"意思的话,大致是指"长出翅膀(的样子)"。可是,人怎么长出翅膀呢?即使有大风浩浩乎、飘飘乎吹来,我们这些无翼凡人,也羽化不了呀!中国传统文化是如何理解"羽化"的呢?

"羽化"这个词,固然和鸟类有一定关系(古代的鸟崇拜还是很明显的,作为最常见的能飞天的动物,鸟类的神格化是从上古文明就有的现象),但主要是指昆虫的变态过程,也即昆虫由蛹变为成虫的形态改变过程。既然"羽化"的意思,是变化出翅膀来,那么鸟已是有翅膀能飞翔的生物,不需要再长出翅膀来了。什么东西会变化出翅膀呢?毫无疑问,最常见的是一些昆虫,如蝴蝶的幼虫变化出翅膀。晋干宝《搜神记》卷十三所谓"木蠹生虫,羽化为蝶"即是此意。蝴蝶,从一枚细小的卵长成一只软绵绵的毛毛虫。经历漫长的蜕皮,化蛹,破壳而出,不停扇动翅膀,直至翅膀变得干燥而坚硬,舒展开之后,才可以翩翩飞翔。对于古人来说,这种生命形态的彻底改变,实在是太神奇不可思议了!

毛毛虫的世界末日,我们称之为蝴蝶。蝴蝶成了"改写命运"的代表,它看似弱小的生命体背后,潜藏着改写命运的巨大潜能。破茧重生的蝴蝶象征着无限能量,能够赋予人们在困境中逆袭的勇气。蝴蝶的美丽高贵优雅能够让人代入这种飘飘欲仙的身份:就像在万花丛中飞行,不留一丝牵挂,洒脱自在,宛若飞仙。随着道教(方仙)思想的传播,天上成了宗教意义上的天堂,成仙成了信仰者的精神追求之一。天在哪里?在头顶。所以上天自然就是一个飞跃的过程,道教认为这种飞升与毛虫羽化成蝶有类似之处,抛弃旧有的污秽,绽放美丽的新生。所以"羽化"一词,被用来指人因修炼得道,羽化而登仙。

知道"羽化"二字与昆虫有关后,看到这个词,我不再想到飞鸟的双翼了。后来再读到资料,中国神龙的形貌溯源,有多种假设。除了如湾鳄、蛇、恐龙、天文星象等假设,还有一种假设是昆虫。此说由西伯利亚考古学家阿尔金提出,阿尔金在研究过红山文化中所谓的"猪龙"后,推论红山"猪龙"形象和猪没有关系,而是源自古人对昆虫幼虫的观察。龙的形象是虫蛇之体,但蛇这种生物只会在地面爬行,龙却具备飞行能力。这说明了龙不是以蛇为原型的,在自然里,只有昆虫可以从土里飞向天空,自虫蛇化为鸟飞之态。如果你仔细观察虫族,很多虫子有头角如龙角,而蛇是无角的。我观察过蝴蝶的头部,可以见到颇为奇怪的龙头,而蜻蜓的幼虫的外形,根本就是商周青铜器上的一条夔龙。当然,更关键的是,昆虫拥有龙的核心神能,即能够羽化。在这方面,大自然中体型硕大的动物不如能千变万化的小虫那么神灵。当古人知道虫龙有羽化及升天的能力,面对这些身形虽小却具备伟大神能可以蜕变(羽化)的动物,自然而然地产生了敬畏之情。

如果昆虫说这一假设成立,那么龙就是古人眼中神化的昆虫。这说明了中华神龙的形象既有自然性又有虚幻性,古人崇敬的许多形象并非完全来自虚幻空想,也是详细观察、神化大自然的结果。我觉得昆虫假设更符合我们这个农耕文明,因为昆虫对于农夫们的重要性是超过野兽的,农村居民对昆虫的认识也远较其他飞禽走兽来得丰富,农民不会轻视小昆虫,也从不忽略它们的存在。在我们的出土文物中早已发现,中国先民会制作蝉、蚕等幼虫和成虫的造型,有着明显的昆虫崇拜,因此龙的造型来源若属于同一系列的神化昆虫形象也不令人感到意外。

　　当然，就像前面说到的，既然羽化是一种生命形态的彻底改变，那么也就可以解释死亡与重生。古代用于下葬的玉器中，有一种口含，被雕刻成玉蝉，古人以蝉的羽化比喻人能重生，将玉蝉放于死者口中称作含蝉，寓指精神不死，再生复活。玉蝉作为死者的葬玉，是借蝉的生理习性赋予死者特定的意义，意即人死后，不食和饮露，脱胎于浊秽污垢之外，不沾污泥浊水，飞升至高处。所以，羽化的隐含之意是死亡，只有死亡才能蜕下沉重的肉身，回归到生命本来的轻盈与纯净之中，如蝶在半空飘忽，如龙在天上飞舞。

　　这个真相也许来得有些残酷——羽化成仙也即死亡。不过，古人也许并不这么认为，成仙美好么？对于修仙的人来说，当然美好，甚至对于世俗之人，也是一种美好的憧憬。身体老了丑了病了残了，这累赘就脱去吧！仿佛蝉蜕，脱去这生命的外壳。也许古人将一只玉蝉轻轻放入死者口中时，不是基于死亡带来的困扰，也不是基于对死亡的害怕，相反，是出于他们对于永生的坚定信念和希望与宇宙融为一体的强烈欲望。

　　所以，回到苏轼的《前赤壁赋》："飘飘乎如遗世独立，羽化而登仙"，夜泛舟游赤壁的苏轼并未成仙（依然活在滚滚红尘中），东坡所云实际上就是形容那一刻他的状态，舒适自在得如同白日飞升一般，关键词是"如"，如同，接近。苏轼凭着自己通透人生的智慧，超越无常的人生，从而能"遗世独立"，"羽化登仙"。他在自得自适中将生存的苦难和不幸消弭为自然意义上的天地造化，并在无所用心中将其彻底遗忘。他卸下了沉重的牵绊，放弃了对此在的执着，从而获得了凭虚凌空的轻盈。这一刻，苏轼完成了俗世之人精神上的龙虫之变，确实可以用"羽化"而名之。

蛛网中的囚徒

　　人类拥有对蜘蛛的先天厌恶，应该是人类与蜘蛛遭遇的痛苦记忆，在漫长的进化过程中被保留下来了。即使天不怕地不怕如我，小时候徒手拍死过一只蜘蛛，当时直接在手上爆浆了，八条腿毛茸茸的还在不停地动，粘了一手的诡异的蓝绿色的浆汁，至今留下严重的心理阴影，从此看见蜘蛛就觉得恶心。你想想看，那样一个腿多毛多眼多的生物，长得奇怪又黑乎乎的，看不到脸，不知喜怒，不知它在想什么，行动如幽灵，神秘又莫测，悬一根微闪的丝在空中飘荡，到处跑还跑得快，可以藏身在屋子里的任何角落，一不小心摸到了它的网，粘粘的甩也甩不掉，立马吓得抖了一地的鸡皮疙瘩。小时候，我还试过在欢快忘情地玩耍时，一头冲进一个枝繁叶茂的树丛中，整张脸啪的贴在一张巨大无比的网上，那张蜘蛛网不留缝隙地贴满了我的脸，直接精神崩溃了。之后不知道是心理作用还是过敏所致，感觉整张脸都好痒，持续了一段时间呢！

　　因为厌恶蜘蛛，小时候，在路上、楼梯上、屋角里，看到一张纵横交错的蜘蛛网，会毫不犹豫地在地上捡起树枝，或拿一个什么合用的工具，主动出击。一戳、一挑，让蜘蛛网七零八落灰飞烟灭，惊慌失措的蜘蛛方向不辨地狼狈窜逃。后来长大一些，动手剿灭蜘蛛时，蜘蛛总是飞快就跑掉了，跳跃几下就消失无踪，低头看自己的裙子裤子、这里那里纠缠不清地沾上了灰灰黑黑的蜘蛛网丝，只觉得邋遢，不想再沾碰这种不干净的东西。再后来，不小心撞坏了一张编织得好像八卦阵一样的蜘蛛网。看到蜘蛛跌跌撞撞地逃，不安的阴影会像鬼魅一样笼罩心中，只觉得晦气，怕蜘蛛家族会来报复。因为蜘蛛这东西具有突然性，总让人不知道它何时落下。想想看，一只黑色肉厚绒毛的大蜘蛛，扯着一根细不可见的蛛丝从屋檐一边荡到另一边，无声无息地在空中滑行。蜘蛛丝细细的，闪着一缕银光，半短不长的，飘垂在半空中，你心里惴惴地感受到了某种威胁。

　　蜘蛛网的黏性非常大，且威力无穷，小昆虫一旦落入蜘蛛织的网上，就在劫难逃了。据说蜘蛛吃猎物不是直接上口吃，而是将昆虫用毒素软化后吸食，所以蜘蛛要将猎物困住，让它半死不活地，然后慢慢地一点点地吸，直吸到无法再吸出浆汁为止。把小昆虫包裹成不能动弹的悲惨姿态，那是蜘蛛在捕获猎物，使其慢慢地失去生命力。我常常在观察蛛网中的昆虫囚徒时，会想到一种心理学现象"斯德哥尔摩综合征"。这种病又叫作人质情结或人质综合征，是指犯罪的被害者对于犯罪者产生情感，甚至反过来帮助犯罪者的一种情结。这个情感造成被害人对加害人产生好感、依赖心、甚至协助加害人。有些沦为牺牲者的人，会爱上自己的迫害者，人会依赖自己的不幸事件——只要它持续得够长。为什么人质会对劫持者产生一种心理上的依赖感？因为，谁又能割得断那么多的丝，人质们就像蜘蛛的猎物，蜘蛛将一缕线投入另一缕线，不停不停地在编织，蜘蛛坐在网中坐享其成。人质的生死操控在劫持者手里，劫持者让他们活下来，他们便不胜感激，哪怕是半死不活的、被毒素麻痹的、被操控在手的。

斯德哥尔摩综合征说明，人是可以被驯养的。而如何做到困住一个人呢？只要符合下列条件，任何人都有可能遭受到斯德哥尔摩综合征。首先让他感到无路可逃，其次除了给出所控制的特定信息和思想外，任何其他信息都不让其得到，完全隔离，再次让他深感恐惧和惊慌，切实感觉到自己的生命受到威胁（只是让他感觉到而已，至于是不是要发生那倒不一定），然后偶尔再施以小恩小惠（最关键的条件，是在他各种绝望的情况下给一点施恩），那么这个人就成为蛛网中的囚徒了，根本动弹不了了，只能被支配、被一点点慢慢吸食。

不知道为什么，看到蛛网我就会想到斯德哥尔摩综合征。蜘蛛实在太有耐心了，一点点地分泌黏液，黏液慢慢地在空气中渐渐地凝成细丝，缚过来绕过去，如此循环往复。

"什么是人们事实上害怕的？"

1975年4月，捷克剧作家与异议人士瓦茨拉夫·哈维尔，发表了一篇给当时捷克斯洛伐克总统胡萨克的公开信，在《给胡萨克的公开信》中，哈维尔这样问道，"什么是人们事实上害怕的？是审判？拷打？失去财产？流放?还是死刑?都不是。"

"一种生存压力制度笼罩了整个社会,每个人都身处其中。这是那种可怕的蜘蛛,它的看不见的网直接覆盖整个社会;是那种所有恐惧的道路最后消失的尽头;虽然对于大多数人,在大多数时间内,都不能用自己的眼睛看到这张网,不能触到它的细丝,但甚至头脑最简单的公民都清楚地意识到它的存在,承受它每时每刻沉默的在场,并采取相应的行为。"

人们事实上害怕的,是看不见又无所不在的蜘蛛网。哈维尔在信中,以蜘蛛网来比喻在这个国家几乎每个人都有生存的压力,在本质上都很脆弱,容易受到损害,都有可失去的东西,因此每个人都感到担忧和恐惧。他们重复自己并不相信的话,做自己并不情愿的事,无望导致冷漠,冷漠导致顺从,顺从导致把一切都变成例行公事,这一切根源只是心中的恐惧。残酷的极权统治已成历史,如今的当权者采取了更微妙和精致的形式,那是蜘蛛式的,斯德哥尔摩综合征式的。

我们真的如我们想象的那般自由吗?很多时候,我们看似是出于自己意志的行为,往往是遵循着利益、习惯、习俗这张强大的蜘蛛网的规律。我们所在系统的规则、我们惯常的想法、我们被灌输的理所当然的世界观,这些都在影响我们的判断,把我们的选项缩减到最少,直至迫使我们做出那个最佳选择,成为所谓的精致的功利主义者。越是处于一个难以观测的复杂巨系统中,我们越是深感压力,如同陷入蛛网的重重缠绕中,成为不能动弹的猎物。希望我能以斯德哥尔摩综合征时时提醒自己,被囚禁在这张蜘蛛巨网中的耻辱。

北大的野猫

从人员的混杂程度、喧闹程度来看，中关村堪称京城前几位的闹市区，然而在这里，随着熙熙攘攘的人流往里走，绕过一些朴素的建筑继续往里走，走过一些毫不起眼的坑坑洼洼的水泥路面，然后，就会发现整个世界仿佛突然安静下来。那就是北京大学，喧哗浮躁的中关村中间的一小块生命绿洲，一所在皇家园林旧址上建起的大学。与周边区域的气质如此不协调，跨进校门，总有一种时空穿梭的恍惚错觉。

从南门直进学校，迎面是一条直通向三角地和大讲堂的甬道，路两旁是一些颇有历史的砖砌小楼，我就在其中的 26 楼生活多年，那是一座极具厚重感的青灰砖三层小楼。南门一进来的这条五四路，是大家初入燕园的一条路，承载了多少北大学子的燕园初印象，可惜 26 楼早在 2012 年就拆得片瓦无存了。

我上学那会儿，感觉北大校园还很凌乱，一棵棵苍郁的百年老树，一幢幢很有些年份的旧居，在了无声息的四季流转中暗藏生机。各类建筑物高低错落不统一，现代气派的建筑楼群，孤独陈旧的四合院，还有矮小的平房楼，各自矗立，相安无事，道路似乎总是有些破烂。校园里到处杂草丛生，冷不防就会碰到各色野猫出没。据说校园里生活着 130 种鸟类、400 多种植物，还有几十种野生哺乳动物……可以说，北京大学的校园之中隐藏着一个自由奔放的生命世界。校园的北部，尤其是一片荒凉之地，野荷疯长，杂花生树，鸟雀翔集，狗吠猫跳，好像一不留神穿越到荒郊野外。北大校园中的这种荒凉景象，貌似管理不善，实则是精心的培育和故意的疏忽，是北大无为而治的结果，既构建一个尊崇自然的生态系统，也让生活于其中的人们，有着闲散自由、天人合一的风度。

记得北大校园里流浪猫极多，因此这里的宠物保护协会干脆被称为"喵社"。猫们多集中于燕南地带，多半是因为这里人流兴旺。到处都能看到野猫的身影，黄白相间的，黑白黄三花的，灰白混色的，它们从草丛中或者墙角后探出小脑袋,那一双双宝石一样的眼睛戒备地看着过往的行人。若稍稍靠近它们一些,它们就会箭一般地蹿开。不知道为什么,这些校猫可能待遇好,气质容貌都不猥琐,即使毛长蓬松,看起来也不太脏,可能也是天气很干燥的关系。爱心泛滥的北大学生和野猫们和谐相处,路过时总喜欢喂它们些吃的东西,从上好猫粮到吃不完的零食。它们又自由又不愁吃喝,都很肥硕且胆子也大。久而久之,这些猫也越发旁若无人起来。北大野猫之间好像有地盘角逐,有的猫一望而知很凶悍,喜欢独来独往,一副爱谁谁的霸道总裁的样子。有的一看就是角逐败北、隐退江湖的老猫,老态龙钟的、闭着眼睛晒太阳,一副不问世事的沧桑姿态。记得我喂过一只断尾的老猫,会和人长时间的对视,任人抚弄逗趣,摸头揉毛,它都淡然处之,一副谜之沉思的模样,对各色顽童们都非常宽容,俨然一位宽厚长者,一派慵懒平和的气氛。

一般来说,生性多疑又高傲的野猫从不接受人们的施舍。它们自己打拼生活,从不依赖人,不食嗟来之食。有人特意为野猫搭起了小窝,还放了食碗,时不时给些猫粮。每次路过那里,我都会特意停留一会儿,希望能看到小猫低着头狼吞虎咽的样子,但基本很少看到。猫们只是好奇地看看,然后就若无其事地踱着步子,从那堆丰盛的食物旁经过,头高昂着,姿态轻盈高傲。当然,有时看到喜欢的人,猫偶尔也会降低身段,与人相亲。我常有这样的待遇,但不是次次都有,不知道对于一只猫来说,甚合猫意的标准是什么?

每年秋风掠过,冬天是最难熬的季节,野猫出现的次数也少了。到有暖气的教室或图书馆自习室来睡觉的猫也多了起来。人猫之间的关系总体比较宽松和谐。教室课堂上的野猫,更是无人驱赶,绝大部分同学被它们占了座位只会自己换个位子,实在没有位子了,才会从课桌椅子上赶它们到教室的角落。猫们总是缓缓地走进来和人类分享暖气,一举一动、浑身上下,没有任何一处表现出可怜的样子,柔弱但不自卑。还记得有一只黄猫上课很有品,一般的烂课不来听,听哲学类和艺术类的课程比较多,上课的时候很安静,趴在课桌上做沉思状。有同学说,当老师讲到梭罗的超验主义自然观时,它甚至还微微摇了摇头,似乎不以为然呢!北大猫多了去了,但这只胖黄猫绝对算是学霸猫,电教、理教和一教都是其活动范围,经常上着课就踢门进来了,大摇大摆的非常有范,因为有爪子上的肉垫,它走路时不声不响的,毛茸茸的尾巴像风中旗帜一样高高地摇动。下课时当你想和它探讨下学术问题,它常常倏然越窗而去,走到草丛深处,轻轻一跃,就不见了。

也不记得有多少次了,在校园里碰到一只昂首而来的猫,我会单膝蹲下来,从袋子里拿出一颗零食(常备于书包中),放在手心递到猫的嘴前,猫立刻卷舌头吃了。猫给喂惯了,和人亲,往人身上各种蹭。等猫吃饱了,我就蹲在猫前边,一下一下撸猫。搓猫的脸,猫被搓惯了,也没什么反应,有时候还在我面前打滚儿。有时候我匆匆走路时,碰见一只猫在围墙上走,不知道我是不是曾经喂过它,它很友好地冲我喵一声。有一次喂完食回宿舍,一只老白猫一直送着,走了很长一段路才掉头回去,那是一种我们彼此才懂得的陪伴。还有一次,我发现自己宿舍门口有一条鱼骨头,无端端觉得一定是野猫叼来的,据说猫会报恩,我想是哪只野猫把鱼骨头作为礼物送给我的?

离开北大,再也没有见过那么成群结队的野猫们,在学生宿舍、课堂、食堂、操场、花园、图书馆四处晃着,理直气壮地和人类一起生活。校园既是师生们的,也是喵们的。尤其北大有那么多年代久远的古旧建筑,古树灰藤,庭院深深,无声无息游走其中的野猫,多得让气氛都无比诡异起来。在几百年皇家旧苑这种地方,又被人喂了这么久,也许猫们都已经有灵性了吧?再说猫本来就是神秘的动物,理当如此。

现在在交大,还是偶尔给野猫们送点吃食勾搭一下。据说没有免疫绝育驱虫的流浪猫,平均寿命只有3年,想一想也颇为心疼,就让它们享受一下人类释放的善意吧!真希望在每天上课的路上,有一只猫从树干后缓慢地露出来,从围墙上突然跳下来,富有弹性的脚掌落地无声,尾巴尖俏皮地向上翘着。灰蒙蒙的天空、灰奄奄的树木、冷冰冰的楼房,在这一片单调枯燥中,一闪即逝的小身影显得灵活又欢快。哪怕这只猫只是回头瞧我一眼,用一双明亮锐利、充满野性的碧眼,和我打一个美丽招呼,然后就慢吞吞地走开,我也会满心快乐。

磕头虫往事

你小时候在树林里捉过磕头虫吗?这个有意思的小甲虫,给孩子们带来了多少夏日里的欢乐。当把磕头虫轻轻捏在指间,力量要掌握得恰到好处,不能大,大了会把它按碎,也不能小,小了一下就会蹦得无影无踪。被按住后半身的磕头虫,会上下晃动它的头和前胸,咔嚓咔嚓不停地"磕头",就像犯了杀头之罪的犯人面对官员,"磕巴磕巴"不停地磕头,真担心它停不下来的使劲叩头,会折断了自己的脖子。如果把磕头虫放在手心里,它可能还会向上一跃,直接把自己弹射到空中。这种小虫可是个不折不扣的跳高能手,弹跳高度可达 40 厘米,超过其身高的几十倍呢。

这种虫子的中文名叫叩甲(俗称磕头虫/叩头虫),有各种尺寸和颜色,就形状而言,通常是体形狭长略扁。我小时逮到的大部分都是黑褐色的,热带、亚热带地区的磕头虫,也有些种类色彩特别艳丽。以前,我以为磕头虫用手掐住时,点头哈腰的,磕头如捣蒜,是在可怜地向人求饶,一副好没骨气的样子,好像在一边磕头一边哀求:"大人饶命,大人饶命"或是"皇上开恩,皇上开恩",后来我才明白,磕头虫这种方式其实是在努力求生。科学家发现,磕头虫的前胸骨上进化出一根刺,当弯曲它的身体时,刺可以卡入前胸骨上相应的凹口,这会导致磕头虫的身体突然伸直,身体肌肉会强烈收缩,使前腹向中胸准确地收拢,产生剧烈的"咔哒"声,突然将它弹到空中,像"前滚翻"似的向前翻滚逃生,落下时它的脚正好朝下,就可以快速地溜之大吉了。说起来,这种虫子背上有对硬翅,却不常飞,即使飞也不高,除了急急赶路,呆呆装死,或是磕头弹射外,并没有别的本领逃生。

磕头虫的捕捉并不困难,捕捉的方法之一是利用虫子的趋光性。在晚上点亮一盏灯,亮度越亮越好,磕头虫发现有光,就会自动飞来,在灯光下飞舞。当看到磕头虫飞到马路边的路灯下面,或绕着台灯缓缓爬行时,直接用手抓捕即可。小时候,我逮到过特别漂亮的彩虹磕头虫,其鞘翅具有深蓝色、金绿色的金属光泽,十分鲜艳夺目,从不同角度看,会出现深浅不同的色感,宛如一件精致的工艺品。我读鲁迅的名文《秋夜》，结尾部分写道："看那老在白纸罩上的小青虫，头大尾小，向日葵子似的，只有半粒小麦那么大，遍身的颜色苍翠得可爱，可怜。我打一个呵欠，点起一支纸烟，喷出烟来，对着灯默默地敬奠这些苍翠精致的英雄们。"我怀疑这大概就是磕头虫，披着一身华丽的深绿色外衣，像上了油，油光水滑的，金属的光泽感，体形细长，头尖体窄，后部钝圆，如一粒向日葵子似的，发现有光便会自动飞来，落在灯罩上的大青磕头虫。

记得小学时，我们同学之间经常玩虫子叩头比赛。叩头比赛是用手指按住磕头虫身体的后半部，使其在桌上不断叩头，发出"哒哒"的声音，十分有趣。体格强健的磕头虫可以一连叩上几十次，而且叩击力度大，声音很响。我们的比赛方式，一是比叩头的力度，看谁的虫叩击声响大；二是比连续叩击的次数，多者为胜。还有一种玩法，是在桌面上同时将虫翻过身来，看谁的虫收缩身子反弹得快，看谁的虫弹得高。那些仰面倒在桌面上的磕头虫，腿紧紧地贴在身体两侧，身体如一张弓般弯起，然后突然"咔"一声，如导弹发射将身体弹入空中，别提多好玩了。我们蹲在旁边，有时候甚至要把头往上面抬起一下，才能瞧见它在空中的姿态。有趣的是，往往一次弹起它并不能翻过身来，非得两次以上才能肚皮朝下。翻身过后，磕头虫想急急逃走，可哪里逃得脱呢？还没跑出多远，又被旁边的孩子弄得仰面朝天，于是啪啪的声音又开始响起。孩子们才不会可怜磕头虫，总是一边看它磕头好玩，从中获得乐趣，一边还要骂它没有骨气，不把它折腾死，誓不罢休。

记得法国昆虫学家法布尔曾说，每一种生物都是上帝的一种艺术性的创造，就是说，都有它特有的美。从小到大我逮到过的磕头虫，都是体形狭长，有细长的触角，翅合在身上，在夜晚有光的地方，它们突然出现了，落在灯下，轻轻缓缓地向前爬行，不时抬起头来敲击一下。如果用手指按住它的身子，它就要急急地敲击了。这种可爱的小虫子，我对它们没有丝毫的厌恶，因为它们的体态与声音都是可赞美的。总之，用法布尔的意思形容，这虽然同样是上帝的创造，却是罕见的精品。

小时候，随便一处草丛总能抓到磕头虫。现在，它们也和大部分甲虫一样从城市消失不见了。不仅仅在城市中消失，在过去三十年中，全世界所有地方，都面临了甲虫数量的巨大下降。不知今天的孩子是否如我们小时候一样，在树林和草丛中围追堵截，把磕头虫捉住，像是得到了宝贝一样，藏进火柴盒，带到学校，放在课桌上，看它表演。伙伴们里三层外三层地把课桌围住，百看不厌，笑语阵阵，如鸟雀般鼓噪。

甲虫是地球自然生态环境进化最为成功的巨大昆虫类群，已知种数超过40万，它们是在恐龙时代之前就有的一种昆虫，那时的甲虫有些体长约3至4米，甲虫这种生物诞生了多少年和它们为什么变小，至今也是一个谜。它们是古老的甲虫，亿万斯年来，安逸地生活在腐烂的树枝树皮下面，在棘丛里，在草叶间，它们蹬蹬蹬地走来走去，有时抱着凌晨的露珠发楞，俨然落泊的哲学家。是的，哲学家，这小小的苍翠甲虫，它们那么喜欢飞到那些深宵不眠的灯下，似乎在寻找宇宙奥秘的对话者。它们"咔哒咔哒"的敲击，是某种宇宙流通的摩斯密码吗？可惜，对于缓缓倾注的天籁，我们的心始终是关闭的，我们的耳朵始终是关闭的，这又能怪谁呢？

一只萤火虫可以用上很多年

大暑是一年中最炎热多雨的时节了。古书中说"大者,乃炎热之极也",大暑到底何等酷热,由此可知,但正所谓"物极必反",大暑节气过后,凉爽的秋天也就近了。古人将大暑分为三候:"一候腐草为萤;二候土润溽暑;三候大雨时行。"古人认为,"大暑之日腐草化为萤",萤火虫乃腐草所变,是大暑迎接立秋的诗意之虫。贾岛有诗句"一点新萤报秋信",意思是说,秋天是随萤火虫出现而始。萤火虫三月出幼虫,没有翅膀的幼虫要经六蜕成蛹,雄虫成蛹羽化后才漫天飞舞。当大暑时节,萤火虫羽化而出,如幽灵般在夜里穿梭,这代表凉爽而肃杀的秋天快要来了。

想起小时候,那时我们一家住在山脚下。当天边隐入最后一缕光,萤火虫就开始在山谷跃动了。一点又一点,游走的微光,从草丛中摇曳升起,活泼泼地从眼前飞过。林边,溪边,山石边,萤火虫飞舞,让人想起五线谱。入夜,一山坳虫鸣。那座大山的名字叫白云山,名副其实,云在山谷飘着,一飘就是一整天,山谷吐纳之间,云聚云散。

那时,夏天我喜欢在小溪里捞鱼、捕萤火虫、采集昆虫,手持网子在野外一走就是一天,采拐枣、山稔、棠梨子、油甘子、鸡锥子、覆盆子、野草莓,感受自然的四季变迁,抬头看见满天的星星能辨认出星座,银河像地上的河流一样奔腾。朝山坡茂密的丛林走去,萤火虫点燃,熄灭,点燃,熄灭。——你隐约能跟上它们黑夜里穿行松树林的行踪。或者,干脆拨开没膝的蒿草坐在林中,静静地观察那些颤颤飞动的光点。

难怪古人称之为"流萤"。一个"流"字,将其隐隐约约、稍纵即逝、亦真亦幻的飘曳感、玲珑感、梦游感——全勾画了出来。萤之美,除了流态,更在于忽闪忽闪的荧光,那是一种难以形容的光,到底是青色,黄绿,冰蓝,还是宝蓝,实在说不好,只觉皆似,又皆非。看痴了,只想躺在尚有些微余热的草丛上,身贴大地,仰面向天,看尾部闪放幽幽微光的萤火虫,匆匆促促飞过头顶。

大暑之后,小小流萤,在树林里,在黑沉沉的暮色里,欢乐地展开它的小小翅膀,应该只能生存很短很短的时间。但是,它完成了自己的生存,它点亮了自己的灯,这不就足够了么?萤火虫是昼伏夜出的昆虫,它总是在黑夜到来时才出现,它不愿沉溺于阳光中,在白天它总是栖息于在阴凉处,伏在安闲的碧草中沉睡。如果它会做梦的话,它会梦见什么呢?也许它会梦见另一个夏夜,一颗星的葬礼,梦见一闪光的伸延与消灭,梦见提着宫灯的少女,梦见追逐的轻罗小扇……

记起沈从文先生说过,"凡是美的都没有家,流星、落花、萤火,最会鸣叫的蓝头红嘴绿翅膀的王母鸟,也都是没有家的。谁见过人蓄养凤凰呢?谁能束缚住月光呢?一颗流星自有它来去的方向,我有我的去处。"是的,你以为把一只萤火虫关进玻璃瓶,然后自己就拥有这只萤火虫了吗?其实是徒劳的。一闪一闪的萤火虫,自然有它的去处,它们飘忽轻灵地交飞、野游,在"没有家"的美的世界中。当这样的精灵呈现在你的面前时,它是无言的,但在无言中总是传递给人们性灵的回声,让人体验到荡魂惊魄般的力量与触动。

在斑斓的童年记忆里,四处飞游的萤火虫,总是占着一席之地,想来就觉亲切无比。如今,除了深入到秦岭腹地,夜里很难再见到萤火虫了。那一盏盏清凉似风的小灯笼呢?那明明灭灭、影影幢幢的小幽灵呢?萤火虫作为生态指标生物之一,它生长在湿润、洁净的环境,对各种污染非常敏感,尤其是水污染和光污染。因此,现在萤火虫的数量和种类在急剧下降,萤文化也随着萤火虫的逐渐消失而暗淡下去,可见随着各种自然环境生物物种多样性的丧失,正在直接导致人类文化的衰减。

幽幽小虫,冷冷微光,在草丛树林款款而飞,如同一点斜在遥远天际的星光。当萤火虫消失之后,那道光的轨迹依旧在我心中滞留不去。闭上眼睛,反而看得更加清晰,那抹淡淡的光仿佛无处可归的游魂似的,游曳在我指尖就快碰着的地方。我大脑的海马体和内嗅皮层中,关于这只体型微小、光艳微弱的昆虫的编码,主要都是来自童年时代的情景记忆吧?那时候,不仅有萤,且有闲、有心、有情。而现在,与一只萤火虫相遇的概率,已小于日全食。所以，我要时常天黑后，不着急点灯，轻言细语，从童年时代拉出一个夜晚，东张西望，朝窸窸窣窣的草丛打听些什么……这样，一只萤火虫就可以用上很多年。

黑猫进入一个黑色的夜晚

午夜时分,外面像一本没有文字的书。永恒的黑暗,透过点滴灯光的滤网静静弥漫。

如果此时,从某个漏着淡淡灯光的窗口,无声无息地跳出一只黑猫。一只黑猫进入一个黑色的夜晚,它转瞬就溶解了。一只黑猫在这黑色的夜晚里,它一下子就消失了。

记得曾有主持人问拍了电影《妖猫传》的陈凯歌:"为什么妖猫是黑猫,而不是白猫、橘猫、英短、美短?"陈凯歌导演回答:"这只猫有名字,叫Luna,本该给它上个名字的。一开机它表情就很羞涩,知道在拍它,拍完还会看监视器。它不算一只特别漂亮的猫,但它的眼神很慵懒,很妩媚,具有人的情感。但你要用一只橘猫,那就有点太……"这段话有意思,省略号后面的内容,目测很伤橘胖了,不过话又说回来,妖猫选了黑猫确实是最优选。

众所周知,西方文化中黑猫是招邪猫,这来源自古埃及的波克诺神传说。在古埃及,黑猫的作用是让有怨恨的人来崇拜、供养,并在一定时机对它许愿,内容越恶意越容易实现。但同时,猫是一种很神秘的生物,每达成一个愿望便会收取一定报酬,至于报酬的内容便不得而知了。西方习俗认为,黑猫是夜间出来游荡的巫婆的化身,所以人们认为见到黑猫是不吉之事。黑猫是有灵性的,魔法师正是靠黑猫来提高自己的灵性。作为哥特文学中的重要意象,爱伦·坡有部惊悚小说叫《黑猫》,众多恐怖电影中黑猫也是常客。不过,在中国传统观念中,黑猫并非不祥之物。在中国古代,有书记载:"玄猫,辟邪之物。易置于南,子孙皆宜。"什么是"玄"色?黑而有赤色者为玄,赤为红,故而玄猫为黑中带有红色的猫。这种猫是通灵之兽,是镇宅辟邪、招财进宝的吉祥物。"子孙皆宜",说的是黑猫会一直保护这家房子的主人甚至后代。所以,古时的富贵人家,都有养黑猫或者摆放黑猫饰品的习惯。其实,无论是西方文化中的招邪说,还是中国文化中的辟邪说,都反映了人们对于全黑毛色的猫的莫名敬畏。为什么邪气比较重的地方总有黑猫出现？人们或解释为黑猫招引而来，或解释为黑猫在压制某些邪祟之物。共同之点，都把黑猫与神秘灵异之事联系起来。

  为什么呢？我觉得是因为黑色。黑色基本上定义为没有任何可见光进入视觉范围，与白色正相反，白色是所有可见光光谱内的光都同时进入视觉范围内。作为这世界上最暗的颜色，黑色零分光折射率，吸走一切光亮。黑色能遮掩一切、抹杀一切、蕴含一切。在这个意义上，黑猫是那种无论如何我们都看得不太真切的猫，尤其在黑漆漆的夜晚。似乎所有射向它的目光，都被它藏匿起来。那片浓密的黑色毛皮的幽魅空间，让最锐利的凝视也彻底溶化、消失。而在黑色环绕中的那一对猫瞳孔，被幽浓的黑色衬托得格外深邃凌厉。20世纪伟大的德语诗人里尔克在一首诗《黑猫》中，曾这样写过黑猫的眼眸：

  它转过脸，注视着你，

  你悚然看见：微小的自己

  在它眼球的琥珀里囚禁，

  像一只史前的昆虫。

  其实黑猫的瞳孔与其他的猫相比并无不同，但当黑猫那对或金黄或幽绿或空蓝的眼睛，有了油光水滑的黑色毛发的烘托，一切仿佛就更加深沉。尤其黑猫眼球黄色的部分在通体黑毛加瞳仁的映衬下，如同暗夜之月。全身黑色紧致的线条，勾勒得黑猫比其他毛色的猫容颜更紧凑明艳，目光更锐利抓人。这样的一只生物，你很容易觉得它有通灵的属性，所以人们认为黑猫经常容易被灵异的东西吸引。

  真希望此时此刻，在这样一个月黑风高之夜，蓦然一抬头，看到一只黑猫正悠然地漫步在午夜的屋檐上，如一只黑豹凌空翻腾在起伏的山峦上。它毛色漆黑油亮，目光如炬金黄。它眨着繁星的眼睛逼视我，眼眸中藏着太多的黑暗与秘密。它以幽暗的形象隐现在高处，冷冷地俯视着芸芸众生。当所有的人都渐渐酣睡于夜深如海，也许它会精神抖擞，如虎添翼，纵身跃上眺望黎明的枝条，抵达月光完全照彻的部分。

这已不是童年时代那只蜻蜓了

夏天的水边,水色碧青,深草丛生。小小的蜻蜓,一尾,两尾,来去翩跹。

轻盈的身躯,透明的翅膀,碧玉的眼睛,那是夏日的鸢影小仙。清晨在金曦中轻舞,黄昏在晚照下震颤。拂枝点水,浮光掠影,饮露餐花,迎风沐雨。群聚飞行时,漫天纷纷,颜色在空中不断变幻,正是一番盛夏的光景与韵味。一只蜻蜓独自停歇时,也别有一种意味,它带着不为人类所了解的历史与生存的目的,独自幽深在一枝一蔓、一荷一花中,像是在观赏整个世界,也像在独自思考整个世界。

当一群群的蜻蜓在水面上低低飞行,穿来穿去,如一团团彩色花朵在半空漂浮,飞的时候不点水,不过河,始终在水面上逗留,那么你就知道这是要下雨了。如果集结的蜻蜓群规模不小,上下翻滚的动作也很大,那么这将是一场来势汹汹的夏日雷雨呢!大雨过后,彩虹乍现,彩霞绚烂满天,蜻蜓又来临水照影了。它们在飞与停之间、在花与草之间、在远与近之间、在重与轻之间,始终保持着芭蕾舞般的形体与动作,优雅又轻盈。当蜻蜓款款地滑过水面时,此处彼处,水面晕开一圈似是而非的涟漪。

蜻蜓是天空中最多姿多彩的小飞机,是炎炎夏季里的一丝清凉与自在。

童年时代,不止一次沿着潺潺流水,在阳光明媚的日子,从一个荆棘丛到另一片灌木丛,追逐一只美丽的绿色或红色蜻蜓,而它飞无定向,翩然掠过树梢。童年时代的蜻蜓,为什么总是捉不住你呢?你在哪一株花草上,那一缕枝条下?若即若离,奈之若何。我曾一次又一次用手指装成树枝,等蜻蜓落下来小憩时趁机活捉,但似乎从来没有得逞过。我不想如别的孩子那样,用长竿网子捕你,用树枝绕上蜘蛛网粘你,因为我怕让你受伤。我多想毫发无损地活捉你,让你住上精致的小宫殿,每天捉蚊子给你吃。

夏天的小河边,我们挽起裤管,捉鱼摸虾、游泳嬉戏;草丛中,空地上,四处奔跑,追逐蜻蜓,我们叫着、喊着,似乎总有用不完的精力,永远都玩儿不够。那时候追赶蜻蜓,不知跑过多少小径,穿过多少花丛,蜻蜓总是飘然地从指间逃逸。直到后来,蜻蜓在一枝芦苇尖上栖息,或在一朵荷瓣上微落。记得那时,总是屏住了呼吸,睁大了眼睛,静静观看它薄若轻纱的长翼,釉彩斑斓的长袍,一对水晶眼球,云母般的全身光泽,一动也不敢动,相看两不厌。多么害怕这个形体会重归虚无缥缈,这个生灵会翩若惊鸿、化作梦幻!

那些和我一起追逐、凝视过蜻蜓飞舞的人,包括我自己,因缘已把我们带到不同的时空,经历许多世事更迭、悲欢离合、生老病死。小时候天空中到处都是蜻蜓,如今只在清澈的湖面池塘,还可以看到蜻蜓倏忽而去。再见蜻蜓,有着说不出的感慨。这早已不是童年时代的那一只蜻蜓了。你是今年晚春时节,才沿水草爬出水面,经最后的蜕皮羽化而成的蜻蜓,初来人间的你,为每一滴清露的晶莹而欢唱,我却为每一丝渐进的昏暗而惆怅。

别了，美丽的蚂蚁公墓

养花，养草，养蚂蚁，我玩过一段时间的蚂蚁工坊。有不知道蚂蚁工坊的吗？那是在透明的塑料容器里，使用凝胶模拟蚂蚁在土壤中的生态环境，喂养宠物蚂蚁的一个时尚玩具。因为是全透明的，所以蚂蚁部落的完整生活尽在眼底。我的蚂蚁工坊是网购的，收到快递才发现城堡个头不小，仔细包装的管装活体大蚂蚁，看起来被野蛮快递摔昏了，一只只蔫头蔫脑的，真担心蚂蚁经历这么长的旅程能缓过来吗？打开蚂蚁工坊的盖子，我用小棒在凝胶体上戳了好几个洞，提示蚂蚁在此挖洞，可放蚂蚁进城堡里后，它们全都躲在一起，什么动静都没有。我每天都看八遍，焦急死了，直到第三天蚂蚁才开始挖洞，发现干活的就几只，偷懒的挺多。相比于自然世界，蚂蚁不是特别的有活力。从此，每天早上起来第一件事就是拿着放大镜对着蚂蚁看上几分钟。利用放大镜，可以看清楚蚂蚁的尖爪以及身体上的毛。养了1个月后，洞已经挖得四通八达、纵横交错了，蚂蚁挖的隧道堪称是一项宏伟的建筑艺术。城堡有放电池的专用灯，开灯后很漂亮。

接下来的日子，蚂蚁工坊的感觉就不好了，也许是因为凝胶材质存在严重缺陷，并不适合饲养蚂蚁，或者因为蚂蚁工坊不够通风透气（说明书让一个星期开盖子换下空气），本来工蚁可生存几星期至几年，可在这个蓝色凝冻的蚂蚁城堡里，它们一只接一只地死去。在蚂蚁社会中，生与死是有间隔的，在城堡中它们设置了公共墓地，所以死去的蚂蚁，都给大伙合力埋葬在那个角落里。透过透明的蚂蚁城堡，我可以看到被先后埋葬的蚂蚁的尸骸，黑压压的越堆越多，最后一只死去的蚂蚁无法到达墓地了，因为它是这人为设置的蚂蚁水晶宫的最后死者，在身后已经没有蚂蚁为它清理现场了。后来，我只有把这个美丽的蚂蚁公墓直接埋了，再也不会再玩蚂蚁工坊了。蚂蚁工坊这种玩具的推出，让更多的蚂蚁受到祸害，背井离乡，除了近距离观察蚂蚁工作、交流、休息、哺喂、争执等等，我也观察到了蚂蚁挖掘坟墓、埋葬死者、最后全族死亡的过程，它们就这样活生生地在我眼底下一只只死去。

我不要这样掐着钟表去倒计时的，蚂蚁以命相搏的陪伴。

我喜欢乡土作家刘亮程对于蚂蚁的描述，亲切就如同隔壁的邻居朋友。"我们家屋子里有两窝蚂蚁。一窝是小黑蚂蚁，住在厨房锅头旁的地下；一窝大黄蚂蚁住在靠炕沿的东墙根。蚂蚁怕冷，所以把洞筑在暖和处，紧挨着土炕和炉子，我们做饭烧炕时，顺便把蚂蚁窝也煨热了。"他饶有兴趣地观察蚂蚁，有时也各种捣乱，但聪明又有个性的蚂蚁根本不上他的圈套。最后他只有说，他这颗大脑袋，压根儿不知道蚂蚁那只小脑袋里的事情。每只蚂蚁都有自己的想法。

在蚂蚁眼中人类到底是什么样子的？我想，在别的生物眼里，人的角色肯定是"敌人"，因为他从事了超越正常成员的掠取，其资源范围远远超越了食物，他洗劫了其他生物的配置，消耗了大自然太多库存。可憎的是，人类不仅是敌人，还是恶人，其很多活动是不良的，属于恶性毁坏和糟蹋，动摇了大自然的根基。

很少有人为蚂蚁写点什么，蝼蚁忙忙碌碌的微生，被认为没有什么意义。即使它们以集体的形态浩浩荡荡而出，最敏感、最大呼小叫的往往也只是孩子吧？其实蚂蚁并不弱小，生命也并不算短暂，蚁后可存活十几年甚至几十年，一个蚁巢可以在一个地方生长若干年，甚至屹立五十年以上，什么恶劣的环境它们都能够生存，估计蚂蚁强悍的环境适应能力远远超过了人类。一只蚂蚁被曙光惊醒，向着未来的食物爬行。一队蚂蚁扛着行李，抢在暴雨之前匆匆搬家。每个生命都有自在的意义和进程，都有它分分秒秒的愿望，都有和人生一样的故事和戏剧性。

许许多多年前，我喜欢的童话作家安徒生喜欢在树林里构思，每根长满青苔的树桩，每一只褐色的蚂蚁强盗（它拽着一只长有透明绿翅的昆虫，就像拽着掳掠来的一个美丽公主），都能变成童话。他是穷人的诗人，心中却有着一道宽阔而绚丽的彩虹。他能听到松涛海啸雪落冰融，听到蚂蚁的微笑和枫叶的叹息。他是给蚂蚁戴上王冠的那个人。他留下了那样一座梦幻般的神奇森林，让一代代的孩子还能无遮无挡地与河流、花朵、蚂蚁、蜜蜂为伴。我喜欢安徒生笔下蚂蚁的历险，他那颗大脑袋，懂得蚂蚁那只小脑袋里的事情。

　　夜深了，我也要睡了。真想明天晨起看到一缕和暖的阳光，看到一只闲庭信步的蚂蚁，看到一株风中摇曳的绿草。在刹那明白，原来活着竟是这般的好。

坐在一张斑斓的虎皮上

以前养过一只虎斑猫,黄棕色的底色,夹有纯黑色的斑纹图案,头部圆润,肌肉发达,两只耳朵总是立着的。眼睛大而明亮,呈圆杏核状,颜色在黄色、金色至绿色之间变幻流动。买回家不到一年,就养得又肥又大,它的额头上有个黑色的M字母,那黑线条既细又匀称。整个形态,像个胖乎乎的小老虎,可爱极了。

有时抚摸这只小老虎的斑纹皮毛时,我会想到丛林中比它硕大和可怕百倍的同族兄弟,现存体型最大的猫科动物,有"万兽之王"和"万兽之皇"称呼的老虎。强大、勇猛又血迹斑斑的老虎,精神饱满,穿越林莽和清晨,将足迹留在一条条河流的泥岸。三百公斤的庞大体重,使它的梅花状足迹,如此清晰地烙印在滩涂上。真想在万杆摇动的竹丛里,在各种鸟兽惊散的纷飞中,辨认老虎的道道花纹,感受它华美颤动的皮毛裹盖的骨架。

在这个世界上,迷恋老虎的人是大有人在的,正如叶公之好龙。我就是其中一个。"耽耽老虎底许来,抱石踞坐何雄哉。"父亲常常和我说起,他幼年遇虎的事件,当然那是20世纪五六十年代的事情了。那时候的故乡小城,环城皆山也,山多杂树荒草,亦多走兽飞禽出没,一般的如果子狸、山鸡,吓人的如野猪、大豹、老虎。在三反五反中被靠边站的我们家,避乱躲入深山居住,破烂的竹木屋周围是荒山野岭、林深草密。秋天的一个早晨,十岁左右的父亲推开竹芭门,看到门前因昨晚下雨打湿的泥地上,清晰地印有一长溜有大有小的梅花状足迹,这足迹沿深山小路而来,向河滩边断断续续延伸而去。当时年幼的父亲并没有觉得异常,却见到那村口的大树下,黑压压地聚了一大群人,在那里交头接耳议论不休,"老虎"两个字在人们口中不断地重复着和传递着。后来,才听说昨夜一大一小两只老虎从深山出来,入村拖走了猪狗鸡鸭,半夜时分有人从屋顶亲眼见到了这两只老虎。那天夜里,老虎就从屋外走过,与父亲之间不过隔着一道破烂的竹芭门。祖父祖母异常惶恐,不久之后就带着父亲,从深山中迁出回到街上生活了,即使在街市生活有另一种恐惧压顶。我喜欢让父亲一遍又一遍给我讲这个老虎的故事,我托着腮百听不厌。老虎,老虎,在猜测它的世界时,它变成想象,变成恐怖的美丽,而不再是漫游在大地上的野兽中的一只。那丛林巨兽的身上,可爱的黄黑斑斓,是光线,是毛发,我梦想用渴望的手将它轻轻抚摩。

后来,我读到名臣言行录外集里这样记载:关学一代大儒张载在京中,坐虎皮说易经,忽一日和二程(宋代理学家程颐、程颢)谈易,深获于心,第二天便撤去虎皮,令诸生师事二程。这个故事真有趣,少喜谈兵、抱负远大的关中少年张横渠,昂然入京师讲学,跟随他听讲的人很多。在众人簇拥中,他坐在一张纹彩斑斓的大虎皮上,指点江山,纵论阴阳,以虎虎的目光,讲生气虎虎的《易经》——想想都觉得霸气侧漏!在张载的身下,一匹好大的虎啊!变幻着朦胧的光明、模糊的黑暗和那原始的金黄,它就像背驮着一座美丽的小山一样,承载着意气风发、侃侃而谈的张载。但是,在见到二程之后,张载告诉别人说:"(他们)对《易经》的理解透彻,是我所比不上的,你们可以拜他们为师。"于是撤掉师座,停止讲学。他与二程纵论道学之要,涣然自信曰:"吾道自足,何事旁求。"是什么让张载有一把推开虎皮椅的决然,因为他忽有一天,发现了比剑还强、比军事还强的东西,那就是理。于是全部抛弃了其他的学说,淳朴诚信地研习理学。其志道精思,未始须臾息,亦未尝须臾忘。这个故事真的是诗——虽然书上说那是理学家的事迹。但不知道为什么,因为那样一个人,因为那样一张讲座,迷人漂亮的虎皮讲座,后来又被一把推掉的,这一片虎皮的斑彩,这个追求真理的既张扬又谦逊的求道者,使素黯的历史扉页都辉亮了起来。他炳炳烺烺,如一只儒门的虎。

老虎,老虎,老虎的金黄,那片金黄中有如许的孤独与骄傲。在野生虎早已绝迹的时代,我不可能再遇到父亲门外的老虎。在知识分子普遍精神废弛的年代,我也很难再遇到"负山斗之望,抱天人之学,敢撤虎皮而就正有道"的求道者,能够俯身读书,仰坐思考,挥笔写下"为天地立心,为生民立命,为往圣继绝学,为万世开太平"这样发声震聩、金声玉振的章句。平庸年代的我,只坐一种虎皮,就是随着日脚移动而斑驳的树影,难道这光景不像虎皮吗?对我来说,时光就是斑斓的猛虎。《秦风·小戎》:"文茵畅毂，驾我骐骥"。文茵是车中的虎皮坐褥。一天又一天，光阴滑过，我坐在时光的锦帐文茵上。

在动物园长大是一种什么感受

从小成长于父亲的森林公园,其中的北山公园中,还有一个小小的动物园。那种在动物园中长大的经历,现在回想起来真是蛮有趣的。

那并不是一个多有规模的动物园,但麻雀虽小,五脏俱全,孟加拉虎、非洲狮、暹罗鳄、棕熊、黑熊、小熊猫、箭猪等国家一二级保护动物都有,还有猴山、百鸟苑、梅花鹿房等。父亲一说起这个动物园,最眉飞色舞、如数家珍的,当然还是被世界濒危动植物种国际贸易公约(CITES)列为保护物种的黑叶猴。黑叶猴是我们国家一级保护动物和濒危珍稀灵长类动物,主要分布在广西、贵州少数石山地区,通体乌黑,尾巴长过身体,头顶有直立冠毛,是一种在石灰岩山地栖息的群居叶猴。梧州人工饲养繁殖的黑叶猴种群,以繁殖种群大、繁殖数量多、饲养寿命长、成活率高和拥有第七代仔猴而居世界领先地位,在国际上产生了深远的影响。作为世界最大的黑叶猴人工繁育基地,梧州动物园的自繁黑叶猴,长期以来向北京、广州、成都、武汉、杭州等十几家动物园提供,甚至通过北京动物园转口出口一批到美国、日本、加拿大等国动物园,所以交换回来了一批又一批国家一二级的保护动物,各种肉食猛兽或大型草食动物。

在动物园长大,就可以经常跑到为动物们备餐的地方,看热闹兼偶尔顺走一点什么。比如作为镇馆之宝的黑叶猴,吃得特别好,花生、果蔬、南瓜、冬青叶枝条、小叶女贞枝条,必须优选最新鲜的,还有热腾腾蒸出来的玉米糕等小面点。对有些年纪偏大,身体状况比较差的猴子,喂食时还会适当增加甘蔗等糖分含量比较高的食物,可以给它们增加能量。记得父亲表示最心疼的是养孟加拉虎,伙食开支最大,每天都要消耗几公斤猪肉、牛肉,还有一堆鸡架子。为了节省伙食,杂食的棕熊黑熊,经常也是吃果蔬和玉米糕。小时候的我,经常去动物食堂探头探脑,可以找到自己喜欢吃的,偷偷塞一嘴。完了走过黑叶猴笼子的时候,不知道是做贼心虚还是什么,老觉得那一只只攀上爬下的黑叶猴,都在拿眼睛瞪我,头顶的直立冠毛支棱着,如同怒发冲冠。

记忆中,动物园的饲养员叔叔阿姨们老是忙个不停,打扫笼舍、用水清洗、投喂食物,从早忙到晚。清扫笼舍的时候小心翼翼的,不敢有太大动静,以免惊吓到胆小的动物,进入猛兽区打扫,则通过串笼的方式连接隔离区。投喂完食物后还要仔细观察一段时间才能离开。有时打扫中通过细心观察,会发现不少动物的动态和状况,打架受伤、饥饿生病、怀孕产子什么的,及时为动物们提供各种照料。

　　记得有一次,饲养员打扫笼舍时,发现地上有斑斑点点的血迹,推断有可能猴群中已有新成员悄然诞生。四处寻觅,果然,一只母猴怀里已抱着一只刚出生的小猴,但小猴的脐带还与母猴相连着。和人类一样,新妈上路的母猴,不一定会照料自己的宝宝,它不知所措,不懂处理脐带、不懂喂奶……那种时刻,整个动物园的饲养员又激动又紧张,迅速向猴舍集中,交头接耳地细语。好好观察了一番后,有经验的老饲养员让大家解散,为了顺利激发母猴的母性,让小猴能够在母猴的帮助下健康成长,不能立即对母子俩进行人工干预,其他人也不能干扰到这个过程,否则这母子俩势必会受到惊吓,进行反抗,这对它们的身心都有可能造成伤害。于是大家三三两两散去,饲养员每隔半小时左右就来观察一下它们的情况。两个小时后,母猴终于咬断了脐带,母子俩总算平安渡过第一个难关。随后的几天里,饲养员一刻也没闲着,除了给母猴补充营养外,还要密切留意母子俩的一举一动——任何一个小生命的成长都是如此艰辛不易啊!

　　并不是每一个动物妈妈都称职,记得有一次动物园里的大蟒蛇下蛋,有十几枚之多。按说,蛇妈妈从产下卵以后,就应该盘伏在卵上孵化,孵化期一般要一两个月左右,中间可以一动不动。因为这个时候,蟒蛇一般不需要吃东西。可不知为什么,那条蟒蛇妈妈根本不孵蛋,四处游走,可能是刚换了一个新的环境,它还没完全适应,有强烈的不安全感,所以才弃蛋不育。一开始没有人敢去碰它的蛋,这个时候的母蛇最具攻击性,可母蛇再四处乱窜,这窝蛋就给废了。饲养员只有引开母蛇,掏出蛇蛋进行人工孵化,在一筐湿湿的沙子里,覆盖埋着一枚枚蛇蛋。在长达一两个月的孵化期,饲养员得一天跑几回照看着。我去看这些蛇蛋,轻轻从沙子里掏出一枚,拿在手上,壳白白的、软软的，长得有点像马铃薯。快到孵化出来的时候，蛇蛋放在手心上，手上会有微微的蠕动感：里面的小蛇已有动静了！蛋壳上的纹路也有了变化，一圈一圈的，像小蛇盘在里面。最后，那窝蛋只成功孵化出不到一半，人工孵化的蟒蛇成功率很低，其他的都没有出壳。记得放弃孵化后的几天里，公园的职工食堂都有炒蛇蛋吃，父亲每次打饭，都递给我满满的一盒黄澄澄的炒蛋，虽然放了好多葱花，吃到嘴里还是一股野性的腥味。

  动物园的故事说不完，感觉那个时候，满公园自由自在乱窜的我，也保持着一种浑朴开放的动物性，也是一个观察模仿的动物，同时又是一个练习自学的动物，在我成长的关键期，父亲只给我提供了充足的资源和宽松的环境，在大自然的花草和动物的教养之下，我不知不觉地就长大了。

动物的复仇

对动物友善一点不会有坏处，尤其是那些记忆力惊人的动物。

据说野生象的记忆力远远超过人类的想象，你对它好，它会永远感激你。如果你伤害过它，它会恨你一辈子。它们不仅聪明，而且爱憎分明。如果大象原本的栖息地被人类占据，又有许多同胞被杀害，它们就会主动袭击人类复仇，化身成村庄里的复仇者乃至暗杀者，甚至在事隔许多许多年之后。和大象一样，乌鸦也非常的记仇。它们不仅记得那些囚禁它们的人的面孔，甚至多年之后依然对他们心怀怨恨，它们会攻击、啄食和俯冲轰炸它们的前掳掠者。我们知道乌鸦有令人难以置信的记忆力，但是为什么它们坚持要攻击那些不喜欢的人，我们对此不清楚，也没有很多相关理论。

在情绪类型和表达上，许多动物应该和人极其相似，它们也有幽默感，也有忧伤和快乐，被激怒时会产生报复心理，并且能够耐心地伺机而动。每个看似弱小的生命体背后，都潜藏着改写命运的巨大潜能。自然的物竞天择，每一个生命都在用尽一切努力求生存，无论这个世界上的动物们再如何被"教育"，它们身上多多少少都保存着、残存着野性，千万年进化而来的野生天性。动物被囚禁，或是被放生，似乎都是人类的一厢情愿。人类总是一厢情愿地用自己的社会文化方法去理解、演绎动物的生存行为。其实，很多动物都是早于人类存在之前就出现的，历史上的人类很长时期都是依靠动物才进化到今天的程度。人类最基本的生存之道是：生灵都是平等的，正确地"对待"它们，同时保护自己的安全。

有没有发现，就算是家里养的一只小花猫，对主人的呼唤也是爱理不理的，猫只有在自己有需求时，才会变得温顺。家猫已有9000年的驯化史，但它们仍然只是停留在"半驯化"状态。古人驯化猫是为了让它们捕捉老鼠保护农作物，然后为它们提供奖励，但是对于家猫来说，它们还是倾向于过一种特立独行的自由生活，同时获得一些额外奖励。如果你细心观察过猫的习性，就会知道它们有多么聪明和富于情感。并不是平常说的猫是薄情薄义的动物,那只是站在人类的角度来看,只能说猫还没有完全被驯化,它们有自己比较独立的想法。童年时我家的母猫一窝生下了两只小猫,我就经常看到母猫来回地在舔她的儿女们,开始我还以为只是替他们清洁,后来才渐渐懂得猫妈妈这么做,更重要的是表达亲密关系,让幼猫安心成长,不致活在荒野恐慌中,或置身于人类社会感到危机四伏。人类也同样渴望安全与被爱,小时候我们需要父母的爱抚,长大了我们需要恋人的爱抚,实际上是和猫们没有区别。想起柴静曾经说过的一番话:"作为动物活在世上,一粒果子迸溅在嘴里的滋味是一样的,为对方梳理皮毛的眷恋是一样的,被命运辗过的痛苦是一样的,生之狂喜和死之无可奈何也是一样的。"我非常认同这种与万物共世界共在的感觉。

　　看看大自然千姿百态的生命现象吧!大象用长鼻子卷着树枝拍打苍蝇,春燕口衔小虫给雏燕喂食,忙忙碌碌的蚂蚁搬动食物,萤火虫和许多深海动物用闪光作信号,我还看过一则来自美国类人猿信托研究机构的一只黑猩猩用火烧菜做饭的视频呢!那只聪明的黑猩猩能够熟练地使用工具完成复杂的明火烹饪工作,炒得一手好菜表示毫无压力!"工具的制造和使用只有在人类的劳动过程中才是一个固有的、不可或缺的、稳定的因素,因而构成了与其他动物区别的本质特征"——这些论调,其实是人类傲慢与偏见之下的优越感的体现。事实上,很多灵长类动物、海豚、鸟类和鱼类都可以创造和使用工具,甚至传承这项技能。动物脑中所形成的东西十分复杂,多数时候只是因为我们难以理解而已。动物也拥有复杂的社会关系,部分低等的动物如蚂蚁,甚至拥有比人类更为森严和复杂的社会体系和更明确的社会分工。人类与动物之间的不同远比相同要少,将语言、工具、思维和人类的社会性作为人类的定义,其实仅仅是一种不现实的哲学推论。

　　《圣经·旧约》的《传道书》,在谈论人与兽的本质时,更是简洁峻刻到不留情面的程度:"因为世人遭遇的,兽也遭遇,所遭遇的都是一样;这个怎样死,那个也怎样死,气息都是一样。人不能强于兽,都是虚空。都归一处,都是出于尘土,也都归于尘土。谁知道人的灵是往上升,兽的魂是下入地呢?"这是我所见到的有关人与动物的文献中最为直截了当的句子,它点出了一切生命在终极命运上那无一幸免的悲剧性。人类很傲慢地认为自己和动物不同，但从基因出发的世界才是真正的世界大同。某一物种比另一物种的高尚完全毫无客观依据。作为人类，我们以及其他一切动物，都是自私的基因所创造的机器。任何一个个体，也只不过是寿命不长的基因组合体的临时运载工具。存在的目的和价值只是在于某部分特定基因的延续。据说人类的大猩猩基因的相似度在95%以上，和香蕉相似度在30%以上……相信人是万物之灵的人类中心主义，不过是对人类过度自恋的产物。人类只是地球上亿万个物种中很成功、但也并不神奇的一个物种，与其他物种、特别是类人猿并不存在本质的区别。许多动物不仅在生理上，而且在心理上，都与人类不存在截然的界限。它们也是有感情、有语言能力、能推理的智能生命。

在古老的神话传说中，总是万物有灵、处处精怪。先民为什么以动物为图腾符号？因为，大自然物竞天择，生命的本质是杀生与饮食，当原始先民猎杀动物为食时，超越可见的存在世界，似乎看到动物死后进入超自然世界，原始人认为"在某处"有"动物首领"（animal master）存在，它是控制人类生死的力量。假如它不把动物送下来供人类猎食，则猎人与他的族裔将会挨饿。于是，狩猎变成一种牺牲的仪式，猎人反过来对动物的灵魂做出补偿，希望能够诱使它们再回来牺牲，供人类食用。野兽被看作是从另一个世界来的使节。在猎人与猎物间逐渐滋生出一种神奇、美好的和谐，仿佛被锁在一个死亡、埋葬与再生的"神秘超时间"循环中。因而，动物显现出并保持住自身的某种深度，作为人类的归依和保护的基础。现在，一切已天翻地覆改变，由于工业化以来技术的发展和统治，动物只是变成了人的可以利用的对象，因此，动物的物性已被遮蔽和遗忘，再也不可能获得倾听。不仅如此，人类的涸泽而渔在摧残整个世界、吞噬最后的资源，多少珍贵的动植物已永远地沦为了标本。

现在是什么样的世情，有谁可以全心而终地相待。相待是关怀与尊重，而不是种种形式的占有，以及占有背后的冷漠与寡情。我们活在这个充满了粗暴和掠夺的世界上，多半选择对周遭的世界与人及各种生灵缺少、切断关怀。我们其实很少尊重人，遑论尊重动物。

回到开篇的话题,我总觉得,人类文明正在一路高歌猛进,然而,环绕着人类这个权势绝伦的灵长类动物,其他的灵长类动物、哺乳动物、脊椎动物、无脊椎动物、单细胞生物,多少动物正心怀怨恨、目光炯炯、伺机而动,它们低吠、尖叫、狂噪、乱爬,未知的生命体、寄生虫、微生物的迭代进化,工业污染引发的基因变异,人类正将自己抛掷到一种无保护无根基的状态,以及由黑洞一般的"未知"构成的不确定的结局。

它们的不死与再生

在我的童年记忆中，蚯蚓似乎是不死的。我曾战战兢兢地观察过，沉浸在科学探索中的邻家男孩，用小刀把蚯蚓切成数段，看它们抽搐、翻滚、匍匐离去。据说残忍导致的是童话般的美好结局，蚯蚓分裂的部分不死，将携带着基因的秘密，从最初的一变成二，从单数个体增长为拥有复数的家族。

波兰女诗人维斯瓦娃·辛波斯卡有一首诗《自切》，也写到过这种现象，诗中的生物是海参。

在危险中，那海参把自己分割成两半：
它让一个自己被世界吞噬，
第二个自己逃逸。
它暴烈地把自己分成一个末日和一个拯救，
分成一个处罚和一个奖赏，分成曾经是和将是。
在海参的中间裂开一个豁口，
两个边缘立即变成互不认识。
这边缘是死亡，那边缘是生命。
这里是绝望，那里是希望。
如果有等量，这就是天平不动。
如果有公正，这就是公正。
死得恰到好处，不过界。
从获拯救的残余再生长。

海参能够通过肉体裂开一个豁口，将一个身体分成两个自己。蚯蚓或海参，真的拥有这种让人类羡慕的平行宇宙的超能力吗？其实也不完全是这样。谁说只要有半截身体，就能创造出关于复活的奇迹？当蚯蚓的体节断裂时，它们有能力再生长出另一端的体节，这种现象称为再生。但是，再生的能力在不同种类的蚯蚓中差异相当大，有的蚯蚓几乎任何一个器官皆可再生，环境的适应性强悍到不可思议，而有的蚯蚓再生能力很差。通常蚯蚓被一切为二之后，包含有生殖环带的那一段会再生成一只完整的个体，而不包含生殖环带的那一段则不能再生。海参和蚯蚓一样，生命的再生也是有前提条件的。只要水温和水质适宜，即使海参被切除一半或被天敌吃掉一半，海参也可以在几个月后重新长出全部身体，但前提是剩下的一半必须有头部或肛门，因为生长细胞集中于这两个部位。当然，再生的能力在不同种类的海参中差异也相当大，少数海参被横切为 2-3 段，各段也能再生为完整个体。

小时候的我，看到邻家男孩一次又一次给蚯蚓做手术时，总是担心他在树下挖到的那条蚯蚓，是两三个月前才被利刃一分为二、疼得满地打滚的那一条，它好不容易用半截残躯，躲在幽暗处苟延残喘，才刚刚完成吃力的再生，而很快，又面临一次屠戮的轮回，那把无情的小刀并不知道，悲情的小小的蚯蚓，其实已经献出过它的前半生。海参也是如此，这种靠肌肉伸缩爬行，每小时只能前进四米的软体动物，行为缓慢，缺乏攻击能力，即使全身带肉刺，但连它的刺都可以被食用，甚至成为美味的一部分，它们似乎只能选择略带悲情的命运：善于伪装，肤色和环境类似，同时依靠危急时排出内脏迷惑天敌与强大的再生能力来维持生存。失去内脏后的海参，经过几个星期的生长，体内会重新长出内脏。被天敌吃掉一半或切掉一半的海参，剩下的半截身体，只要有头部或者肛门，海参就创造出关于复活的奇迹。无论是蚯蚓还是海参，都具有惊人的自愈功能，它们无声而顽强地处理发生在自身的灾难，无着痕迹，在巨大痛苦与残损之上，它们善于自我拯救，分娩出崭新的自己和未来。

从身体到心灵，其实人类也拥有自然所赋予的自愈能力，只是没有蚯蚓和海参那样惊心动魄堪称神迹。一次又一次，在一些特定的人生阶段，我也曾像海参那样躲进石缝里艰难地忍受数个月，或更长时间，期待长出新的内脏，新的身体或心灵构成，才敢从躲藏的小世界探头出来，去新的世界做一次冒险。在疗愈的阶段，迟缓，敏感，昼伏夜出，内心幽谧，如蚯蚓和海参沉入土层，沉入海底，以泥沙中的动植物碎屑和微小生物为食，谨小慎微，消化淤泥，吃生活的琐碎、无聊、沉闷，吃疼痛和忧伤的小小籽粒，从而完成吃力的消化,获得一种艰难的营养。很多人都是这样慢慢自愈和再生的吧?

辛波斯卡那首《自切》,是为了纪念一位未到三十岁就因心脏病去世的女诗人哈利娜·波什维亚托夫斯卡而写的,在这首诗的结尾部分,她这样写道:

> 我们,也懂得如何分割自己,
> 但只是分成肉体和一个碎语
> 分成肉体和诗歌。
> 一边是喉咙,另一边是笑声,
> 轻微,很快就消失。
> 这里是一颗沉重的心,那里是不会完全死,
> 三个小字,像光的三片小羽毛。
> 我们不是被一个豁口分成两半,
> 是一个豁口包围我们。

只有在平行宇宙里,我们才是一只能将自己分作很多个的海参,或沿着时间叠加,或沿着空间叠加,同时走上分岔花园的无穷小径。但在这个现实世界里,在这个线性时间的三维世界里,我们人类从来不可能分岔出多个自己。在一个豁口的切割后,在分裂状态下两个新的生命体同时是第一个的产物。第一个生命体消失了。本质上,它死了,因为它无法在它产生的两个生命体的任何一个中存活。新的存在(复数)与旧的存在(单数),有着本质上的不同。

《自切》诗中的"不会完全死",来自贺拉斯诗句,原文由三个词构成。辛波斯卡写道:"三个字,像光的三片小羽毛"。不会完全死,意思是有一部分死去,而另有一部分再生。沉重的肉体留下了,如蚯蚓被孩子以小刀切成数段,看它们抽搐、翻滚、匍匐离去,但轻盈的灵魂自我解放了,通过谜一般的建构延伸出触角,如有生命力一样可以触及到其他人。于是同一个本体,分成了两个"自己"。

并不是所有的蚯蚓和海参都能再生,更多的生命都将自行溶于渊深的大

地、浩渺的大海，溶解直到无影无踪，绝大多数人的命运也是如此。在巨大的豁口断裂之后，辛波斯卡的笔下，一边是沉重的肉体（已经在人世死去），另一边则是诗歌（可不过是一句碎语，一个迅速消失的笑声），如果不是完全死去，也只是留存一小会儿。如果一本存世的诗集所包含的，不过是一句碎语和一个迅速消失的笑声。古往今来留存到今天的作品，也并非它们原本之所是，而不过是绵延至今的无数后人阐发之集成。说到底，即使有可能再生，再生之物已不同于第一个生命体，它们之间具有不连贯性，它们之间无法完全叠印。我今天读到的《论语》《孟子》《老子》《庄子》，都无非切割后再生的蚯蚓或海参，而且是历史上一而再、再而三的，连续切割与连续再生。

　　想想看，人类数千年的文明史，假若20年是一代人，一共经历几百代了，人类壮阔的进化，来自曾经并正在地球上生活的一千亿人的命运的叠加，这是一条长长的时间轴啊！此刻，我手中捧着的，正是一本第三百世的《论语》或《老子》，跨越2500年的进化里面，包含了虫子般蠕动的一生。想到自然界中，把一条蚯蚓前端五节到八节的地方切断，它很快就可以再生。如果把九节以上的地方切断，蚯蚓的再生能力就很慢，而且生殖器官不能恢复。如果在蚯蚓的第十五节以后切断，它就不能再生头部，只会长出一个缺脑袋的尾状体，成为一条具有两个尾巴的变态蚯蚓。在自然界里，我们常常可以看到这种蚯蚓。我也不能确定，我奉若圭臬的某些文化遗产，相对于它的第一生命体，会不会只是无头两尾变态蚯蚓？

触角上的故事

今天天气晴朗，强烈的午后阳光，如金粉一样轻扬。我晒了好久时间的太阳，眯着眼睛，细看阳光中成千上万野马般翻滚奔腾的灰尘，感受着这个世界细微之处的生机勃勃。

想起《庄子》中讲过一个有趣的故事，传说古代有一只蜗牛的两个触角上有两个小国，左边的叫触氏国，右边的叫蛮氏国。两个国家因为争夺地盘而经常发生战争，有时竟伏尸百万，血流成河，造成民不聊生，怨声载道，蜗牛因此而丧失触觉功能。

其实，我观察到蜗牛有四个触角：一对长一对短，在长触角顶端有一个小黑点，那是蜗牛的眼睛。因为它平时身体缩在壳内，爬行时头部有像牛角那样的触角，所以人们才叫它蜗牛。蜗牛的触角好像盲人的拐杖，是用来触摸着行路的。蜗牛在走路的时候，如果用触角接触到障碍物，就会立即转变前进的方向。蜗牛的触角还能闻到气味，起着鼻子的作用。暴雨过后，草坪树荫下通常会出没许多蜗牛，你去拾一只小蜗牛，捧在手上仔细看看。它两根触须直挺挺的，呈"V"字形，灵活地转动着，探测着这个世界。蜗牛触角是多么纤细的啊！你会惊叹于庄周天马行空、不受局限的宇宙观，他能够在微观尽头看到宏观，或者说在无穷小当中看到孕育着的无穷大。小小的蜗角之上，竟能生存着两个国家，而且还发生了大规模的战争。那种尸横遍野，遍地狼烟的场面，居然就发生在小小的连一颗尘埃都容不下的蜗牛角上。两千年前的庄周比今天的科学家先行到达地预言，蜗角放大无数倍就能看到另一宇宙——一个同样神秘莫测的微观宇宙。

不要说蜗牛角，其他昆虫的触角也很有意思。比如说天牛，据说天牛是害虫，是破坏树木和建筑物的，但如果你抓到一只天牛，放在手心仔细观察，会发现天牛的花纹很好看，黑甲光如漆，甲上洒满黄白斑点。天牛的触角很优美，长长的触角，常常超过身体的长度，雄赳赳、气昂昂地，向前强健地挺举着，如八字，似水牛角，难怪这种虫子被称为"天牛"。人们总会根据自身的价值观来对自然界的生物分益与害，分高低优劣，而有时这种分类会导致我们忽略很多美。近距离观察一只天牛，把天牛的美放大了，会发现它其实没有那么可怕，反而是值得观赏的。

大自然中还有那么多可爱的昆虫触角——

一块大石上，爬上了一只细腰大头黑蚂蚁，它仿佛有所搜索，摇头晃脑捋着触须，带点儿怀疑神气，猛然间它好像想透了什么，转身疾行而去。

在夏荫深处，蝉儿的肚子在不停地颤动着，触角显现出一道道灰白色的光环，它长久地趴在树上，引吭高歌的间隙，蝉垂下像帽带似的触角吮吸着清澈甘甜的露水，不一会，连绵的声音又从梧桐树枝间传出。

昆虫的触角是各种各样的，有鞭状、丝状、分线状、胡须状、棒状、放射状、锯齿状，像弯曲的膝盖，像鱼鳃，像羽毛，像珍珠串，像水边的蒲棒……叩头虫的触须像一把有密密梳齿的梳子，至于苍蝇，天生邪神，因为它长着一对歪歪扭扭的触须，奇特而难以形容的形状。同一种昆虫的触角形状相同，但是有些昆虫雌与雄的触角不一样，比如雌蚊子的触角是丝状的，而雄蚊子则是羽毛状的。发现雄性昆虫的触角一般比雌性昆虫长。如果把触角比喻为天线，难道大自然要这样设计，是因为雄性必然要更多地担负外出侦探的任务吗？

与这浩渺宇宙相比，几乎渺小到可忽略不计的昆虫世界，其实也埋藏着无数的奥秘，你说在这些爬着的飞动的虫蚊触角上，到底存在着多少个微型宇宙？在庄子的那个故事中，一对蜗角上的一国追逐另外一国，居然追击了十五个昼夜。不过毫末之大的蜗牛角，可以让一支军队连续跑上十五天！这一个个微型宇宙之间的时空穿梭到底是怎样的呢？

跨物种交流的人

最近看了华纳兄弟影片公司的动作冒险电影《海王》，这是一部根据美国 DC 漫画改编的作品。海王本名亚瑟·库瑞（Arthur Curry），是海底之国亚特兰蒂斯的皇后和美国海边一个灯塔看守人的私生子，拥有半人类、半亚特兰蒂斯人的血统，从小就展现出了远超常人的各项体能，以及能在水下自由活动与呼吸，并和海洋生物沟通等异于他人的能力。后来，他加冕其为亚特兰蒂斯国王、掌管七海，并被赋予了亚特兰蒂斯王权的象征，能操控大海力量，掀起风浪的三叉戟，后海王与超人、蝙蝠侠等人创立正义联盟，成为正义联盟七大创始人之一。

半人半亚特兰蒂斯血统的亚瑟，在成长的艰难之路上，他不但需要直面自己的特殊身世，更不得不面对生而为王的考验：自己究竟能否配得上"海王"之名？他入水探索的历程，牵引出整座深海帝国的神秘版图，看似不过闯关打怪式的老套路，其实还是以西方古典神话为模本的，类似亚瑟王寻找圣杯，是一部不折不扣的成长电影。

电影中有一段，表现为海王在上小学时，全班同学去参观水族馆，他被推搡霸凌，同学嘲笑他说"look, he is talking to fish"，年幼的海王无力还击，一再后退，退到紧贴在巨大水族馆的玻璃上。这时，海王向俯冲向玻璃的鲨鱼无意中伸出手，瞬间使鲨鱼平静停止下来，他发现自己可以感通水族馆里的所有生物，背景音乐的宏大交响乐也推到了高潮，以突出这个神秘时刻的辉煌神圣。后来，在深海帝国亚特兰蒂斯中，海王跟泽贝尔王国的公主湄拉，面临同母异父的弟弟、海洋领主奥姆的追击时，情急之下向鲸鱼伸出了手，而鲸鱼马上张开嘴掩护他，从而使他们在鲸鱼口中躲过追杀。电影中，亚瑟寻找亚特兰蒂斯古王亚特兰留下的遗迹——黄金三叉戟，拥有这件神器的人即是王国的统治者。象征王权的三叉戟，拥有操纵海浪、改变天气、发射雷电等能力，被无比凶猛的巨兽海怪卡拉森所守卫。当亚瑟去取三叉戟的时候，海怪卡拉森一边碎碎念一边攻击亚瑟，结果亚瑟能听懂海怪卡拉森说话，生死决斗瞬间画风一转，彼此成为朋友。而之后海怪上了战场，大家听到的都是大海怪嗷嗷嗷的，因为大家都听不懂。海王获得了三叉戟后，前往加入亚特兰蒂斯与咸水国的战争，在大场面中镜头下移，海王在画面中央将双手向两边一推，巨大的环形波迅速笼括深海战争的全场，整个海洋的水族被海王以超语言交流方式感通，排山倒海聚集过来，加入助战。所以，很多看这部《海王》的人，说看不懂海王为何能逆转局势，还一直吐槽海王太弱了，其实，没看清海王拥有的是神级能力吗？——跨物种交流。海王的能力不在于单体格斗，而在于对于整个生物圈的感应对话能力。

　　海王的超能力是和鱼对话——其实除了守护三叉戟的海怪，从漫画到电影，都没有太表现海王与鱼类说话，这是因为鱼类的大脑结构十分简陋，根本无法与人交流，海王实际上是通过心灵感应控制海洋生物的行为。我想起中国古代也有这样一个历史人物，名叫伯益，又称伯翳（同"益"）、大费，且其氏，颛顼的曾孙子。据说伯益从小在山林里长大，喜欢和飞禽走兽亲近，通晓鸟语。由于长期接触野生动物，所以有着丰富的动物学知识，掌握着一手难得的驯化和狩猎技术。这在当年人类文明之初简直是国宝级的人才，所以年纪轻轻就跟着父亲大业在舜的手下做事，后来被派去协助大禹治水。当时大禹集齐了一个当时全国顶尖的智囊团，其中有两位首席科学家，一位是益（文献中常常只称益，这是因为伯本来就有老大的意思），一位是弃。弃，也称作后稷，传说是第一个开始种麦子的人，是个天生的植物学家，农耕始祖，五谷之神，被称为稷王（也作稷神或者农神）。而伯益是一个会鸟叫的动物学家，率百兽的兽王，或领群鸟的禽王。尧舜禹时代，黄河流域，尤其是中原一带，森林覆盖面积非常高，平均气温也比现在高三四摄氏度，当时人们居住的环境近似现在的热带雨林，中原一带比较像今天的西双版纳，群居大量的亚洲象，是当时亚洲象的家园，这也是"豫"代表河南的缘由，"豫"即是象居之地，牵象之地。当年伯益驯化或安抚的动物一定是物种丰富多样，肯定包括雄伟的亚洲象。据说伯益沿着黄河行走，将自己的所见所闻所感一一记录下来，在这尚未人为开发的旧世界里发现了无数稀世神兽，他记录下来的手稿便是大名鼎鼎的《山海经》。

远古时期的天下，是民众共有的公天下，管理天下大事的主管人（后人称之为帝）由民众推举贤能者担任，例行禅让制度。如唐尧禅位给虞舜；虞舜禅位后禹；后禹选定伯益为继位人。禹死后，本当伯益继位管理天下，但禹生前就已有意破坏禅让制度，培养其子启的势力，最终启替代伯益成为掌政者。夏启夺天下，成为中国历史上由"禅让制"变为"世袭制"的第一人。夏朝，也为一个在权力斗争中神秘崛起的朝代。夏启临死时，不再遵循前人禅让的成规，而把帝位传给其子太康。从此以后，便一代代地传下去。传位于贤能变成了父死子继，"公天下"一变成为"家天下"。后来，民众深感"家天下"大不如"公天下"自由平等，于是，纷纷怀念起本当受禅而没有继位的伯益，再而追念他曾教民播种、造屋、凿井，且受虞舜任命为掌管山泽的虞官，便一致尊奉他为大地之神，到处建庙供上伯益神像以奉祀，祈求他保佑合境平安、六畜兴旺、风调雨顺、五谷丰登。这一风俗，就一直相沿下来。年代一久，人们也就渐渐把伯益叫成"伯爷"，把"伯益公"呼为"伯爷公"了。

伯益本是禹的继承人，毫无疑问才能卓越，历史上的伯益到底是什么样子的呢？我觉得一句"通鸟语，驯鸟兽"，就已经无敌于天下。剥去神话色彩，回归历史真实，也说明伯益直接推进了畜牧业的发展，这在当时是绝对的先端科技、核心技术，相当于工业化时代的蒸汽机技术、信息化时代的芯片技术。《史记·秦本纪》"孝王曰'昔伯翳为舜主畜，畜多息，故有土，赐姓嬴。'"因为佐舜调驯鸟兽，协禹治水有功，故伯益受舜赐姓嬴。你没看错，伯益正是后来征服全国的秦人的先祖。伯益曾获三个封地："费"为伯益固有居地，"嬴"乃伯益获姓受封之地，"秦"为最后所封之地。嬴秦先祖历史由伯益而展开。在文字体系还不成熟的年代，燕与嬴是同一个意思，读音相近，嬴姓便是燕姓，秦人的母体"嬴人"即通鸟语（燕语）之人。伯益差一点就接任禹成为第四代领导核心，虽然功败垂成，但他的子孙秦始皇，最终还是成了统一中国的千古一帝。话说当年大禹两个手下真是重量级的，一个是周朝王族的祖先后稷，另一个是秦人的祖先伯益。

秦人先祖伯益对山川沼泽、鱼虫鸟兽有着特殊的洞察力，对这一切了然于心，这些知识对大禹来说是无价之宝。大禹有的只是一套方法，而方法的真正生效离不开伯益提供的一手资料。大禹因治水成功建立了不世功勋。舜要重赏大禹，大禹很谦虚地说道："治水非一人之力，伯益出力也不少。"于是舜便要重赏伯益。伯益除了得到封地，被舜帝招为女婿，还得到赐姓，"嬴"正式成为伯益一族的姓。此外，还被赐标志，"皂游"成了伯益的专有标志，"皂游"即旌旗上黑色的飘带。这意味着秦人有了自己的专有标志。千年之后，由黑色飘带演化来的黑色大旗将席卷天下，成为恐怖和力量的象征。

伯益生活于公元前21世纪，此时此刻，身在秦地的我，正在公元21世纪回望这位写下《山海经》的祖先。传说中他是通鸟语、驯鸟兽的大地之神，我也想成为一个听得懂鸟言兽语的人啊！最起码，当我的小猫突然跳上我的书桌，面对着我，圆溜溜的大眼睛充满急切表情，一个劲地喵喵叫的时候，神啊！让我知道它到底在说什么？

一匹又一匹的马

一匹马。广袤的旷野，春天刚刚过去，绿色铺天盖地。高大的松树支开天然帐篷，远处一匹棕色野马，于微风之中，纹丝不动地伫立。天鹅绒般的草坪尽头，一条林间小路通向湖边。白云在山林中翻涌，一群苍鹰在升腾的地气中升降、滑翔，空气如此湿润、芬芳。从第一茎苇叶开始，点滴而至的雨声，被疏密不一的芦苇丛逐渐放大，于是雨声喧哗。兀立于湖岸边的那匹马，湿透后，还是一匹马，只是更显安静。不久，天放晴了，草地上的马儿悠闲地抬起头看看天，甩甩尾巴又低下头去，丝毫不理会一场大雨过后，周围东倒西伏的一地狼藉。

一匹马。苍翠的野地上，一座石桥，一个孩子站着，望着流水。远处，一匹马，背托一抹斜阳。它静静地饮水，鬃毛散落在河中。整片天空在马儿的后面伸展着，散发出火焰般的光芒，灰蓝色的云层在圣洁中驰骋，连渺小低矮的民居都仿佛充满了美好的感觉。沐浴在夕阳下的马儿，通体熠熠生辉。夕阳勾勒出马儿线条流畅的轮廓，仿佛镶了一层毛茸茸的金边。

一匹马。一个人独自牵马步过桥头走过水边，一人一马和乌黑雪白的屋子都倒映水中。风吹着暮色下的竹林，竹林如海水一般翻涌。关山的月色不老，这是一个彻夜远行的过客。闯荡江湖的勇气，踏遍河山的决心。岁月终究不肯饶恕，他走过的一山一水，要用一朝一夕来偿还。在哒哒的马蹄声中，旅人穿林而过，他听到林梢竹叶的沙沙响声，却倍感寂静。他将自己完全袒露于自然的注视中，风通过他，像是苍茫大地正急剧地在世间奔行。

一匹马。牛粪冒着青烟，奶茶刚刚煮熟，篝火边烤着全羊，大碗喝酒、骑马摔跤的汉子，唱着迷人长调的放牧姑娘，这里是骏马奔驰、牛羊成群的草原，是一片无边无际的广袤的绿，新鲜的气息弥漫在空气里。皮毛闪亮的马背上，住着好的骑手。马背上也住着风，住着雨，住着缰绳里的远方。好的骑手，不用暴力的鞭。好的骑手，怀里装着路。在呼啸的西风里，马蹄声重重敲打着大地，并在天穹间回荡。长风过处，骑手清楚地看见，一朵刚刚飘落在马鬃上的洁白雪花。

　　一匹马。世界之初是这样的,太阳喷出火焰,风在燃烧,植物的枝蔓沿着地面爬行,虫子为了爱情整日整夜地鸣叫。那时,一个兽皮裹身的健壮男子,刚刚驯服了一匹枣红马。跋涉在山野中的人与马,都是那样孤独,他们一起行走的时候,枣红马突然撇下男子,独自跑向远方。男子沿着长满青草的泥土路追赶,把灌木,树林,把身后呼叫的族人,向南流的河,把太阳,星星和风,把满耳是蝈蝈的原野统统抛在了后面。

　　一匹又一匹的马,掠过眼前。其实,我只是在电脑前,以文字运动的微粒,娇纵我梦幻的马驹。而当我注目深不可测的存在时,我的马驹以我的热情从潜渊跃出,抖动着一身黧黑的水浆,行走在水波上,喷气,低鸣,甩着茂密的鬃毛。

　　马的声音自尽头而来……一匹又一匹的马,掠过眼前,奔腾而来。马儿一并带来了,游荡的云,玩耍的风,潺潺而过的溪流,以及来自旷野的呼唤。等待马群,今夜我独自为冥想憔悴。我缄默,并且深入,神秘的黑暗。马群在黑夜中奔驰,一个被缰绳束缚的躯壳,渴望人在马上。心中模糊知道,像是要去赶赴一个地方,但,那会是哪里呢?

心里有匹野马

其实，每个人心里都有一匹野马，渴望自由，渴望真正的自己，做自己喜欢的事，和自己喜欢的人相处，生活才没有那么多无奈，只是大部分人选择臣服于生活，选择被驯服，同时劝说其他人这就是人生。是否我的祖辈从未有过超凡脱俗之类的愿望？战乱频仍、运动迭起的年代，他们的悲欢漫漶不清。他们总是说，这个，那个，不值得在乎。我也不清楚他们的一生是否得偿所愿。在我的记忆里，捏着酒杯面色酡然的男性长辈，手脚不停忙碌终生的女性长辈，一再说着凡事不必在乎。也许他们追求的不是什么超凡脱俗，也不是美好，他们追求的甚至不是幸福，而是对诸般不可避免的不幸的安然以对。

我才不要忘记自己的模样，我才不要随便放弃那匹野马，那片草原。谁说心里的野马，终将被驯服？心里有野马的人，在钢筋水泥里也能驰骋，不在乎有没有草原。因为，为心而生的野马，在哪里都是草原，永远不会被驯服。当精明干练的你独自垂泪的时候，当端庄温柔的你一怒而起的时候，当风风火火的你静匿独处的时候，正是"心怀野马，细嗅蔷薇"时刻。另一个自己，会从被你遗落的记忆深处跳出来，告诉你，他的存在。他从不曾离去，他是你的一部分，他一直在你身边，却被岁月这样忽视。这些时刻虽然微小，短暂，倏尔而过，但我们也曾跑出自己，又跑出自己，一次又一次。每一个人的脑海里，都有一万匹脱缰的马在奔跑。

甚至，我还觉得马不够野，它们中的绝大多数已经在漫长的历史中被人类所驯化。有时我会想象那些大地上的最初岁月，植物的枝蔓沿着地面爬行，虫子为了爱情整日整夜地鸣叫，那时，人类才刚刚捉马、套马、驯马，初在人类身边的马儿是那样孤独，一起行走的时候，马儿常常突然撒下人，撒开四蹄狂奔，独自跑向远方，懊恼的驯马人便甩着长长的马鞭，沿着长满青草的泥土路追赶。但是，那些马再烈也能驯服。所以，我宁愿是一匹斑马，不是白马，不是黑马，而是一只无法被驯服的斑马。为什么那只黑白条纹如一大片条形码的草原动物,一万年来都无法被人类驯服?马和斑马之中,为什么人们最终能够把马圈养起来,而不是在斑马背上冲锋杀敌呢?

首先,马是一种有群体观念的动物,一个马群,你很快就能找到谁是领头马。整个马群也有特定的等级结构,每一匹马都知道自己在马群里的地位是什么。所以人们只要找到一个马群,驯服领头的那只马,那整个马群都会把那个人当成新的首领。羊群、牛群、鸡群、猴群都是这样,控制其中一只就能控制住一整群。据说,在呼伦贝尔大草原的智能化奶牛养殖场,母牛们每天会乖乖地排队(从不插队,也不会掉队)几公里,一只跟着一只来到现代化挤奶大厅,接受目前世界先进的瑞典利拉伐现代化挤奶设备的榨奶,比多少国人都要遵守纪律,就是因为族群等级结构的"头牛效应"。

那么斑马呢?斑马虽然平时也是成群结队,这主要是为了团结在一起抵御外敌的安全考虑。但是,如果你抓住其中一只斑马,其他斑马基本不会理你,抓就抓吧!而且就算你抓住其中一只想要驯化它,最后结果肯定不太好。体会一下个子娇小的它的各种倔脾气吧!在古代那个没有抗生素的年代里,被斑马咬到一口,嗯,基本上就挂了!我想,我们勤劳勇敢、食物匮乏极端饥饿的先祖们,一定尝试过各种各样的办法对付动物,最终人类驯养了烈性野马,可至今拿不下傻傻的斑马,虽然从古到今确实有不少人骑上了斑马,但刚才说过了结果就不要再问了。世间动物品种千千万,这么多年下来,人类也就只养了不到20种家禽家畜而已。

记得当年读沈从文自传《无从驯服的斑马》,说到他和两个同伴过河,一个被流弹打死,一个淹死,当时他想,如果被打死或淹死的不是他的同伴而是他,那他20多岁的人生就算终结了,这么一想,他就觉得应该去闯闯,既然生命只有一次,而每一个个体的生存又是充满了无限的可能性。他觉得自己的一生不就只见识这么一点,他得去看看外面的世界,去活一下与父母辈不一样的人生。从此,这个来自湘西的倔强男人,走出了万山重叠的故乡,开始了他的听从内心声音的独特人生,如一匹矫健的斑马驰骋在一望无际的大草原上,在20世纪呼啸的大风里,他恣意的蹄声是那么响亮,又那么沉重。

七月,盛夏,草肥马壮。草原开满了星星点点、争妍斗艳的格桑花。如果恰巧遇上了一场雨，到处都落满了晶莹的雨滴，把整个草原洗刷得愈发干净清新，喜欢这夏天的雨，暖暖的阳，还有如雷的马蹄声……看过波澜壮阔的大海，翻过直入云霄的高山，穿过荒无人烟的沙漠，怎能错过一碧千里的草原。壮阔粗糙的土地和秀丽无垠的天空是绝配，我想遇见湛蓝透明的天空，朵朵白云下是一片广袤无垠的绿色草原。

我们其实不需要逼迫自己，去证明这一生的意义和价值，在内心的旷野里，不求依附，不去投靠，如一匹离群的野马独自行走，如一万匹斑马排山倒海地奔腾而过。爱上一匹野马，草原并非一无所有，有游荡的云，有玩耍的风，有潺潺而过的溪流。来自旷野的呼唤，是生命摆脱了一切束缚之后的，自由和圆满。

> 每晚夜深如海
> 有一匹无眠的斑马
> 望向星星打开的窗口
> 眼睛被露水打湿
> 在那么广阔的宇宙中
> 有一个它要到达的地方
> 在翻山越岭的尽头
> 来自南方的火焰
> 不是白马 不是黑马
> 是无法被驯服的斑马
>
> 晚安斑马，晚安草原
> 七月，我又剪短了我的发
> 也许在某一个夜晚
> 我会牵出马匹
> 只身打马过草原

一只掉落的鸟巢

必须怀有冬日的心境,才能真正欣赏此时的一月。

晴空之下,一棵棵光秃秃的冬之树,枝桠纤繁,纵横伸展。后面的蓝天,晴着,蓝着,浸润在一片彻寒当中,映照得枯枝如此明晰,上面乱糟糟的鸟巢,落在枝上侧头理毛的乌鸦,都可以看得纤毫毕现。一树挂满雪冰白霜的枯枝,高高印在淡青的天上,就像瓷器上的冰裂纹。

冬日的阳光是昂贵的,你用一个下午享受阳光,把自己摊晒在阳光中,任那暖烘烘的金色穿透厚重的冬衣,从里到外把周身浸透……这样浸透于金色的下午是稀少的,更多时候,弥漫天地的只有沉沉的雾霾。远远的荒寒的山,笼罩着一团团浓雾,看不清它们原本的模样。

在一月阳光的闪烁下,你不能不去想一想,那蕴含于风的呼啸声,还有树叶的飘零中的那份凄凉。此时,在下午的静谧空旷中,你好像听到了啄木鸟敲击树干的声音,速度很快,仿佛弓的颤响,你无法数清它的频率。咚咚,咚咚咚,咚咚咚咚,由弱而强,由慢而快,那是一首来自大地的美妙乐曲。突然,这辛勤的小鸟停下了,又啄了一下,之后是很长时间的寂静,如水晶一样凛冽而透明的寂静。你兀自站立,转过脸背对着太阳,一群四处觅食的麻雀,在你长长的影子里东蹦西跳。

这就是一月,你对自己说。一月的日子,一个接一个到来,整理好羽毛,高高地飞,拍动着逐渐变冷的翅膀。青青草在地底等待新生,小雪片偶尔在天上飞。如果一夜飞雪不停,呼啸漫天,早起,冰封的窗会亮得耀目。太阳随寒气凛冽,雪涛铺天盖地,迷濛的太阳被映为一轮玫瑰红。而夜来有一轮冷月中天高悬,月光如水,尽浣三千群山。这千古明月,如同一个孤独的燃灯者,揣着沉默而深切的悲悯,站在高处,看着人间的河流,无论怎样风波诡谲,最终仍要归于平静。

一月的日子,每天大地上刮起同样的风,在同一个荒野上吹拂,呼啸的西风,像针一样刺骨。生活在十三朝古都的你,拉起风衣的领子,在落叶翻卷的街上，低头匆匆行走，走过披着冰雪般发丝的一棵棵冬树，在不远处，土筑的青灰老城墙仍然像铁一样坚固。你仰望那些高高冬树上的鸟巢，浅灰色，用衰草与树枝编织而成，<u>丝丝缕缕又环环相扣</u>，让人不禁喟叹鸟的工匠技艺如此精妙。你那么害怕它们摇摇晃晃，随风掉落，让寒冬中的鸟儿无家可归。又或者，这早是鸟们废弃已久的老屋了。鸟儿是去了温暖的南方，春风荡漾时再归来，还是去了比远方更远的地方，永远不会再归来了？

  窸窣颤栗，一只鸟巢
  在我昂起的头上晃动
  在嵯峨的枝桠间
  一只鸟巢显露无遗
  像是随意堆砌的一窝树枝
  最外面杂乱的树棍
  应该只是整个巢的屋顶
  它的内部由泥土做成
  浑圆的泥质碗当中
  一定铺垫着树叶和草根
  作为房屋的内部装修
  至于每晚一家人的睡床
  当然要使用最柔软的材质
  羽毛、细草叶和毛发团
  要花可观的时间和精力
  才能完成这不凡的建造吧

  世界上有多少个鸟巢
  就有多少种修筑形式
  一只只舒适的小巢
  荡漾着鸟家庭过日子的欢愉

它们的世界

它们所处的位置也千差万别

树上或灌丛中

草丛或芦苇

树洞或缝隙

墙壁或崖壁

在这个复杂的世界上

没有人能真正读懂一个鸟巢

每一个鸟巢都在树枝间

坠落着神秘的歌声

从一粒小小的鸟蛋

有一道细细裂缝开始

鸟巢里便热闹起来

随着小鸟逐渐长大

鸟巢越来越拥挤

以致后来,都没有

老鸟父母的立足之地了

等到有一天小鸟飞离

鸟巢早已破烂不堪

一只鸟飞走了

又一只鸟飞走了

枝桠间残存的鸟巢

就如一间废弃的老屋

不再神秘,空空的

突兀在秋野之中

在一个暴雨如注的黄昏

西风的料峭中

一只掉落的鸟巢

干枯的树枝上
突然散落了鸟巢
我拾起来
空空如也
而一个永恒的声音
远远地,好像在呼唤
蕴含着非尘世的不可抗拒性
在屈曲舒展的树枝上空
我并不知道它在呼唤什么

饮水的羊

羊是自然界中的弱小,居于自然秩列的最底层,供养和维系着众生的平衡。大地上那些初始的事物:树木,草,河流,农人,也都属于这个最底层的弱势群体,生命虽然渺小而脆弱,实则拥有"高于其他造物的生命力",因为只有他们,才是大地的永恒面目和一切生命的底蕴。据考古学家的考古报告发现,人类最早驯化饲养的动物不是狗,不是猪,不是牛,而是羊,羊是人类最早的生物伙伴。世界文明古国的历史中都曾有过不同程度的崇羊现象,羊不仅是远古先民的吉祥灵物,而且羊的生活习惯有许多人格化的品行,因而羊被人们视作仁、义、礼、德的人格象征。

羊在古代中国有着悠久的文化历史和丰富的文化内涵,它曾经影响过人们的物质、社会、宗教、外交、精神生活,等等,并作为神判灵物代表至高无上的原始之法。中华民族祥和循法、道德践履的优良传统与诗性精神根植于古老的"羊文化"。汉字里最好的几个字,如美、善、祥等,都带"羊"字的边旁,与"羊"有不解之缘,它们的符号意义或观念内容也是相互沟通的。按董仲舒的意见,羊有好仁、死义、知礼等品德。他说:羊有角而不用,这是好仁;被抓而不叫唤,被杀而不哭号,类似死义;羊羔食母乳必跪,仿佛知礼。

羊,这种逐水草而迁的动物,有着天地神人都敬畏的优良品性,在高天厚地间孤弱而顽强地生存,在各种命运之前从容地尽其性命之理。它们和人类有着意味不尽的关联,呈现为人类的某种启示和象征。除了大地母亲之外,人有着太多的地方太像羊了——命运给了我们弱小的躯体,但我们正是用这躯体与命运进行着抗争——我们是羊,很柔弱,但却很顽强,有着一种生生不息的向上的力量。羊象征着善良、纯洁、天真、美好的品质,以及人对这些品质的追求。

饮水的羊

清水捧着柔嫩的嘴唇
雨后或黄昏的时候
泠泠的水声传来
几十或上百个亮盈盈的水泡子
小心翼翼捧着羊的嘴

羊从远方归来
它们像孩子一样
累了,进家先找水喝

贴满牛粪的篱笆边上
大狗不停地摇尾巴
喂食的篮草中探出小小的野花
卷毛的绵羊,带须的山羊
站在水槽前,低头饮水

天上的云彩以为它们在照镜子
我看到羊的嘴唇在水里轻轻搅动
即使饮水,羊仍小心
它的嘴巴呈现粉色
一生都在寻觅干净的鲜草

蝴蝶春天

蝴蝶，从头顶上翩翩地掠过，那种轻盈盈的感觉，就像一颗流星闪过。

秦岭深处，常常有成群的蝴蝶时聚时散，绚丽多彩的翅膀在阳光映照下仿佛极美的绸缎。翅膀正面金黄而背面嫩绿的，停驻不动时就像是绿色的小草一样，扑动翅翼时却又像是朵朵金色花。红、黄、绿、紫、黑等颜色匀称地染在翅膀，则是一朵五颜六色的花了。有的远远看去像倒挂在树上的一片枯叶，要是你伸手去摘那片树叶，它却飞了起来。还有通身闪耀灿烂光泽的，翅膀上有两个小圈圈的，尾翼长如丝带临风飘动的，当风起落，若仙若幻。峡谷里，花草中，成群的蝴蝶，像是从空中撒下来的七彩纸片似的，随风飘来，又随风飘去。其中最美是秦岭凤蝶，它墨中滴蓝，翼展在10厘米以上，宛若蝶中凤凰，倾国倾城，风华绝代，醉倒过一整座秦岭。还见过一种大蝴蝶，在翅膀上长了一对猛禽的眼睛，远远看过去，它像一只可怕的猫头鹰。许多动物有保护自己的绝活，越是柔弱的动物越有凶狠的表象，为了吓跑天敌，它们用尽力气，让人识破后微微心疼。

蝴蝶歇在一丛野花上，溢光流彩的翅膀不时扇动着，那一对触须，纤细得像云锦。它们活着，是大自然的一景，亦是人类的幸事，它们常常降落在花朵上，又常常在警觉中过日子。诗人说，每一个蝴蝶都是从前的一个花魂，回来寻找它自己。

彩虹一样在天空中飞舞
这些会飞的花朵
仿佛从空气中生长出来一样
让追逐的眼睛目眩神迷

飞翔，如此具体
并且有一种永恒的美

即使死了,仍然是美的

然而不可被抓住
成为一件枯萎的标本
它是属于美的
但是更属于自由

只属于那些蠢蠢欲动的春天
那种令人晕眩的气息

没有一只蝴蝶
如迷恋盛开的花一样
心甘情愿地落入网兜或手心
就像一滴水,突然离开了海洋

鹰与诗人

夜来读诗，藏地诗人张子选。

读着读着，好像跟着张子选一起入藏，行于雨水打湿的芦苇丛边，行于高远澄澈的苍穹之下，身边没有一个相熟的人，放眼望去皆是草原，伏着身子的牛羊，风从远方吹来，在蓝得透明的天空中，有一只鹰在飞翔，它飞得那么高，白云紧贴着它的翅膀。那种读诗的过程，就像一场孤独的修行，看看天地，看看牛羊，天高地迥，山长水远，却仍有难平意，纠缠不清的，四处乱撞也找不到出口的，一种天地之间的无名的痛苦。

西北偏西
一个我去过的地方
没有高粱没有高粱没有高粱
羊群啃食石头上的阳光
我和一个牧人相互拍了拍肩膀
又拍了拍肩膀
走了很远才发现自己还是转过头去回望
心里一阵迷惘
天空中飘满了老鹰们的翅膀
提起西北偏西
我时常满面泪光
————张子选《此时此地》

"羊群啃食石头上的阳光"，"天空中飘满了老鹰们的翅膀"，这是西部高原上生命的形象写照。这首《西北偏西》是张子选在20世纪80年代写的。只用寥寥数笔，就勾勒出一幅苍茫西部的画面，它静谧、无言，诗人浓重的情感和内心冲突隐藏其中，却无法用任何画笔描绘出来，因为它只属于诗的意境。鹰飞,盘桓于无我之境,又像是栖落于生死之外,如同俯临众生的诸神。而人间的浪子与牧人,还有啃食石头的羊群,在六道轮回中熬着熬着,心里弥漫着迷惘。让人想起海子的诗句"秋天深了/神的家中,鹰在集合/神的故乡,鹰在言语",被视为神的鹰,在九万尺高空俯瞰人世,站在一种生命的高度,冷眼旁观着人世的悲喜浮沉。

飞跃险峰,穿越乌云,鹰是一把斧头它劈开了天空。

大地辽阔,晴天朗日,鹰在盘旋的风之上晒着它静静的飞翔。

我真喜欢张子选的诗,诗里有一股天地远行的味道,如同一颗石头扔出去翻滚着不知所踪,如同一只鹰掠过天际飞成天空的伤口,如同一个鹰一般的男人建造了一个荒巢岩石的家。

一只鹰,也可以说一个诗人,高踞于山之巅,定睛远眺,静若处子,强如磐石,它守望的身躯,给山以一种新的高度。在那山之巅,它从涌动的气流中探取消息,撷取每个来自四面八方的音节。这世界正奏响一场宏大的交响!它声声入耳,却不为所动。只有兴之所至,在高空中的自由盘旋,一对强劲的翅膀,有时牵引着狂风暴雨,有时驮负着阳光白云。

如果有一双翅膀

喜欢傍晚的夕阳，变化诡谲，排列成不尽的图案。天空上不断变幻色彩，从橘红到橘黄，从玫瑰红到紫色，到蓝灰，再到烟灰……渐渐的天暗了下来，墨蓝色的浓度越来越重，经常有鸟飞过满天晚霞，奔飞的速度总是极快，只教我看出它们的翅膀，却认不出是哪一种鸟。喜欢看驮着夕阳的飞鸟的翅膀，观赏那种充满了生命力的翩跹起舞。飞过只是一刹那，但天空中会留下翅膀的划痕。

不知道飞翔是一种什么感觉？有人为了像鸟一样飞翔，把一对大大的翅膀绑在自己的身上，然后高举手臂从高高的山崖上轻轻跳下。世间上就是有这样一类人，执着于对生命的永恒意义的追问，他们不相信自己只是从母胎中落地的一个肉体——他们不停的追想："我是谁？我从哪里来？我要到哪里去？"纯真而自由，是他们固有的属性，这是一条充满了孤独和骄傲的不归之路。

飞翔，并不像我们想象的那么轻盈自如，那是以不可思议的频率在拼命抖动翅膀（一只蚊子的翅膀每秒钟能振动300次以上，蜂鸟每秒最多可以扇动80次翅膀），并且需要一直不停的飞翔。如果遭逢大雨淋湿了翅膀，就会加重了翅膀的负担，最终没有力气再飞行。或者不幸负伤，两只翅膀无法协调地展开，从而东倒西歪飞不起来。至于最可怕的事件发生，一旦折断了翅膀，那就是永坠地狱了。

当我们抬头欣赏着，直上青天的一行白鹭，暴雨将至前低空飞行的燕子，交错凌乱、低低尖叫，犹如漫天都是羽毛，还有高空中成人字形或一字形的雁阵向南或向北呼啸飞过……在我们眼中视为美感的事物，也许在鸟的世界里，而只是一种生存的严酷和艰难。鸟的翅膀在空气里振动，那是一种喧嚣而凛冽的，充满了恐惧的声音。一种不确定归宿的流动。

可人不是飞鸟，人总是渴望不可能，渴望自己不曾拥有的东西，生活在别处。小孩子都是天上掉下来的天使，童年是一段充满幻想的时光。曾经小小的脑袋里，总是装满了奇奇怪怪的想法：有时候，幻想自己是天上飞翔的小鸟儿，无拘无束挥动着自己小小的翅膀，在蓝蓝的天空中自在飞翔，想飞到哪儿就飞到哪儿。

想知道山峦与河流的真正去处，想知道极高极高处耀亮的阳光……

渴望能振翅高飞，在晨曦初上时，在澄蓝明净的天空里，如一只白色的飞鸟。许多年前，我们都有一双清澈的双眼，奔跑起来像是一道春天的闪电，想看遍这世界，去最遥远的远方，感觉有双翅膀，能飞越高山和海洋。许多年前，我们都曾是个朴素的少年。听到有一个声音说，你不该飞，否则会掉进沼泽。听到另一个声音说，你不会不飞，否则就配不上那双翅膀，那对在你身后的隐形翅膀。

为什么人类总是将一腔痴心梦想，放在一双纯白的羽翼上？渴望带着快感，掠过一碧如洗的晴空，展开所有可能和不可能的翱翔？自以为有了翅膀，就会变成一只鸟，以为变成鸟之后，就可以拥有自由。所有理想的开始，都放在一对洁白的翅膀上，我们绝不愿停留在污黑的枝干上，日益变得皮毛蓬松，懒惰而丑陋。

可惜这个世界少有一辈子都天真的人，后来我们都在平地上徘徊，行色匆匆，偶尔还记得天空，还怀念飞翔。我们嘲笑那些有飞翔想法的人，告诉他们，在这个世界上任意而行，不为世俗所动，需要天赋异禀。告诉他们，很难说飞和不飞，哪一种才是幸福。跨过山和大海，问遍整个世界，平凡才是唯一的答案。

人类是想要翅膀、飞翔，或是自由，还是只要一种追求飞翔的感觉？下班了，放学了，黄昏的时候，是那些散落在城市里沉默的人们归家的时候。世界的风，世界的云，收聚翅膀，睡在他们的双肩上。

如果有一根尾巴

尾巴，千姿百态的尾巴，有的像猫的尾巴翘得高高，有的像狗的尾巴低低垂下，有的像孔雀打开成一把绚丽的巨扇，有的像燕子岔开成一把伶俐的剪刀，有的如猴子的尾巴又细又长，借助尾巴可以灵巧地在树上荡秋千，有的如松鼠的尾巴毛茸茸的，睡觉时蜷缩进尾巴里就像盖上一床被子，老虎的尾巴如钢鞭又大又结实，蝌蚪的尾巴小巧玲珑，蜜蜂的尾巴是叮敌人的武器，蜻蜓飞过水面，尾巴点几下水，就是在产卵，骡马的尾巴可以左右甩动，驱赶落在身上的蚊、虻和苍蝇……

一般而言尾巴是脊椎动物的专属特征，然而我们人类却没有尾巴。据说人类也是有尾巴的，但只在胚胎发育过程中存在很短的一段时间，然后就消失不见。可见，人类的祖先是有尾巴的，只是在演化的某个阶段消失了，早期胚胎仍保留着祖先的记忆。尾巴几乎是动物界的标配，人也是动物界的一员，可动物都有尾巴，人类却没有。如果有一根尾巴，休息时用来支撑身体，游泳时提供推进力，遭遇强敌时摇晃尾巴来威吓，有飞虫时把尾巴当苍蝇拍，逃生的时候舍弃尾巴当诱饵，过冬时在尾部储备脂肪，寒冷时用尾巴当作棉被盖在身上，遇到下雨或烈日时，竖起尾巴来当伞用，百无聊赖时抓住自己的尾巴玩……这些拥有尾巴的乐趣，人类一个都体会不到。我很好奇，如果我有一根尾巴，当翘起和低垂，当绷直和摇曳，会是什么样的感觉呢？

生命起源于海洋，当鱼类从海中登陆的时候也把尾巴带了出来，爬行动物又把尾巴传给了哺乳动物，并存留到今天。人类也是哺乳动物这个群体中的一份子，可人的尾巴呢？到现在只有这一根脊椎骨了。在我们脊椎骨尾端的部分，并没有构造柔韧可弯曲、且明显分开于躯干的附肢部分。股沟之间，那个空落落的位置，无数年前人类的远祖长着尾巴的位置，残存着一点远古的记忆。我们绝大部分人，应该对身体背部尾端的部分，都会保存着莫名的敏感。既然人类都没有尾巴了，为什么总听人说，"你看，那谁，大尾巴翘起来了"。"你看，那谁，夹着尾巴做人"。——那条毛茸茸的尾巴到底在哪里呢？

虽然没有尾巴，但我可以把现在的生活，想象成一种尾巴生活：比如，我的喜怒哀乐，都是直接呈现在脸上的，要发怒还是正在恐惧，要攻击还是正在防御，就像观察动物尾巴状态一样，一目了然。比如，对我来说，熬夜不是出于苦工，而是为了自由的滋味，自由的滋味什么样？——那是深夜和我之间的秘密，那是在乐此不疲、花样百出地玩一天的尾巴。

现在已是处暑，"处暑"就是"出暑"，在北方地区，"处暑"意味着炎热夏季已经结束，凉爽的秋季正式开始。在夏天即将溜走的尾巴上，阳光依然强烈，水波依然温柔，空气中还有炎热的味道，在街边撸串，穿短裤夜跑，还可以吊带背心连衣裙，可乐汽水冰淇淋。抓住夏日的尾巴，再尝尝西瓜中间那一勺的口感，在记忆中留住那冰冰甜甜的感觉。

还有，人的一生如果是一颗彗星，最亮的一端，彗星的头部，是童年和成长时代，那是光芒最密的部分，一生最主要的特征在那里已被决定。彗星越往后越稀疏——那是那较长的部分，尾巴。如今，我已经在处于彗星尾巴靠后的部分了，不知道这徐徐延伸的尾巴还有多长？

卡在一条鱼的身躯里

寂静的深夜，我突然想到了鱼。

想起在秦岭溪流中看到的那些鱼了。那次跋涉山岭走了好久，浑身都热了起来，幽暗的溪流好似向我伸出了凉爽的大手。提起裤腿，脱掉鞋子，一双脚丫直接踏进溪水里。整个身子一沉，脚趾一下子陷入沙里，细细的沙粒柔柔地从趾缝间挤出来，没过脚踝。水太凉了，一种森森的阴凉，有那么一瞬，我感到皮肤毛孔都在收缩，甚至微微刺痛。接着，潺潺的溪水便欢快地流过了双腿。在幽凉的水中，我开始走来走去。溪流清澈见底，见到一群半透明的小鱼时隐时现。在浅滩上追逐它们，它们却突然不见了踪影，仿佛从未出现过一般。溪鱼最擅长隐藏自己，也不知道它们躲到哪里去了，在碎石、砂砾下还是在石缝中？它们那么胆小而灵活，要捕捉到其灵动的身姿，得十分耐心。而且，它们还只是一两厘米的幼鱼，应该还是一派小孩子的心性，在四处漫游嬉戏。我静静站在原地一动不动，没过多久，惊散的鱼儿忘记危险又游到身边了。只见它们贴着水底慢慢游动，似乎在一口接一口地吞食细沙，实际上它们是在滤食沙中的食物碎屑和藻类。记得那天，我和溪流中往来翕忽的鱼群玩了好久，上岸换鞋的时候，日头已西斜，发现双脚已经被浸得发白。

关于鱼类，我们有无数个喜爱的理由，不仅仅是因为游起来悠然从容，具有观赏价值，更因为鱼是人类的先祖。人与鱼相揖别，是在远古洪荒年代，我们应该怀着感激的心情去揣测它们把我们流放陆地的最初心思，它们以为这是一种惩罚，不料却促成了我们四肢的生长。否则，我们至今仍在用鳃呼吸，用尾走路，眼睛始终圆睁着，一眨也不会眨。鱼，因为没有勇气走向陆地，就只能在水里生儿育女，跃出水面一瞬，它们也有对陆地的渴望吗？也许鱼族根本不羡慕人族，想起《庄子·秋水》中的那段著名的故事了，且不论庄子与惠子的辩论谁胜谁负，鱼能悠然地畅游于江河湖海，就算不能说是人之所谓快乐，至少，它们是安全而自由的——有一望无际的辽阔，有缈碧千丈的深邃，有水之阻隔而无人侵犯，多好！

这安全而自由，应该在远离人类的地方，鱼类才可以实现。而在近海之处，在人类活动频繁的地方，鱼类依然是弱势的族群，隔着鳞片的距离，无法拒绝刀子的屠戮。关于死亡的记忆，对于鱼类来说，一定像四散的波纹一样，一波又一波地袭来。除了强大的人类，还有其他天敌呢！凡是在水边、水里活动的食肉动物、杂食动物，都是吃鱼的。企鹅、河马、野鸭、海鸥、鱼鹰、鳄鱼、棕熊、水獭……数不胜数，还有同类相残，大鱼吃小鱼！到处都是杀机腾腾，做鱼也是蛮辛苦的，和做人一样辛苦。

人类怎么理解鱼？在舒伯特的乐曲里，美丽的小鳟鱼，欢快地跳跃闪着银光。在叶芝的诗歌里，漫游的安格斯，把小小的红色浆果投到溪水里，期待着谁来轻轻咬住。而在捕鱼人的攻略里，他们试着去理解鱼之所想，季节、时令、潮位、水域，在每一个捕鱼人心中，都自有一份明确的掌控和预判。在人类的凝视之下，鱼类应该同样也在凝视着人类。在人类最初来到水边满心惊奇地眺望鱼类之前，它们已经存在；年复一年，历经亿万斯年，任凭人类王国兴衰，它们仍在延续。从进化的角度来看，目前为止鱼形动物后裔才是地球的霸主，虽然海洋食物链顶端站着的是虎鲸，陆地站着的是智人。但进化论已经证明了他们都是同一个祖先——肉鳍鱼（Lobe-finned fishes）的后裔。科学家认为，距今4-3.6亿年前泥盆纪鱼类已经掌控了海洋，于是肉鳍鱼在寻找另外的生存空间，不知道什么原因它们迈出了登陆的第一步，然后它们就掌控了陆地。后来不知道发生了什么，8000万年前，偶蹄目的一支决定重回海洋，最终演化成了鲸鱼，成了海洋的主宰。回头来看，也许鱼类掌控了地球最优质的资源。海洋覆盖地球表面的近四分之三，占地球全部水资源的97%，若以体积衡量，海洋占据了生物在地球上所能发展空间的99%。我们人类对于鱼类的理解，仍然徘徊在认知的起点，而鱼族生活在地球腹地的深邃中，那里的浩瀚没有边疆。

海浪一遍遍涌上沙滩，人们留下足迹又被抹去，又有谁看懂了，那是一页页信笺，召唤着属于大海的生命重回故乡。顺着海洋深处的歌声，没有几个人找到那回家的路，深海像太空一样遥远。鱼族的神秘国度，是人类世界的洪荒之初。在那里，可能还有远古遗子的鱼类，兀然地伸展着身躯，眼睛中透出坚定,没有一丝恍惚,它们冷视着这个世界,伸展着自己的性灵。

　　想到我身体中有着肉鳍鱼的遗传因子,那么在某种意义上,我卡在一条鱼的身躯里。这篇深夜的文字,就是穿过我的鳃而逃离的水声吧?

超级有机体形态的民族

记得很多年前,读过高铭《天才在左,疯子在右》(2010年出版)这本书,我当时印象最深的,是其中提到的不同生命存在形式。比如蚂蚁是松散生命的一种存在形式,这种生命形式不是由个体而是由整个蚁群构成。每一只蚂蚁是一个细胞,而蚁后则是大脑同时兼顾生殖系统。兵蚁是身体的防卫组织。工蚁是嘴,也是手,用来找食物,用来传递,用来让大脑维持。工蚁聚在一起运输的时候,其实就是血液在输送养分,工蚁还得兼顾好多种功能,还得培养新生的细胞——幼蚁。我们看一只蚂蚁在爬,其实这只蚂蚁只是一个细胞,整个蚁群才是完整的生命——松散生命!这是来自一个精神病人的蚂蚁生命哲学。

记得当时读到,有一种被震撼得目瞪口呆的感觉。确实是打破一切桎梏、充满奇思妙想的观点。当然,这只能是一种假设。因为,科学的本质是其可证伪性,也就是必须有可以证明是错误的手段,比如著名的"缸中之脑",就无法证明是错的(当然也证明不了是对的),所以它不是科学的。松散生命论,以及类似这类的理论,是不能够进入科学范畴的,但可以从哲学上进行讨论。

后来,我读到凯文·凯利在《失控》(1997年出版)一书当中提到的"超级有机体"概念,发现与上述松散生命论颇有相似之处。KK(大家对凯文·凯利的昵称)认为,像蜜蜂、蚂蚁等这些社会性极强的低等动物以庞大的数量和特殊的方式聚集在一起,组成了"超级有机体"。每个个体已经不仅是一个独立的存在,而同时变成了"超级有机体"的一个器官或零件,兼具个体与整体的双重属性。

当足够多的蚂蚁聚集到一起,"超级有机体"就出现了,它有着比自身基本零部件远为复杂的集体性质。简单的单位以合适的方式互动,便出现了更宏大的整体。蚂蚁之间的互动是关键。我观察鸟群也是这样的,如果你观察过掠过天空的巨大鸟群,会发现鸟群是由数量庞大的小鸟构成的,但是,整个鸟群如同拥有着统一意志一般。科学家注意到，鸟群在以 30 公里左右的时速飞行时从来都不会发生相撞事件，它们的动作整齐划一，整个鸟群就如同一股烟雾或者缎带那样摆动。对鸟群的照片加以分析后发现，鸟群中的鸟，能看到它附近的十五到十六只同类，但它只注意它两侧而非前后的六七只鸟的活动。临近的鸟距离它的远近不重要，重要的是数量，它们只根据临近的同类来改变飞行速度和方向，这就能保证整个鸟群朝同一方向飞行而井然有序。

至于深海中的庞大的鱼群，常常以漩涡状在海中游动，场面壮阔。有观测者发现，鱼群甚至会伪装成一条大鱼集体行动。比如，在菲律宾宿务岛（Cebu）附近，有人发现一个庞大沙丁鱼群伪装成一只 80 英尺（约 24 米）海豚的模样穿梭海中，以逃避捕食者的威胁。来自菲律宾东内格罗斯省 29 岁的摄影师史蒂夫·德·尼夫（SteveDeNeef）在水下拍摄到了鱼群们"伪装"的精彩画面。这个鱼群由成千上万只沙丁鱼组成，进入它们中间，会发现数量众多的它们连光线都遮蔽了。这个伪装成一只海豚穿梭海中的沙丁鱼群，根本就是活生生的松散生命体的证明啊！

这些动物群的默契到底从哪里来？常见的几个例子：田野上成群的蝗虫，河边一团一团的蚊子，空中庞大的鸟群，海中庞大的鱼群等，仔细观察，它们并不是混乱一团，而是非常有秩序，集体意识似乎是从无数细小个体的互动里涌现而来的。尤其是危险临近的时候，成千上万的个体能同时转弯，变换队形，大小长幼不同的它们，本能地选择群体活动以降低单独个体的被害可能。

所谓"超级有机体"，就是个体汇聚到一起的时候，个体已经不再是一个独立的个体，而是一个无形的巨大有机体的一部分，或者说它变成了一个器官，或者一个零件。这个个体的行为方式、行为规律是受制于"超级有机体"的运行规律的，但是个体常常意识不到，觉得自己还是一个独立的个体。我觉得，中国，应该是全世界范围内最容易形成"超级有机体"形态的民族。大一统、超稳定结构的两千余年历史传统，造就了这样一种民族基因。这也从某个角度说明了中国为什么能够有效防控和狙击了新冠疫情，因为在危机面前，国民步调一致的从众行为，使得集体的优势得以充分发挥出来，这更有利于种群的延续与发展。

  我觉得，中国的集体文化最具活力的时候，一定如凯文·凯利论述"超级有机体"时所说的，兼具个体与整体的双重属性。也即，整体兼容了个体的使命，个体在以独立的方式有意识地完成自身使命的同时，也在无意识地完成"超级有机体"的使命。既要有足够的复杂性来呈现极为不同的各种状态（这叫作"分化"），也要有足够的连通性，让社群中距离遥远的部分彼此紧密沟通（这叫作"整合"）。僵硬的铁板一块，这不是"超级有机体"，任何"超级有机体"都建立在各种要素生生不息的互动与平衡之上。

从其他生物的视角看人类（后记）

记得以前读高铭的《天才在左，疯子在右》，书中以访谈录的形式记载了生活在另一个角落的人群（精神病患者、心理障碍者等边缘人）视角独特的所思所想。其中有一章，谈到了不同的生命存在形式。比如石头组成的慢生命形式，书中这么写道：

"在它们看来，我们动作太快，生得太快，死得太快。你拿着石头盖了房子，石头还没感觉到变化呢，几百年房子可能早塌了，石头们早就又是普通石头了，因为几百年对石头来说不算什么。在石头看来，我们就算原地站一辈子，它们也看不到我们，太短了！"

这些疯子抑或是天才，他们的脑回路实在清奇，富有想象力。最有趣的是，他们能跳脱出人类本位，从物的视角来反观人类，得出如下结论："石头听不懂我们说话，也不认为我们是生命"，原因是它们看不到人类。石头的生命动辄以亿万年来计算，而人类区区不足百年，人类与石头不是同一种生命速度，彼此之间有着无法共通的时间体验。

按照人类的分类系统，石头应该处于万物的最底层，它是没有生命的东西，只不过是存在而已，不会成长，不会移动，更不会思考、发明，有欲望、有梦想。但其实，石头绝对不是静态的、无力的，而是构成了对人类的"权威"的一种挑战。石头承载着来自宇宙和历史的信息，可以将我们带入一种对人类而言极为陌生的时空规模，触发一种非人类尺度的、因为过于宏大而引发的眩晕感。

我也想学习这种方式，从其他生物的视角，以一种非人类的方式理解这个世界。

比如，自从希腊及罗马诗人把玫瑰奉为爱之女神，它们就成了灵感和快乐的源泉之一。无论是求爱、婚礼、结婚纪念日，还是哀悼、缅怀，玫瑰花伴随人们度过人生中情绪最为起伏的时刻，并且与文化、生活息息相关。可是玫瑰是怎么想的呢？在人类出现之前，花儿早已独自美丽了上亿年，还曾与恐龙肩并肩！除了称赞玫瑰的美丽，人们甚少对花朵产生一丝一毫的好奇。当人类情深绵绵地捧起玫瑰的时候，恐怕作为老祖母的玫瑰会很不耐烦。亲吻玫瑰是一件蠢事，也许玫瑰会这样想。

还有，当我们给宠物起名字的时候，宠物应该也给我们起名字了，是不是一个很可笑的名字？这些毛孩子们也有颗跳动的心脏，是需要爱与关怀的，不仅仅是吃饱玩耍。悉心的照顾，长久的陪伴，有爱的交流互动，才可以让一只毛孩子义无反顾地把你当成它最爱的主人吧？或者，其实对于动物界来说，优胜劣汰和适者生存使得它们不一定只忠诚一个主人。对有些野性难驯的动物来说，主人是什么玩意？只要有吃有喝，全世界都是我的主人！它们望向人类的萌萌的眼神中藏着一丝冷笑与嘲弄。

看不到人类，不耐烦人类，其实还都没什么。目前物种正在以令人担忧的速度消失，联合国最近一份报告警告说，由于人类活动和气候变化，世界上有100万种物种濒临灭绝。环绕着人类这个地球生物圈中权势绝伦的灵长类动物，多少其他的灵长类动物、哺乳动物、脊椎动物、无脊椎动物、单细胞生物，正心怀怨恨、目光炯炯、伺机而动，它们低吠、尖叫、狂噪、乱爬，还有多少未知的生命体、寄生虫、微生物的迭代进化，工业污染引发的基因变异，人类正将自己抛掷到一种无保护、无根基的状态，以及由黑洞一般的"未知"构成的不确定的未来。想到我们人类正被万物仇视的目光所环绕，真令人忧心忡忡。在自然界的生存战中，人类与其他生物都是地球上平等又渺小的存在而已。

想起黄渤导演的处女作《一出好戏》，公司里的员工团建出海，遇到海啸，流落荒岛，淡水资源和食物资源短缺，生存问题自然成了最大的问题。于是本来就钩心斗角的同事们就在这个没有制约的环境中开始竭力求生，并引发了一系列的好戏。在这部电影中，有一个不可忽视的特别"角色"就是蜥蜴，在每一次剧情有所翻转的时候就会出现一只绿蜥蜴，在整部影片中它一共出现了6次。每当出现非常精彩的画面和打闹的画面，一旁就会出现蜥蜴的眼睛的特写，暗示着这个蜥蜴就是一个旁观者，或者说它就是一个上帝视角，静静地看着人类表演好戏。这也使《一出好戏》成为一部动物眼中的

"人类简史",最起码是封闭环境中进行社会实验的一部"人类简史"。

在现代化的文明进程中,人类日益与田野、土地、草木、荒丘相疏离,必然也疏离了飞鸟、鸣虫。只有为数不多的动物成了人的宠物,寄居在钢筋水泥的城市丛林,依靠主人的恩舍存活于世;更多的动物仍然游走在茫然的天地,按照神秘的自然指令生息。动物的生命气息被高速公路、保护篱桩屏蔽在人类世界之外。动物界已经成为现代生活的异在世界,成为当代人个体经验中难以接触的巨大盲区。其实,人类司空见惯甚至视而不见的动物,在自然的广阔天地中展现着勃勃生机与多彩生命,被遮蔽的反而是我们人类。动物是我们理解"整个的人生世界"的活教材,感受鲜活的动物生命,我们才能重新审视人与自然万物的关系,重新理解自我、人生、命运、时间以及存在等课题。

不得不承认,站在食物链顶端的人类,已经"自以为是"了太久。当有些认知根深蒂固之后,人们就习惯成自然了。只有那些脱离了常轨的人,会发现问题,他们会提出质疑,他们会有新的想法。但是绝大部分的人不会,只是因为:习惯了。即使人类已经可以太空漫游,可以基因编辑,可以人工智能,我们知道一堆石头、一朵玫瑰、一只小猫、一条蜥蜴、一颗病毒是怎么静静地在暗中观察我们的吗?随着700万年的进化与发展,人类至今胜利了吗?我们是地球真正的主人了吗?——没有,人类永远不知道明天会迎来什么。

www.ingramcontent.com/pod-product-compliance
Lightning Source LLC
Chambersburg PA
CBHW081153070526
44583CB00021B/2818